中 華 書 局

圖解香港史

合訂本

U0064023

周子峰

——

編著

□ 責任編輯：張利方、吳黎純
□ 裝幀設計：霍明志
□ 繪　圖：思文娥
□ 排　版：陳美連
□ 印　務：劉漢舉

圖解香港史（合訂本）

□
編著
周子峰

□
出版
中華書局（香港）有限公司
香港北角英皇道 499 號北角工業大廈一樓 B
電話：（852）2137 2338　傳真：（852）2713 8202
電子郵件：info@chunghwabook.com.hk
網址：http://www.chunghwabook.com.hk

□
發行
香港聯合書刊物流有限公司
香港新界荃灣德士古道 220-248 號
荃灣工業中心 16 樓
電話：（852）2150 2100　傳真：（852）2407 3062
電子郵件：info@suplogistics.com.hk

□
印刷
深圳市雅德印刷有限公司
深圳市龍崗區平湖街道
輔城坳工業大道 83 號 A14 棟

□
版次
2018 年 11 月初版
2024 年 6 月第 3 次印刷
© 2018 2024 中華書局（香港）有限公司

□
規格
16 開（210 mm×153 mm）

□
ISBN：978-988-8571-00-0

目 錄

第2章 香港的開埠（1840－1860）

第3章 十九世紀後期香港的發展（1860－1900）

第 4 章　辛亥革命前後的香港（1900–1914）

第 5 章　一戰至二戰初期的香港（1914–1941）

第 6 章　日佔及國共內戰時期的香港（1941-1949）

第 7 章　共和國成立初香港之發展（1949–1959）

第 8 章　二十世紀六十年代的香港（1960–1969）

第 9 章 香港本土意識的成長（1970-1979）

第10章　中英談判及過渡期（1979-1989）

第 11 章 後過渡期的香港（1990－1997）

第 12 章 回歸後的香港（1997－2012）

附　錄

李金強教授序

　　香港自 1842 年成為英國殖民地後，華南民眾相繼南移，逐漸形成一個以粵語為主要語言的華人社會。然因英人管治，香港之發展，遂以英人的意旨為其依歸，此後百餘年的香港史，其歷史記錄自然以統治者的英語官方文獻為主。是以香港之有史，遂以外人的英語著述為其主流。此以英國倫敦傳道會德籍傳教士歐德理（E. J. Eitel）所撰之 *Europe in China*（1895）為其首起，而以其後的安德葛（G. B. Endacott）所撰之香港史最受重視，然皆以英國立場而撰寫者，此即殖民地行政史之著述也。隨着 1997 年香港回歸之來臨，內地史家如余繩武、劉蜀永、劉存寬等，亦相繼起而撰寫香港史，則以中國內地立場而寫。與此同時，出身台灣之蔡榮芳，卻出版 *Hong Kong in Chinese History* 及其姊妹作《香港人之香港史》，揭櫫以華人為主體的香港史。然上述撰著，皆非香港本土學者所撰，雖有一定學術價值及可讀性，然終屬「外緣」的著述。

　　事實上，有不少本地文人及學者關心香港史，並出現以「香港為中心」的香港史著述，其中值得注意者為香港輔仁文社成員陳鏸勳出版的《香港雜記》（1894），其出版時間較之歐德理之書尚早一年。輔仁文社乃由楊衢雲、謝纘泰等於 1892 年成立，為一「盡心愛國」、倡導中國改革的新式學會，日後且與孫中山合組興中會，倡導革命，從而使香港於中國近代史上佔有一席之地。《香港雜記》

的出版，無疑反映了香港華人的歷史與文化自覺，亦為香港人寫香港史之首出，深具歷史意義。

　　周子峰博士此書，顯然為香港人撰寫香港史之通識著述，上承陳著。透過對中外學者研究成果的掌握，輔以圖解，深入淺出，堪稱香港史別開新面之作。近日通俗史學著述日趨圖像化，此乃新世代或 e - 世代青年醉心網上行所致，而子峰博士無疑為史學因應「世變」而有斯作，當為香港「新」青年所喜讀。是為序。

李金強
香港浸會大學歷史系
2010 年 7 月 1 日於善衡校園

導 論

香港歷史發展的三個重要主題

作為英國的轄地，香港具有「非移民型殖民地」的特點。英國派遣行政官員、經濟管理、專業技術及軍警人員到香港維持治安，白人移民只佔本地人口的很小比例，本地華人的文化傳統得到相當程度的保留。1841 年至 1997 年間香港歷史發展的主要脈絡，概可歸納為三個主題予以釋論：

英人治港政策的演變

英人治港政策是隨着香港政治、社會、經濟、文化形勢的改變而不斷調整的。開埠初期，英人僅將香港視為英國在華的經濟和軍事據點，華洋社會出現絕對隔離的形態。其後英人逐漸發現華人對發展香港經濟的重要性，認為華洋之間必須有所溝通，才能對華人進行有效管治，因此開始在維護英國利益的前題下，扶植接受西式教育的華人精英作為港府的協力者，同時在各階段施行不同的政策，力圖壓制華人的民族情緒。

第二次世界大戰後，英國從「日不落國」淪為二等強國，亞洲和非洲的殖民地相繼獨立，再無力如十九世紀中葉般對華實施「炮艦外交」政策，迫使中國就範。新中國成立後，英國的香港政策主要有兩個考慮：其一是避免與中國政府產生直接衝突，以免解放軍用武力收回香港；其二是為維持港英政府的統治權威，必須竭力壓制左派力量的擴張，防止本地華人民族情緒的高漲，對港英政府的

殖民統治構成威脅。基於上述考慮,港英政府採取「堅定而不挑釁」政策,即一方面強調過去中國政府與英國政府所簽訂有關香港的不平等條約仍屬有效,拒絕在可能有損英人統治權威的事務上,向中國政府讓步;另一方面盡量避免製造挑釁行為而與中國政府直接發生衝突,容許左派人士在香港的活動。為爭取本地市民的支持,港府亦在維持宗主國利益的前提下,推行若干的政治改革,降低其殖民統治的種族歧視色彩。

英國本土政治形勢的轉變,也對港英政府的統治政策產生影響。戰後英國工黨長期執政,提倡福利主義,在英國執政黨治國理念的影響下,港府官員亦不得不向本地市民提供更多的社會服務。天星小輪騷亂與「六七暴動」兩次事件,喚醒了港英政府的危機意識,促使政府官員認識到必須盡快全面調整統治策略,爭取民眾支持,這成為麥理浩時期改革的主要背景。必須強調的是,麥理浩時期所推行的政治改革,目的僅在於加強政府與基層的溝通,提高行政效率,在 1979 年中英就香港問題談判序幕前,英國政府從未有意在香港推行民主化改革。「六四事件」後,英國改變對港政策,把民主改革視為光榮撤出香港的重大部署,委任彭定康出任末代港督,在未與中方討論的情況下,推行政改方案,引起中國政府的強烈反響,迫使中方「另起爐灶」,採取相應措施,按照《基本法》的規定,籌組特區政府。中英雙方的政制爭拗,對過渡期香港民主政制的發展構成負面的影響。

香港華人社會的成長

經濟發展、移民和西式教育，推動了早期香港華人社會的成長。早期香港華人對本地的歸屬感相當有限。華人精英對英人的統治懷有複雜的感情：一方面對其帶來的社會秩序與經濟機會心懷謝意，另一方面對英人所抱的優越感及歧視華人的政策感到不滿。他們對中國內地則有極高的認同，在顧及自身利益的同時，積極支持內地的政治及經濟建設活動。

國共內戰時期，大量內地移民因政治或經濟因素定居香港，使香港人口從 1945 年的 60 萬人增至 1950 年超過 200 萬人，物質匱乏成為當時社會的普遍現象。本地華人社會在冷戰意識形態的影響下，在政治上分成左、右兩個陣營，雙方分別在內地及台灣的支持下互相對抗。早期來港的居民大多抱有「難民心態」，僅視香港為暫居地，「借來的時間，借來的地方」正是這種心態的寫照。

另一方面，由於中港邊界的分隔，內地與香港踏上不同的社會發展路向，使戰後本地成長的一代因與內地缺乏接觸而產生疏離感。香港經濟發展迅速，市民生活水平遠超於內地，也使香港市民產生了自豪感和歸屬感。1970 年代以後，港府為市民提供更多福利措施，部分市民擔心資源會被攤薄，逐漸形成一種自衛意識，有意識地界定誰是自己人及「外人」，加上在本地以「港式廣州話」為主的普及文化的影響下，造就本地土生居民獨有的

「香港意識」，也使小部分土生居民對內地移民和內地文化產生抗拒。回歸後中港融合的加速，令部分香港土生居民對「香港文化」的前途感到不安及疑慮。

此外，1980 年代本地經濟轉型與普及教育的發展，形成中產階級崛興。由於他們自身過去貧窮與奮鬥的經歷，對社會公義問題特別敏感，普遍認同民主、自由、平等等價值原則，但對激進的社會改革思想則抱有抗拒態度。中英談判時期，不少中產階級精英份子組成論政團體發表意見，這些團體其後演變為政黨，對香港政治的發展產生了重要作用。

中國因素的影響

論及香港的歷史發展，切不可忽略「中國因素」的重要性。香港的華人移民絕大多數來自內地，定居香港後，仍與家鄉保持密切聯繫；加上 1949 年以前中外轉口貿易是香港的主要經濟命脈，兩地居民亦可隨時跨境通行，遂形成互通聲氣的密切關係。內地政局的變動和民族主義思潮的崛興，對香港的華人社會構成極大影響，辛亥革命時期和抗戰初期，香港華人對內地的大力支援即屬顯例。

新中國成立以後，中國政府希望利用香港作為突破西方陣營封鎖禁運的前沿陣地，擱置收回香港的問題，並對港實施各種優惠政策；為擴大中國對香港的影響力，動員及指導左派人士組織工會、學校及各類愛國團體，在港進行統戰活動。1950 至 1960 年代，左派陣營能在華人社會擁有龐大的影響力，一方面固然是由於本地

華人的愛國情緒所影響；另一方面也是由於左派的工運、教育等活動，能在港英殖民體制下，為本地低下階層爭取權益所致。「六七暴動」時期，部分激進的左派人士放置炸彈，引起市民的反感。事後港府加緊實行宣傳與歧視政策，徹底「妖魔化」左派，使左派形象進一步受損，加上 1970 年代末期，本地產業結構轉型，從事文職工作的勞動人口的比例不斷增加，左派陣營無法在白領工人的工運中取得領導地位；官立和津貼學校的急速發展，也削減了左派學校的生存空間，導致傳統左派力量的急速衰退。

1980 年代中國落實改革開放政策，吸引本地廠商把生產線移到內地，內地企業亦以香港為進軍海外市場的立足點，促成中港經濟更趨密切。香港回歸前的過渡時期，英資逐步撤出香港，中資企業擴大對香港的投資，成為香港經濟的主導力量。「六四事件」構成的「六四情意結」，使不少港人認為民主改革是保持香港繁榮穩定的決定性因素，爭取普選的聲音不絕於耳。民主派在後過渡期及回歸初期的多次選戰中，有意無意之間利用「六四議題」爭取選民支持，與中央政府長期處於對立狀態。中國政府認為只要能安撫本地資本家的投資信心，維持「馬照跑，舞照跳」，便能順利收回香港，忽視了人心回歸的工作；又擔心香港政權落入反共份子手上，未能適時回應回歸後港人的種種訴求，形成激進思想的崛興；再加上特區政府缺乏長遠發展的思維，以及外國別有用心的干預，使香港未來的發展蒙上陰影。

香港史的歷史分期與特點

分期名稱	年份	特點
前開埠時期	史前－1840	* 自秦漢時期起，香港地區已被納入中國版圖內，中原人士開始遷居香港，帶來了較先進的文化和生產技術，改變了香港落後的經濟面貌。 * 清代的遷界令使香港的族群和社會結構出現改變。 * 開埠前香港經濟以農業及漁業為主，具有傳統中國農村社會的特點。
開埠初期	1841－1860	* 1841 年 1 月，英人強行登陸香港，建立以總督為首的「行政主導」政治體制。 * 英人的歧視華人政策，以及華洋社會的缺乏溝通，是造成華人社會與洋人社會絕對隔離的主要原因。 * 廟宇在華人社區發揮了巨大作用，文武廟成為當時華人社會的議事中心。
華人精英冒升時期	1860－1914	* 香港作為中外貿易轉口港的地位日趨重要，刺激經濟急速發展。 * 內地政局及社會持續動盪不安，導致大量富有及擁有相當教育水平的華人移居香港，改變了過去華人居民質素低下的情況。西式教育的普及，促使西化華人精英的崛興。 * 經濟發展、移民和西式教育的發展，推動了早期香港華人社會的成長。 * 港府透過襄助華人的慈善事業，與華商維持合作關係。 * 內地的政治運動刺激華人民族主義之興起。 * 辛亥革命後，港府漸次加強對華人民族主義的防範。

分期名稱	年份	特點
兩次大戰期間	1914－1938	*第一次世界大戰後，本港物價飛漲，導致工人生活困苦，加上內地工運活動的發展如火如荼，導致 1920 年代的勞工運動此起彼落。 *內地民族運動的開展，以及廣東革命政府對本地工人組織的鼓動與支持，促成省港大罷工的爆發。 *港府一方面壓制工運活動，另一方面爭取本地華人精英的認同，採取保守的文化政策，鼓勵華人精英保存國粹，維護傳統儒家觀念，恢復大罷工後的社會秩序。
第二次世界大戰及國共內戰時期	1939－1949	*抗戰爆發後，港人流露出極大的愛國熱情，香港亦成為中國南方抗戰的宣傳與活動中心。 *日本人佔領香港後，實施殘酷的剝削統治。 *第二次世界大戰末期，在國際局勢及國內形勢的影響下，蔣介石領導下的國民政府被迫放棄收回香港，英人得以恢復對香港的管治。 *港督楊慕琦提出「楊慕琦計劃」，決心推行民主化改革，延續英人對香港的統治。但改革方案最後遭到擱置，「仁慈的獨裁制度」亦繼續成為戰後港府的主要施政方針。 *左派力量的崛興，港府開始制訂政策限制親中勢力在港的活動。

分期名稱	年份	特點
中華人民共和國成立初期	1949－1959	*內地與東南亞政局動盪，導致大量資金和人口流入香港，為本地經濟發展提供動力。 *冷戰時期香港成為東西方陣營的鬥爭場域，本地華人社會分裂為左（親中）、右（親台）兩大陣營。 *港府視左派人士為假想敵，利用各種手段限制左派人士在香港的活動。 *港府逐步改變施政方針，開始介入房屋、教育和福利等民生事務。
六十年代的香港	1960－1969	*土生人口的比例逐步增加，「家在香港」的意識開始增強。 *香港的左派陣營擁有深厚的群眾基礎。 *香港逐漸演化成「工業化」社會。 *工業化所產生的社會問題，令社會低下階層對社會建制產生不滿，成為天星小輪騷亂與「六七暴動」的根源。
香港本土意識的成長	1970－1979	*在天星小輪騷亂與「六七暴動」後，港府落實改革的決心，投入更多公帑進行民生建設，大大地改善了本地居民的生活。 *港府「草根層」的行政改革，成立廉政公署及開展普及教育。 *港府改變過去絕對「自由放任」的經濟政策，有限度地干預市場運作。 *本地華資財團的崛興。

分期名稱	年份	特點
中英談判及主權過渡時期	1979－1989	＊中英兩國就香港前途問題展開談判。 ＊中產階級的崛興，中產階級意識逐漸成為香港的主流意識形態。 ＊「一國兩制」構想的形成。 ＊港府加快發展代議政制。 ＊本地製造業的北移。
後過渡期的香港	1990－1997	＊末代港督彭定康推出政改方案，激起中英爭拗。 ＊民主政制的發展催生了政黨的出現。 ＊中資企業的蓬勃發展。 ＊高等教育的擴張。 ＊女性地位的大幅提升。
回歸後的香港	1997－2012	＊特首董建華成功落實「一國兩制」，但因未能滿足港人的期望而出現管治危機。 ＊亞洲金融風暴爆發，令香港經濟受到重大打擊。 ＊「七一大遊行」成為市民對政府支持度的寒暑表。 ＊行政與立法機關的關係持續惡化。 ＊中港關係日趨緊密，本地出現香港是否「內地化」的爭議。

香港史研究概況

開拓期（十九世紀末－1980 年代）

　　早期的香港史研究，具有學者霍啟昌所謂「殖民行政史觀」的特點，內容偏重於政治方面，以港英政府的觀點敘述香港發展概況，寫作線索以港督的任期來劃分。較著名者包括歐德理（E. J. Eitel）、安德葛（G. B. Endacott）、沙也（G. R. Sayer）和林友蘭等人的著述。部分華人學者如羅香林等則着眼於香港古代史的考察，並重視近代內地與香港關係（如孫中山在香港的革命史跡）的研究。

發展期（1980 年代－1997 年）

　　香港學界開始重視本地華人歷史的研究，並強調港人在香港歷史發展過程中的「主體性」。本地各大學亦陸續開辦「香港史」的專門課程。另一方面，「九七」回歸前夕，內地史學界出現香港史研究的熱潮，普遍傾向於將香港史定位為中國的「地方史」或「邊疆史」，其香港史著述相對強調殖民政府對華人的壓迫、中國對香港的支援，以及香港居民的愛國心。

興盛期（1997 年－現在）

　　回歸後，香港人開始對身份認同問題感興趣，嘗試從歷史角度探索回歸後香港人的定位問題，香港史研究日漸受到本地各界重視；內地的香港史研究則因回歸熱潮消散而相對沉寂。香港政府各機構及區議會撥款支持各地區史的撰述（如各區的「風物志」及「口述歷史」），新中學課程改革加入更多香港史的內容，使香港史研究得到香港各界的廣泛認同。此外，「保育」、「本土」意識與「集體回憶」概念的廣泛傳播，也使香港新一代對探知香港過去產生了濃厚興趣。

回歸前部分香港史研究的重要學者及其著作

分期	部分重要學者及其著作	
1980 年以前	E. J. Eitel	* *Europe in China : The History of Hong Kong from the Beginning to the Year 1882*（1895）
	G. B. Endacott	* *A Biographical Sketch-book of Early Hong Kong*（1962） * *A History of Hong Kong*（1958）
	G. R. Sayer	* *Hong Kong : Birth, Adolescene, and Coming of Age*（1932） * *Hong Kong, 1862-1919: Years of Discretion*（1975）
	羅香林	*《國父之大學時代》（1954） *《一八四二年以前之香港及其對外交通：香港前代史》（1963）
	林友蘭	*《香港史話》（1975）
1980 年代至回歸前夕	王齊樂	*《香港中文教育發展史》（1983）
	冼玉儀	* *Power and Charity : The Early History of the Tung Wah Hospital, Hong Kong*（1989） *《與香港並肩邁進：東亞銀行，1919-1994》（1994）
	科大衞（David Faure）	* *The Structure of Chinese Rural Society: Lineage and Village in the Eastern New Territories, Hong Kong*（1986） * *History of Hong Kong 1842-1984*（1995）
	吳倫霓霞	* *Interactions of East and West : Development of Public Education in Early Hong Kong*（1984）
	蕭國健	*《清初遷海前後香港之社會變遷》（1986） *《香港歷史與社會》（1994） *《香港古代史》（1995）
	余繩武	*《十九世紀的香港》（與劉存寬合編，1994） *《二十世紀的香港》（與劉蜀永合編，1995）
	劉蜀永	*《割佔九龍》（1995） *《香港的歷史》（1996）
	馮邦彥	*《香港英資財團，一八四一年至一九九六年》（1996） *《香港華資財團，1841－1997》（1997）

秦漢
〇
被納入中國版圖

遠古
〇
香港已有人類活動

第1章

英佔前的香港
（遠古－1840）

在遠古時代，香港地區已有人類的足跡。秦漢時期，香港即被納入中國版圖。早期香港經濟主要以鹽業和採珠業為主，及至清廷為打擊鄭成功的海上勢力，實施遷界令，下令沿海居民內徙，此後香港的鹽業、採珠業、香木種植業式微，而漁業和農業得到較大的發展；同時客家移民大量遷入，也使香港族群結構出現變化。清廷取消遷界令後，香港新界地區經濟得以恢復，各地墟市陸續湧現，出現了華南地區農業社會的特點；香港島的經濟發展則較為緩慢，島上人口較少，居民多以航海、捕魚及務農為業。直到英人佔領香港，香港歷史始出現巨變。

唐宋

居港中原人士增加

清代

頒佈遷界令

族群結構出現變化

漁業和農業得到發展

香港的鹽業等式微

遠古時期的香港

早在六千年前，香港地區已有人類居住。

香港地區最早的人類足跡

早在公元前 4000 年，香港地區已有人類的足跡。考古學家發現，當時定居香港地區的居民已懂得製造陶器，他們棲身海灣沙堤，以漁獵採集為生。在南丫島深灣發掘出的墓坑中，留有不少人類的顱骨，該墓可能是人牲祭祀坑，死者可能是作為祭祀品被砍頭殺死，死後被吃掉，只剩下頭顱，繼而被拿到墳前焚化掩埋。這種做法與其他原始社會氏族的習尚相近。

及至公元前 3000 年左右，這批居民可能因為自然環境變遷之故，突然在香港地區銷聲匿跡。

古越族人的遷入

公元前 1,500 年左右，即夏商之際，古越族人開始從廣東移居香港地區。他們除選擇沙堤作居址外，活動範圍還擴展至沙堤附近的山崗和台地，經濟生活除漁獵採集外，可能還有刀耕火耨的原始農耕。他們使用幾何印紋陶和刻劃紋陶器，與福建、廣東等地的古越族遺址所出土的陶器極為相近。

考古學家在屯門湧浪遺址發現不少石器工具，當中以石斧、石錛、石鑿為多；又掘出古代的船錨，推斷出他們已懂得造船捕魚及利用船隻作為運輸工具，並曉得採集野生植物的纖維紡紗織布做衣裳。

此外，考古學家又在石壁東灣、屯門湧浪、赤鱲角、虎地等地的墓穴發現各式貴重的陪葬品，可見當時社會已出現階級分野。在社會組織上，可能已出現私有產權的概念及階級制度，部分氏族已出現軍事領袖。在湧浪遺址還出土了供禮儀用的大型石鉞，說明當時湧浪的氏族已出現軍事領袖，氏族間的掠奪戰爭亦可能相當普遍。

香港地區遠古時期重要遺址分佈圖

1	舂坎灣	8	大浪灣	15	龍鼓上灘
2	沙埔村	9	東灣	16	湧浪
3	大灣	10	沙螺灣	17	沙柳塘灣
4	蘆鬚灣	11	虎地灣 ＊	18	蟹地灣
5	深灣	12	過路灣 ＊	19	萬角咀
6	西灣	13	沙洲		
7	鯆魚灣	14	銅鼓		

＊ 二十世紀末，因新機場的興建，赤鱲角被夷平，因此，虎地灣及過路灣已湮沒於現在的機場。

秦漢南北朝時期的香港

自秦代開始，香港正式納入中國的版圖。

秦漢時代

香港地處南方海濱，遠離中原經濟文化發達地區，受到地理環境和生態系統的制約，社會發展緩慢。秦始皇平定南越，置南海、桂林、象三郡，南海郡下轄番禺、博羅、龍川、四會等縣，香港地區屬南海郡番禺縣（縣治在今廣州老城區）。他下令徵集平民戍邊開發嶺南，大批中原人士帶來先進的文化及生產技術，促成漢人與越人的逐步同化，令香港落後的經濟面貌出現改變。

漢武帝為增加國庫收入，實行鹽鐵專賣。漢室於番禺縣設立東西兩處鹽官，東面的鹽官稱為「東官」（治所在今深圳南頭），香港的鹽業亦得到相當發展。考古學家在本地港灣的沿海坡地上，發現大量與煮鹽業有關的蜃灰窖，可見當時製鹽業的興盛。據區家發的估計，當時深圳和香港地區的食鹽產業可能當以百噸計。

香港位處漢帝國邊陲，為防止偷運私鹽，漢室在南丫島大灣、大嶼山白芒等地設軍駐防。考古學家在上址兩地分別發現不少青銅兵器及鐵鋌銅鏃，顯示香港地區已落實漢代的屯田制度。

三國南北朝時代

三國孫吳甘露元年（256），政府在番禺設司鹽校尉，轄香港地區鹽場。東晉末年，孫恩、盧循發動叛亂。元興二年（403），劉裕率兵討伐。盧循敗亡後，餘部退居廣東南部海中，稱盧餘，其地稱盧亭，可能是今日的大嶼山。相傳南朝劉宋年間（420－478），印度高僧杯渡禪師曾居於屯門，後人遂稱該地為杯渡山（即今青山）。

歷代香港隸屬沿革（遠古－1841 年）

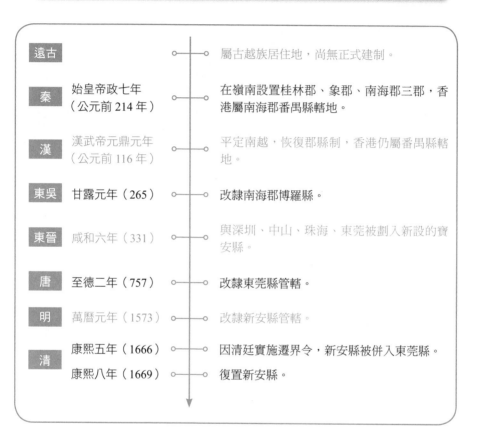

遠古		屬古越族居住地，尚無正式建制。
秦	始皇帝政七年（公元前 214 年）	在嶺南設置桂林郡、象郡、南海郡三郡，香港屬南海郡番禺縣轄地。
漢	漢武帝元鼎元年（公元前 116 年）	平定南越，恢復郡縣制，香港仍屬番禺縣轄地。
東吳	甘露元年（265）	改隸南海郡博羅縣。
東晉	咸和六年（331）	與深圳、中山、珠海、東莞被劃入新設的寶安縣。
唐	至德二年（757）	改隸東莞縣管轄。
明	萬曆元年（1573）	改隸新安縣管轄。
清	康熙五年（1666）	因清廷實施遷界令，新安縣被併入東莞縣。
	康熙八年（1669）	復置新安縣。

香港得名之由來

據蕭國健的考證，「香港」本為明代一小村落的名稱，至清乾隆年間（1736–1795），該村改稱「香港圍」（今香港島壽臣山北部），蓋以運香木出口見著而得名。英軍初抵香港島時，於赤柱登陸，由當地蜑民陳群者，引帶前行，經香港村、薄扶林、裙帶路（今中區一帶）等地。經香港村時，英軍詢問該處地名，陳群以蜑語答謂「香港」，英軍即以蜑音 Hong Kong 記之，「香港」遂成為全島之名。在二十世紀初以前的英國官方文書中，香港的英文寫法為 "Hongkong"，直到 1930 年代才改為 "Hong Kong"。

1.3 李鄭屋漢墓

東漢時期的香港農、工業發展及建築藝術已達一定水平。

李鄭屋漢墓的出土

李鄭屋漢墓是 1955 年政府在李鄭屋村夷平山坡，興建徙置大廈時發現的。當時香港大學中文系系主任林仰山教授（Prof. Frederick Seguier Drake）率領師生在政府工務局人員協助下挖掘。漢墓於 1957 年由市政局接管及對外開放。1988 年被列為本港法定古蹟。

墓室的佈局特色

從墓室的形制、墓磚銘紋及出土文物等推斷，該墓約建於東漢時期。漢墓的佈局呈「十」字形，共有四個墓室。墓室屬磚室墓，由長 40 厘米、闊 20 厘米和厚 5 厘米的磚塊砌成。而磚塊刻有十多種花紋及文字「大吉番禺」，墓室的入口通道在正式出土前已遭破壞。

據國學大師饒宗頤的考證，墓磚上的文字為漢代隸書，當可作為李鄭屋古墓屬東漢墓的有力佐證。「大吉番禺」顯示漢代香港應屬於番禺（今廣州）的管轄範圍內。墓磚中「薛師」兩字，應為造磚匠題名。

墓室內並沒有發現屍體，但有逾五十件陪葬品，包括陶器、銅器等，反映東漢時期的香港農、工業發展及建築藝術已達一定水平。

不少學者推測墓主可能是鹽官或與鹽政管理有關的官員或其家屬。據考古學家推斷，漢墓在興建之時靠近海邊，但現時漢墓所在的山腳處，已離開海岸有相當距離，可能是珠江帶來的沙泥沉積下來的結果。漢墓的發現，成為自漢代開始，中國已對香港實施直接管治的證據。

李鄭屋漢墓解構圖

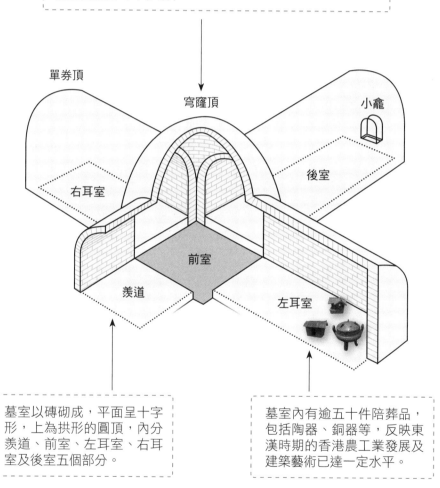

墓中的拱形走廊，支撐點在簷上的圓頂狀交叉位，這種穹頂設計在南中國沿岸地區頗常見，有學者認為其靈感有可能來自波斯（今伊朗）。

單券頂

穹窿頂

小龕

右耳室

後室

前室

羨道

左耳室

墓室以磚砌成，平面呈十字形，上為拱形的圓頂，內分羨道、前室、左耳室、右耳室及後室五個部分。

墓室內有逾五十件陪葬品，包括陶器、銅器等，反映東漢時期的香港農工業發展及建築藝術已達一定水平。

唐宋時期的香港

唐宋時期遷入香港的漢族移民日漸增加。

唐代至五代時期

唐代初年，香港地區屬廣州府寶安縣管轄，及至唐中葉改隸東莞縣。區內居民以峯、傜兩族為主，濱海地區則多為蜑民。峯族以刀耕火種為業，所耕的「梯田」亦稱「峯田」。蕭國健認為在今日新界及離島的山麓上，仍有不少峯（斜）田遺跡，亦有不少以「峯」字或「洞」字為稱號的地名（如沙田的上、下禾峯，上水的古洞等），極可能是早期峯、傜兩族聚居之地。

廣州對外貿易日趨興盛，屯門在唐初成為廣東珠江口外的交通要衝。唐政府於該處設立「屯門鎮」鞏固海防，至開元二十四年（736），將鎮兵兵額增至二千人，設治所於深圳南頭城，統轄範圍包括香港地區及大鵬灣等地，隸安南都護府。

南漢時期（917－971），大埔海（今吐露港一帶）被稱為「媚珠池」，有不少人在該地採珠。南漢政府在大埔設置「媚川都」，專門管理採珠。宋太祖平定南漢，宣佈廢除媚川都，下令禁止採珠。到明末清初，本港採珠業已基本停頓。

兩宋時期

北宋初年，宋室在大奚山（今大嶼山）沿海一帶設海南柵鹽場；南宋初年間，又在今九龍灣西北岸設官富鹽場，範圍約包括今日土瓜灣至尖沙咀及將軍澳。南宋時期大奚山傜人販運私鹽的風氣極為興盛。廣元三年（1197），大奚山傜人聚眾攻打廣州，宋軍屠殺島上傜民，島上人口為之劇減。此時亦有更多中原人士移居香港。九龍莆崗村林氏，原籍福建莆田，相傳於北宋年間，林松堅、林松柏兩兄弟在閩粵間經商遇險，兄弟抱木浮至南堂島，後來林氏子孫定居九龍莆崗，以行船為業。南宋景炎元年（1276），元軍攻陷臨安，朝臣陳宜中、張世傑、陸秀夫在福州擁立趙昰為帝。相傳宋帝昰在位期間，在今九龍城以南一帶建立臨時的朝廷，後人遂立「宋王臺」以作紀念。

香港唐宋時期遺跡

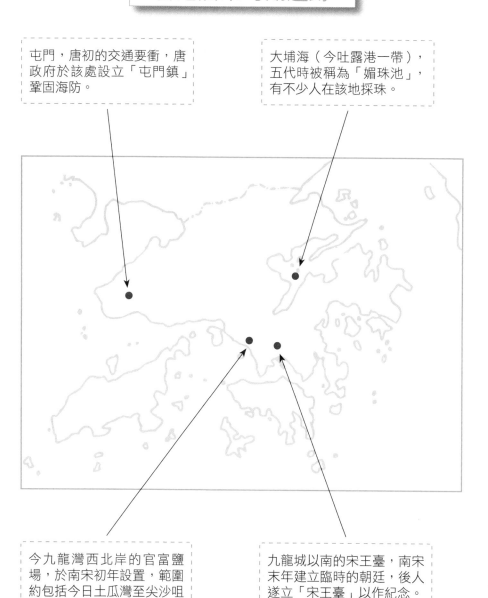

屯門，唐初的交通要衝，唐政府於該處設立「屯門鎮」鞏固海防。

大埔海（今吐露港一帶），五代時被稱為「媚珠池」，有不少人在該地採珠。

今九龍灣西北岸的官富鹽場，於南宋初年設置，範圍約包括今日土瓜灣至尖沙咀及將軍澳。

九龍城以南的宋王臺，南宋末年建立臨時的朝廷，後人遂立「宋王臺」以作紀念。

遷界令對香港的影響

遷界令改變了香港的人口與經濟結構。

遷界令推行始末

自順治十八年（1661）起，清廷為防止沿海居民與在台灣的鄭成功交往，下令沿海居民遷入內陸。北起河北，南至福建、廣東省沿海地區均屬搬遷範圍，其中廣東地區更連續內遷三次。當時香港地區約有二十四個鄉遷入界內。凡屬遷界之地，房屋、土地全部被焚毀或廢棄，沿海居民不准出海。

遷界令的推行，除破壞社會經濟外，更導致海盜活動猖獗，因此，福建和廣東兩省的邊臣不斷上書朝廷請求復界。清廷最後於康熙八年（1669）批准酌許展界，准許居民返回故里復業。康熙二十二年（1683）遷界令徹底廢除。

香港的人口和經濟結構改變

遷界期間，香港一度被廢置，形成香港歷史空隙。學者劉潤和指出，新安縣第二次遷界時，共遷出居民約 4,000 人，剩下大約 2,000 人。至康熙十一年（1672），人口才回復至約 3,700 人，前代史跡文物，復界後亦已難以考證。

遷界令也導致客家人大量遷入香港地區。至嘉慶二十三年（1818），新安縣的人口達 239,112 人，其中大多數是由外地移入的墾荒農民，當時新增的村落有 366 個，客籍村落有 345 個，反映出客家人遷入香港及深圳地區的概況。九龍地區亦出現了如蘇屋村、李屋村、鄭屋村、衙前圍、蒲崗村、竹園村等村落。

此外，遷界令給香港經濟帶來重大改變。乾隆年間（1736－1795），東莞場、新界西部和大嶼山東涌一帶的黃田場，以及九龍東的官富場均被裁撤，鹽田改為稻田，製鹽業亦告式微，採珠和種植莞香等行業亦無法復興。復界後定居香港的居民，多以捕漁和務農維生，使香港漁業和農業較從前得到了更大的發展。

遷界令在香港的推行

大鵬灣

沙頭角

麻雀嶺墩台

粉嶺

大埔頭墩台

后海灣

新田

大埔

大埔海

屯門墩台

沙田

獅子嶺墩台

大嶼山

香港島

- - - - 香港地區遷海界線
- ○ 主要村落
- ✕ 清軍在香港設立的主要駐防據點

清初的遷界令

所謂遷界，即沿海 50 里劃地為界，強令居民遷入內陸，並禁止出海。當時香港地區約有二十四個鄉被迫遷徙，凡遷界之地，房屋、土地全部焚毀或廢棄。此舉不僅破壞了社會經濟，也導致海盜活動猖獗。

1.6 衙前圍的故事

新界以外，香港市區曾經有過一條逾四百年歷史的原居民圍村。

並不是建於衙門前的圍村

衙前圍是九龍市區碩果僅存的一條圍村，大約源起於清代初年。雍正二年（1724）吳氏聯絡了陳姓和李姓宗族，共同建立了衙前圍村。過去不少人認為衙前圍村的「衙前」一詞是指衙門前面，因該村位於九龍寨城衙門前面，但九龍寨城擴建於 1847 年，衙前圍村早已於建立。「衙前」一詞，其實可能源自五代及兩宋的鄉村稅役制度，縣政府委託鄉村富戶承包稅收，稱為「衙前戶」，因此衙前圍村的創立者可能曾承擔過衙前差役。由於明清時代以後，衙前戶的作用逐漸消失，後人對這名稱的含義也不甚明瞭，誤以為是衙門之前的意思。清代的衙前圍村外有城牆包圍，具有典型的軍事防衞功能，這或許與當時香港水域海盜猖獗有關。

十年一次的太平清醮

為了加強與鄰近村落的聯繫，衙前圍村與今日黃大仙區內的沙埔村、大磡村、隔坑村、打鼓嶺村、石鼓壟村、衙前塱村六條古村落，組成所謂「七約」，大約從雍正二年（1724）開始，「七約」每十年舉辦「七約太平清醮」，酬謝天后的保祐。

日佔時期，日軍強行填平衙前圍村的護城河，修築馬路，村外的農田也被日軍佔去，用作修建機場。戰後，政府在衙前圍村附近徵收土地，興建公共房屋，使衙前圍村成為九龍市區內的「城中村」。

逃不掉被遷折的命運

隨着九龍市區地價上漲，不少村民賣去祖屋，遷到村外居住，地產發展商也收購圍村土地，盼望重建牟利。由於部分村屋經歷多次重建改建，已失去保留價值，古物諮詢委員會最後亦否定圍村為受保護建築物。

2015 年 7 月，政府宣佈收回衙前圍村土地，並宣佈擬設立圍村保育公園，為衙前圍村的歷史正式劃上句號。

衙前圍村發展里程碑

創建

1724（雍正二年），吳、陳、李三姓共同建立了衙前圍村（「衙前」一詞，源於衙前圍村的創立者曾承擔過衙前差役）。

戰後

政府在衙前圍村附近興建公共房屋，衙前圍村成為九龍市區內的「城中村」。

清拆

2015 年 7 月，政府宣佈收回衙前圍村土地，為衙前圍村的歷史正式劃上句號。

明清時代的香港海防

明清兩代政府已認識到香港在海防上的重要性。

明代香港的海防

明代（1368－1644）時期，由於沿海地區屢遭海寇和西方殖民主義者的侵擾，政府決定加強沿海海防措施。洪武十四年（1381），政府設立大鵬守禦千戶所，建大鵬所城，控扼大鵬灣海面及今新界東北部，所設正千戶一員，副千戶一員，鎮撫一員，但因該所兵力薄弱，香港居民仍屢受海寇侵擾。

嘉靖十五年（1536），政府在香港及其鄰近濱海一帶，增設南頭寨，以南頭海防參將駐守。萬曆十四年（1586），政府改以廣東總兵鎮守南頭寨，負責佛堂門、龍船灣、洛格、大澳、浪淘灣及浪白六個地區的防務。其中佛堂門、龍船灣、大澳在香港境內。萬曆十八年（1590）政府又廢除總兵，改設參將鎮守南頭寨，置分總四員，哨官八員，大小兵船八十隻，官兵 2,334 人；另有陸兵一營，哨官五員，共官兵 529 人。

清代香港的海防

清初復界以後，政府積極鞏固香港海防。康熙二十一年（1682），政府將新安縣分東西兩路設防，香港屬於東路防區，添設有汛營。

雍正年間（1723－1735），政府又在香港沿海地區加設佛堂門炮台一座，炮八門，營房十五間；大嶼山炮台一座，炮八門，營房二十間。後再於東涌口增建汛房八間，並築圍牆，定名為東涌寨城，又於該處石獅山腳，建炮台兩座，定名為東涌石獅炮台，置兵房七間，火藥房一間。從上述佈防情況，可以看出地處中國的南方大門、扼交通要道的香港，其防務地位之重要性，已漸為當局所肯定。

鴉片戰爭初期，大鵬營參將賴恩爵建議在九龍增設炮台，經林則徐奏請後得到批准，於 1840 年 4 月建成尖沙咀（今水警總部所在的山崗）及官涌（今九龍佐治五世公園）兩座炮台。可是由於中國的軍事技術水平遠遠落後於英國，兩個炮台所發揮的作用非常有限。

道光初年香港的海防設施

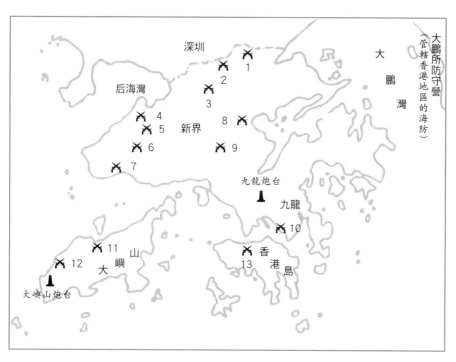

1 麻雀嶺汛	6 橫洲汛	11 東涌口汛
2 龍塘汛	7 屯門汛	12 大嶼山汛
3 焦逕汛	8 大埔頭汛	13 紅香爐汛
4 輞井汛	9 城門凹汛	
5 官涌汛	10 海口汛	

＊ 「汛」：駐防和巡邏的地區。

＊ 清代比較重視香港地區的海防，進行了較為全面的佈防，最初是為了對付鄭成功和
沿海海盜，後來則是為了防禦英國侵略者。道光初年，香港地區共有汛營十多處，
另設炮台兩處。

新界五大族

宗族是香港新界最具影響力的地方社會組織。

在傳統中國社會，宗族是有效的地方組織，與官府合作保證了地方社會的運作。新界鄧、文、廖、侯、彭五姓有較大影響力，人稱「新界五大族」。

鄧氏

原籍江西吉安府，為新界勢力最大的宗族。相傳其四世祖鄧符協定居岑田（後改稱「錦田」），設力瀛書院講學，並把先人骸骨葬於元朗一帶，成為鄧氏遷居新界的始祖。其後族人在新界開枝散葉，其中尤以定居於錦田、粉嶺龍躍頭、廈村、屏山等房最為昌盛。史載香港第一位本土進士即鄧氏的鄧文蔚。總計明清兩代，新界鄧氏共有十名文武舉人，四十名貢生。

文氏

原籍江西永新北鄉錢市。相傳南宋末年，其祖文天瑞因堂兄文天祥抗元兵敗被殺，遂逃往今深圳，其後人文孟常遷居新田，成為新田房開基祖。文氏亦有後人遷居泰坑，是為泰坑房。

廖氏

原籍福建汀州，元末其祖廖仲傑定居新安（今寶安），傳至明萬曆年間（1573－1620），七世祖廖南沙建立了今日的圍內村，因處梧桐河上，故名上水鄉。

侯氏

原籍廣東番禺。北宋時侯五朗遷至上水地區，其後人侯卓峰遷至河上鄉。據侯氏族譜所載，除河上鄉、金錢、丙岡、燕岡、孔嶺外，侯氏族人尚散居於谷豐嶺、鳳岡、大隴、榕樹澳等地。

彭氏

原籍江西宜春盧陵。南宋年間（1127－1279），彭桂遷居新安境內，成為新界彭氏的開基祖。明萬曆年間，彭氏族人遷居粉嶺，立圍居住。

新界五大族分佈圖

姓氏	祖籍	來港定居年代	主要居港地
鄧	江西吉安府	北宋	元朗、粉嶺、青衣島、葵涌、錦田、廈村、屏山
文	江西永新北鄉錢市	元代	新田、屏山、大埔
廖	福建汀州	元代	上水
侯	廣東番禺	北宋	上水河上鄉
彭	江西宜春盧陵	南宋	粉嶺

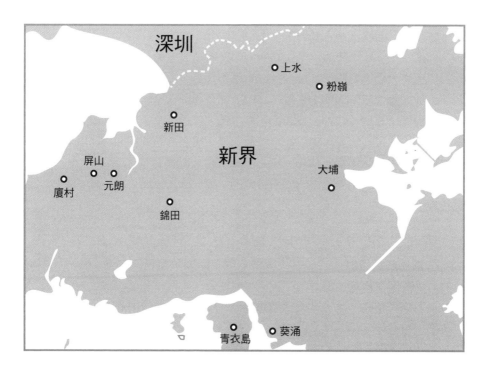

深圳

上水

粉嶺

新田

屏山

新界

元朗

廈村

大埔

錦田

青衣島　葵涌

1.9 英佔前的香港經濟

開埠前香港的經濟重心在新界。

古代香港的主要經濟活動包括採珠、製鹽、種植香木、農業、漁業等，開埠前，採珠業因宋代政府永禁官採而式微，製鹽業、香木生產因遷界令而一蹶不振，而農業、漁業則得到了發展。

新界墟市的發展

盛清時期新界地區是香港之經濟重心。遷界令取消後，新界經濟得以恢復，居民主要以耕種及捕魚為主，村落和人口數目遠較香港島為多。為滿足村民交換農產品的需要，各地墟市（即鄉村定期集市）陸續湧現。據蕭國健考證，當時可考的墟市共有五個：

元朗（舊）墟：康熙八年（1669）鄧文蔚所設。他在復界後將原來位於元朗河口西岸大橋墩的墟市，移至今日的舊墟。

大埔（舊）墟：康熙十一年（1672）鄧祥和鄧天章所設。

石湖墟：嘉慶（1796–1820）初年廖氏、侯氏及鄧氏族人創設。

隔圳墟：侯氏所設，創設較石湖墟為早，後因被石湖墟取代而廢棄。

廈村墟：乾隆年間（1736–1795）鄧氏族人所設。

鴉片戰爭前，新界最大的墟市是元朗（舊）墟和大埔（舊）墟，兩者均為鄧氏族人控制。

香港島的經濟狀況

香港島經濟發展較為緩慢，居民多以航海捕魚及務農為業。新界大族亦有在香港島開墾農地，如錦田鄧族擁有黃泥涌、香港仔和薄扶林的土地，上水廖族擁有掃桿埔的土地。英人佔領香港時，香港島約有 7,500 人，散居於島上二十多個村莊內。

英人佔領香港後，香港地區的經濟重心從新界轉移至香港島。

開埠時香港島的主要人口聚落

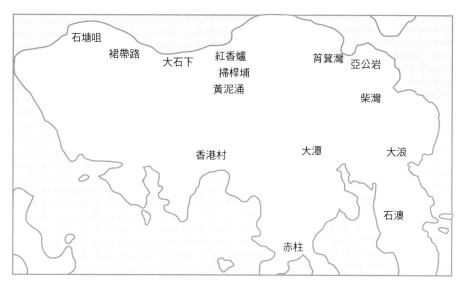

聚落名稱	土地使用情況	人口
赤柱	漁村	2,000
筲箕灣	石礦場	1,200
黃泥涌	農村	300
香港村	漁村	200
亞公岩	石礦場	200
石澳	石礦場	150
紅香爐（今銅鑼灣及大坑一帶）	小村	50
柴灣	小村	50
裙帶路（亦稱「群帶路」）	漁村	50
石塘咀	石礦場	25
大石下（可能是灣仔）	石礦場	20
大潭	小村	20
掃桿埔	小村	10
大浪	漁村	5

＊ 資料出自蕭國健《香港歷史與社會》（1994），頁 16。

新界的傳統建築

新界保留了不少有特色的古舊建築，藉此可窺開埠前香港歷史之一斑。

圍村

明清時代，香港地區海盜猖獗，居民為求自保，紛紛修築圍村。圍村實際上是由宗族管理的一個小區，因防禦上的需要，必須保持一定程度的自給能力，故圍村內通常都有水井並飼養牲畜，牆基多以大麻石為材料，四邊胸牆均有槍孔，用於槍炮發射。

圍村多集中於元朗、粉嶺、上水及濱海地區，因為上述地區土地較為肥沃，居民較為富裕，且因靠近海邊，易受海盜侵擾，故居民多築圍村自保。

現在新界保存得較好的圍村為錦田吉慶圍、龍躍頭觀龍圍、大埔泰亨灰沙圍。

青磚屋

新界現存不少以青磚建成的傳統民宅。青磚較一般紅磚、砂磚密度為高，隔熱功能更佳。在結構上，青磚屋主要以台基為底、棟樑支撐全屋，青磚為牆，屋頂用瓦鋪蓋；屋前部分為天井，為室內帶來透光及通風的效果，後部分為房舍，具有華南地區民居的典型風格。

祠堂

宗族是開埠前新界鄉村社會組織的核心，以祭祖儀式維繫族人的凝聚力。祠堂可供奉祖先，也是宗族法庭，在宗族活動中佔有重要地位，同時亦是鄉村最宏偉的建築物。新界傳統祠堂多以青磚建成，裝飾較為講究，通常分為前後兩部分：前部分（前廳、中廳和前院）為村民社交、舉行會議的場所，後部分（後廳和後院）則供奉先祖的神位。

新界典型圍村吉慶圍的建築平面圖

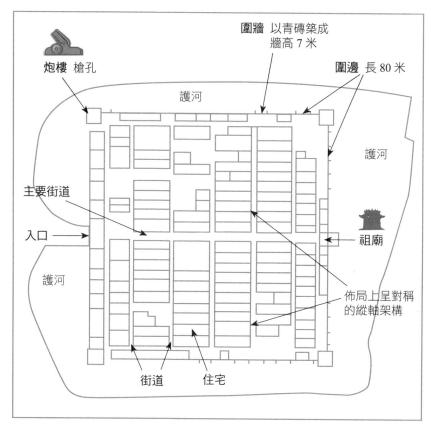

圍牆 以青磚築成 牆高 7 米

圍邊 長 80 米

炮樓 槍孔

護河

護河

主要街道

入口

護河

祖廟

佈局上呈對稱 的縱軸架構

街道 住宅

* 吉慶圍為錦田鄧族所有，相傳約建於明代成化年間（1465－1487），主要保衛村民免受盜賊侵襲。

吉慶圍掌故

1899 年，英人接管新界時，圍內村民據圍固守。英軍用重炮將圍轟開，拆下村口的鐵門運返英國作戰利品。1924 年，鄧氏鄉紳向港督司徒拔（Reginald Edward Stubbs）申請發還鐵門。1925 年 5 月，司徒拔親自參加主持重裝鐵門的典禮。

1.11　香港的傳統節日

香港的傳統節日與祭祀有密切關係。

祭祀是向神靈求福消災的傳統禮俗儀式，中國傳統節日與之關係密切，據學者蔡志祥的分析，香港的傳統節日可分成節、誕、醮三類。

「節」

中國傳統曆法將全年分成二十四個節氣，每個節氣的名稱均以該段季節的不同天文現象、常見氣候特徵或農業活動而命名，其中影響到生活秩序的，便成為祭祀對象。在今日香港，農曆新年、端午節、中秋節、清明節及重陽節，仍然是較受香港人重視的傳統節日。

「誕」

「誕」是指神祇的慶祝日，如天后誕（大部分在農曆三月下旬舉行，視乎每個地方而定）、車公誕（正日為農曆正月初二，但由於年初三稱為赤口，習俗不宜拜年，香港市民多於年初三拜祭車公）等。一般人慶祝神誕與否，可以分為義務性和選擇性兩種。作為一個地域集團的成員（如新界某圍村村民），居民對地域內各廟的主神誕日，有參與的義務。另一方面，不少人因認為部分廟神（如黃大仙、沙田車公）非常靈驗，因此熱心以個人身份參與其所信奉神祇的「誕」。

「醮」

「醮」，原意是「祭神」，道教盛行後，逐漸發展成為以道士、僧人為媒介，向神祝禱、禳除災祟和許願酬謝的祭禮儀式，主要目的是祈求風調雨順、國泰民安。香港較大規模的「醮」包括長洲的太平清醮、西貢布袋澳村佛堂門天后古廟（大廟）的太平清醮等。打醮一般是定期舉行，時限卻不一，有的如大嶼山大澳每三十年舉行一次，長洲則是每年舉行。打醮是一個與社區活動不能分割的宗教儀式，所有社區成員都有義務參加。

開埠後，傳統節日與西方節日一同保留在了港人的生活中。

香港的重要傳統節日 —— 長洲太平清醮

起源

相傳清代中葉，長洲發生嚴重瘟疫，島民向北帝廟求助，按神靈指示舉辦太平清醮後瘟疫消失，為防再發瘟疫及酬謝神恩，從此每年舉行 太平清醮 活動。

籌辦過程的發展

當地居民組成的值理會負責籌辦。

只有惠潮府籍的居民可擔任值理　　$\xrightarrow{\text{1960 年後}}$　　廣府人也可參與

舉行日期由卜杯決定　　$\xrightarrow{\text{2001 年後}}$　　定期於農曆四月初八舉行

活動內容和程序

打醮期間島民禁止殺生及進行齋戒，潔淨肉體和精神。

正日前三天開始「迎神」。

↓

正日的會景巡遊是節慶的高潮，飄色、醒獅及麒麟隊巡遊島上。

↓

午夜宣佈齋戒完畢，善信到北帝廟前膜拜和進行「搶包山」活動。

↓

次日派發「平安包」予島民。

↓

下午「送神回廟」。

↓

活動結束。

重要人物簡介

鄧符協（生卒年不詳）·······················

新界鄧氏始祖鄧漢黻的第三代直系子孫。北宋熙寧二年（1069）考中進士，及後赴廣東陽春縣任縣令期間，曾由海道經過今日的新界屯門，十分欣賞當地風土人情。任滿辭官後，舉家遷岑田，並在此置田園、築廬墓，從事農業開發，又創辦力瀛書院，建造藏書樓。從此鄧氏在新界日漸昌盛，成為新界五大氏族之一。

鄧文尉（生卒年不詳）·······················

字「豹生」，新界錦田人，清代香港地區第一位考中進士的本土居民。康熙二十四年（1685）參加進士考試，中式第六十八名，獲授浙江省龍遊縣知縣，到任不久去世。如今在錦田永隆圍大門的左壁上，尚懸掛着鄧文蔚所立的「康熙乙丑科會試中式第六十八名進士」的牌匾。

張保仔（1786－1822）·······················

原名「張保」，廣東江門人，清代華南著名海盜。15歲時隨父出外捕魚，被海盜鄭一的部下所擄，因聰慧且有辯才，甚得鄭一寵愛，未幾被起用為頭目，並成為鄭一養子。張保仔馭下紀律嚴明，甚得部下信服。嘉慶十三年（1808），張保仔部與清廷水師戰於孖洲仔，俘擄虎門協副將林國良。部下殺害林氏，張保仔將該部下處死，反映出張氏既嚴禁部下妄殺，又似有厭倦海盜生活，盼望被官

軍收編的心態。嘉慶十五年（1810），張保仔與鄭一嫂向清廷投降，因協助平定其他海盜有功，累升至福建閩安協副將。投降後鄭一嫂改嫁張保仔。道光二年（1822）張保仔卒於澎湖協副將任上，鄭一嫂遂隱居澳門。

林仰山（Frederick S. Drake，1892－1974）⋯⋯⋯⋯
英國人，著名考古學家。早期任教於濟南齊魯大學，對大辛莊商代文物有深入研究。1933 年被香港大學聘為中文系教授，惟因事未能赴任。1952 年被香港大學聘為中文系系主任，1956 年至 1961 年間更兼任文學院院長。任內重新訂立中文系的科目，內容包括文學、歷史、哲學、藝術與考古、翻譯五個範圍。藝術與考古其後發展成為今日的藝術系。其他四組課程，至今仍在中文學院講授。他又增聘教學人員，主持出版學術期刊《東方文化》（*Journal of Oriental Studies*，創刊於 1954 年），同時又在電台演講，主持發掘李鄭屋漢墓的工程，倡議成立博物館，推動本地中國史和考古學知識的流播。1964 年退休返回英國。

1840　第一次鴉片戰爭爆發

1841　英人強佔香港島
　　　《義律文告》
　　　推行自由貿易港政策

1842　中英《南京條約》
　　　香港島正式成為英國殖民地

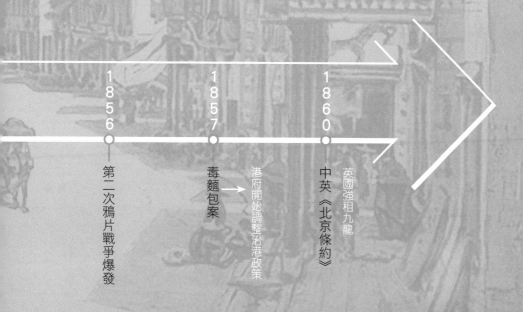

第 **2** 章

香港的開埠
（1840－1860）

　　1841 年 1 月，英人未待割讓香港島的條約正式簽訂，便強行登陸香港島，沿襲英國管治海外殖民地的模式，建立以總督為首的「行政主導」的政治體制。英人佔領香港島，旨在以此為立足點，擴大英國在華的利權，為此，英人在港實施自由貿易港政策，吸引各國商旅來港貿易。港府需要華人建設香港，但又基於殖民政治的本質及種族偏見歧視華人，加上華洋社會缺乏溝通，華洋關係一度異常緊張。1857 年的毒麵包案令港府認識到加強與華人社會溝通的重要性，港府遂試圖以華商精英為中介，對華人社會加以控制，從而使 1860 年代以後的華洋關係進入了新階段。

1
8
5
6

第二次鴉片戰爭爆發

1
8
5
7

毒麵包案

港府開始調整治港政策

1
8
6
0

英國強租九龍

中英《北京條約》

第一次鴉片戰爭的爆發

鴉片戰爭揭開了香港歷史的新一頁。

中國的閉關自守政策

自十八世紀以降,西方列強開展工業革命,科技發展一日千里,中國與之在科技與軍事力量上差距日漸增大。鴉片戰爭前,清廷在對外關係上採取閉關政策,把對外貿易的範圍限制在廣州,並規定外商銷售商品和購買土貨,必須由中國公行商人負責,西方商人對此十分不滿。

為擴大對外市場,英國先後派遣馬甘尼使團(MaCartney Mission)及阿美士德使團(Amherst Mission)於 1793 年及 1816 年來華,要求中國開放市場,但均被拒。

鴉片大量輸入所引起的糾紛

自十九世紀初,鴉片開始大量輸入中國,中英貿易發生顯著變化,英國對華貿易由入超變為出超,促進了英國本土工商業的發展。

鴉片的大量輸入,不僅荼毒了中國人的健康,還導致中國白銀大量外流。由於當時清廷規定農民須以白銀完稅,銀價飛漲增加了農民的負擔,也使清廷的財政危機日甚一日。

1838 年,清廷朝臣之間就應否嚴禁鴉片問題展開激烈論爭。湖廣總督林則徐上書主張從速嚴禁鴉片貿易,深得道光帝稱許,遂被任命為欽差大臣,前往廣東查禁鴉片。1839 年 3 月,林則徐在廣州執行嚴厲的禁煙措施,下令所有外商交出鴉片,並保證以後不再販運,否則「貨盡沒官,人即正法」。

駐華商務總監義律(Charles Elliot)呼籲英商繳出鴉片,但義律向中國交出鴉片後,拒絕同意英商具結保證以後不再輸入鴉片的誓盟書。1839 年 7 月,英國水兵於九龍尖沙咀村(約位於今尖沙咀加拿芬道、赫德道、康和里一帶)毆斃村民林維喜,英方堅拒交出兇手,中英關係進一步惡化,清廷下令斷絕中英貿易。

1840 年 3 月,英國國會在鴉片商人渣甸(William Jardine)的影響下,議決對華用兵,第一次鴉片戰爭正式爆發。

第一次鴉片戰爭的背景：從白銀到鴉片

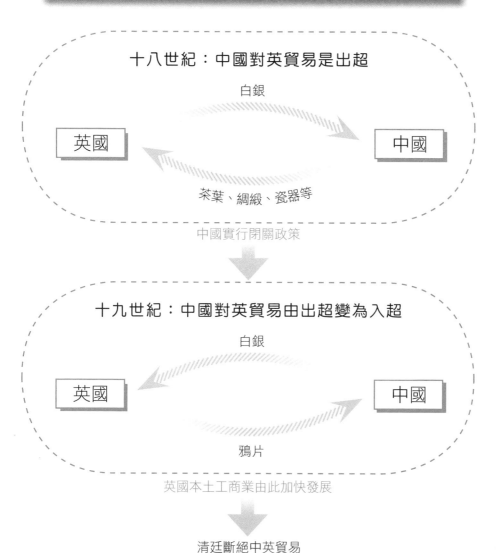

十八世紀：中國對英貿易是出超

白銀

英國　　　　　　　　中國

茶葉、綢緞、瓷器等

中國實行閉關政策

十九世紀：中國對英貿易由出超變為入超

白銀

英國　　　　　　　　中國

鴉片

英國本土工商業由此加快發展

清廷斷絕中英貿易

第一次鴉片戰爭

2.2 香港島的割讓

英人對香港的統治始於 1841 年 1 月。

義律與琦善的交涉

英人文獻中最早對香港的記述，可追溯至 1816 年。當時阿美士德使團抵達華南海岸，東印度公司的成員士丹頓（George Thomas Staunton）及馬禮遜（Robert Morrison）則滯留澳門，在香港島與南丫島的海面上，與使團匯合，其後英國船舶開始在香港水域活動。

林則徐勒令英商繳出鴉片後，英國鴉片船盤踞香港島北部海面，將附近水域變為鴉片走私的主要巢穴，中英雙方曾在香港地區爆發九龍山和官涌之戰。1839 年 11 月，英國外相巴麥尊（Henry J. T. Palmerston）下令英軍佔領中國沿海的一個島嶼，作為英人在華的集結地點及軍事行動基地。英國政府本屬意佔領舟山群島其中一個島嶼，但該指示未得到義律的重視。

1840 年 6 月，英軍封鎖珠江口後，大舉北上。道光帝遣大學士琦善負責對英交涉。義律多次向琦善提出割讓香港島的要求，起初遭到琦善拒絕，義律派兵佔領虎門沙角和大角兩炮台，迫使琦善讓步。1841 年 1 月 18 日，琦善答允向道光帝上奏，請將香港島劃為英人通商寄居之地。

英軍強行登佔香港島

1841 年 1 月 25 日，英軍強行登陸香港島水坑口。後義律發出文告（即《義律文告》），宣稱「香港島已割讓給英國君主」，並自任「行政長官」。從此英人開始在香港島北部大興土木，作為英國統治香港的中心。巴麥尊對義律與琦善有關割讓香港島之談判結果異常不滿，認為香港對英國並無太大的經濟利益，改任砵甸乍（或譯「璞鼎查」，Henry Pottinger）接替義律的在華職務。

未幾中英繼續開戰，英軍先後攻佔廈門、定海、寧波、鎮江等地。道光帝派耆英、伊里布與英人議和，1842 年 8 月，中英簽訂《南京條約》，香港島正式成為英國的殖民地。次年英國政府委任砵甸乍為香港首任總督。過去有學者謂琦善與義律簽訂「穿鼻草約」，答應割讓香港予英國，實無其事。

英人割佔香港島始末

第一次鴉片戰爭爆發 1840 年
英軍封鎖珠江口，並大舉北上

↓

義律與琦善交涉

↓

英軍強行登陸香港島 1841.1.25
英人開始在港實施管治

↓

中英繼續開戰

↓

香港島

《南京條約》 1842.8

↓

香港島正式成為英國的殖民地

2.3 殖民地政治體制的建立

「行政主導」是香港作為英國殖民地的傳統。

香港總督權力受多方掣肘

自開埠以降，港府即具有「行政主導」的特點，香港總督（簡稱「港督」）是港府的行政首腦，也是英皇在港的全權代表，其權力由英國皇室所發出的《英皇制誥》（The Letters Patent）[1] 及《皇室訓令》（Royal Instructions）[2] 所賦予。

理論上港督可說是香港的獨裁者，但事實上並非完全如此。《英皇制誥》強調港督只能按照倫敦給予的指示去行使權力；英國政府也有權為香港制訂法律，並可駁回香港立法局通過的法例；港督雖可以行使由《皇室訓令》所賦予反對行政局建議的權力，但必須立刻向倫敦匯報事件因由。此外，在港的英商亦可透過各種渠道（如英國議會或傳媒），向本國政府對港督的施政作出批評。

行政局與立法局的地位及成員結構變化

行政局與立法局是香港殖民政治體制下的議政機關。行政局（早期稱為「議事局」）的責任是協助港督施政，並向港府提出建議；立法局（早期稱為「定例局」）的主要任務是制定法律，議員可就政策事務向港府提出詢問。

開埠初期行政與立法兩局成員完全相同，除港督擔任主席外，兩局各有成員三人，全由政府官員兼任。行政局直到 1896 年，始加入兩個非官守議員名額。開埠初期立法局組織的改變，主要來自香港英商社群的參政要求和歷任港督的改革方案。1845 年英商社群關注並開始要求參與本地立法事務。1850 年 6 月，港府委任怡和洋行（Jardine, Matheson & Co.）的大衛・渣甸（David Jardine）出任立法局首任非官守議員。1850 年至 1900 年，立法局的非官守議員約七成由商人擔任。

1　《英皇制誥》是英治時期香港的憲制性法律文件，規定了香港的行政、立法及司法機關的組成和權力。

2　《皇室訓令》是《英皇制誥》的補充，闡述行政局及立法局運作的具體安排，訂明立法程序，並進一步明確規範港督的權力。

開埠初期香港殖民政治制度的建立與形成

發展趨向	具體的演變
英國殖民官僚與英資財團共治局面形成	以軍人為主體的英國殖民官僚壟斷政治權力。 在港英商財團實力壯大,要求更多的政治參與權。 港府先後增設立法局及行政局的非官守議席。
港督職能專職化	港督需兼任駐華全權公使及商務總監。 港督專任港府的首長(自第五任港督夏喬士‧羅便臣〔Hercules Robinson〕開始)。
立法局組織、職能基本定型	規定官守議員須對政府提案投贊成票。 ● 議員的權力逐漸擴大。 ● 1872 年立法局成立財務委員會,成為日後局內常設委員會的雛形。
司法制度從與行政一體到相對獨立	正按察司可兼任行政、立法局議員。 港府停止正按察司出任立法局議員,結束司法與行政、立法三位一體的局面。
文官制度的開端	港府官僚以軍人、冒險家和海員為主體,官員質素極為低下。 1862 年起,港府開始實行官學生制度,開日後政務官制度之濫觴。

自由貿易港政策的確立

自由貿易港政策奠定了日後香港的繁榮。

政策的起源和內容

1841 年義律與英軍司令伯麥（James John Gordon Bremer）在當時流行於英國的古典經濟學派[3]的影響下，為鼓勵商業發展，聯名發表文告，宣佈在港華商的財產將得到英國政府的保護，並保證任何中國船隻進入香港時均不需要向英國政府繳付關稅，從而奠定了香港作為自由貿易港的地位。

政策的成效

英人在港推行自由貿易港政策，吸引不少原來在廣州經營的外資商行轉到香港發展。

最先到港的英商以鴉片商人為主，從事這項貿易的洋行，以怡和和顛地（Dent & Co.，或譯「寶順洋行」）規模最大。顛地洋行於 1841 年從廣州遷至香港，在今日中環置地廣場的位置建立辦事處和貨棧。

怡和洋行於 1844 年將總部從澳門遷至香港，使香港成為該公司對華業務的基地。

香港自由貿易港政策亦為中國沿海居民帶來經濟機會，吸引了粵澳兩地居民來港從事各類經濟活動，澳門作為中西貿易中心之地位漸被香港取代。

1842 年以後，葡人移居香港者日眾。1849 年澳門土生葡人德芬諾（Delfins Noronha）在港開設印務所，為香港有印務所之始。香港的繁榮進而吸引僑居澳門的華商來港發展，1857 年毒麵包案的主角張霈霖即為典型例子（毒麵包案的詳情，參見 2.8）。

---

3 「古典經濟學派」以亞當‧史密斯（Adam Smith）為代表，認為自由貿易能達到增加國家整體利益的目標。他主張政府的主要功能應為鞏固國防、建立司法組織、課徵合理稅項及興建基礎設施，應盡量減少對經濟活動的干預。

開埠初期港府的經濟策略

* 推行自由貿易港政策
* 對絕大多數的進出口商品免除徵稅

* 注重經濟立法
* 保障在港商人財產的權益

措 施

* 以拍賣土地所得的收入補貼政府的行政支出等

* 興建港口設施及其他市政工程
* 提升香港作為東亞貿易轉口港的競爭力

目 標

使香港成為英國在華貿易的據點

香港應成為一個自由港，因此港口稅應盡量輕微，可以指望的主要財政收入來源，就是土地。出租土地所得的租金，不僅可以指望用它來支付機關的經常費用，而且可以指望用它來付給在島上興辦及維持公共工程的費用。
（1843 年 1 月對砵甸乍的訓示）

英國外交大臣阿伯丁

早期港府的治華政策

二元化法制及保甲制度是早期港府華人管治政策的主要內容。

確立二元化法制

英人佔領香港的主要目的，是為了發展貿易。1841 年義律發出文告，強調「對香港的土著和前往該島的所有中國人，應按照中國的法律和慣例進行管理」。1843 年英國外交大臣史丹利（Lord Stanley）寄給砵甸乍的指示，亦認為治理香港華人時，若非涉及損害英國管治香港的權利，或造成中國政府參與該主權施行的情況，中國法律與習俗應取代英國法律與習俗；若華人與英國人同時涉及同一類罪案時，則應由本地法庭按個別情況考慮。因此早期港府對有悖於英國法律的華人傳統如蓄婢、納妾、食用貓狗等習尚亦予以容忍。

同時，由於殖民政治的本質及英人的種族偏見，港府也實行了歧視華人的政策。

推行「保甲制」

英人佔領香港的最初二十年內，對本地華人採取了「以華制華」的「間接管治」政策，即下放部分權力，令華人自我管理，以減輕政府的行政負擔。鑑於開埠初期香港治安奇壞，港府仿效清廷，於 1844 年立法確立「保甲制」。該制度將華人每十戶編為一甲，每甲設有甲長；每十甲為一保，每保設有保長。保長與甲長皆由居民選出，屬榮譽性質，另設「地保」作為保甲制的代理人。

1853 年港府擴大地保的權力，使地保不只可以介入調停華人間的糾紛，更擁有裁決權。

1857 年港府鑑於華人反英情緒空前膨脹，遂擴大地保職權，規定地保在本甲範圍內，可行使警察權力，協助政府維持治安。然而同年發生毒麵包案，西人社群反對華人自理訴訟的呼聲日高，再加上英國政府對英華二元制統治方式亦感不滿，港府被迫在 1861 年廢除保甲制。

英人統治初期華人所受的不公平待遇

華人所受不公平待遇

法院審理案件採取雙重標準
* 對白人判刑較輕
* 對華人常判處笞刑等不人道的刑罰

香港法庭及立法局議事以英語為指定語言
對不諳英語的華人被告或原訴人殊不公平

港府實施專門針對華人的宵禁令
* 違者逮捕法辦
* 西人則不受限制

無法出任港府高級官員

不能遷入法例劃定的洋人居住專區

唯有施行中國刑法 —— 包括笞刑、剪辮、戴枷及放逐，才能使華人罪犯恐懼，從而阻遏罪案，改善治安。(1845 年 3 月)

港督戴維斯

早期香港的城市發展

早期香港的城市規劃具有種族隔離的特點。

英人的城市規劃及「四環九約」

英人在香港實施管治之後，開始在香港島北岸動工興建女王城（Queen's Town，後改稱「維多利亞城」，Victoria City），以作為殖民地的行政中心，並修築皇后大道（Queen's Road）作為主要幹道。

早期英人對香港島的城市規劃，多着眼於保障軍政用地和商業用地，同時注重洋人社群的居住特權。1841 年 11 月，港府將今花園道以西的範圍定名為「政府山」（Government Hill），後修築輔政司署、港督府、聖約翰座堂等政府及英國國教的建築物；政府山以東至灣仔間的土地，則給予英軍使用，並興建軍事設施，從而把中環和灣仔分隔開來。沿海的皇后大道聳立着眾多的英資碼頭、商行、貨倉與金融機構，標誌着英商在早期香港經濟發展上的支配地位。

維多利亞城的城區範圍，隨着香港人口的增加而不斷擴展，逐步發展成華人所謂的「四環九約」，四環為下環（即灣仔）、中環、上環、西環，九約分別是堅尼地城至石塘咀、石塘咀至西營盤、西營盤、干諾道西東半段、上環街市至中環街市、中環街市至軍器廠街、軍器廠街至灣仔道、灣仔道至鵝頸橋和鵝頸橋至銅鑼灣。

華洋隔離的居住形態

早期華洋社會涇渭分明，一般極少往來。從 1840 年代初起，港府實行種族隔離政策，將中環維多利亞城中心劃為洋人專屬居住區，迫令該地華人遷居太平山（今上環卜公花園一帶）。

至 1860 年代，域多利皇后街成為華洋社區的分隔線，洋人主要居住於中環及半山區，華人則集中居住於上環及港島以西地區。太平山是著名的華人貧民區，上環是華人商業區，文武廟與東華醫院為華人領導階層的議事中心，文咸西街是從事南北轉口貿易的「南北行」集中地。

1903 年維多利亞城的城區範圍

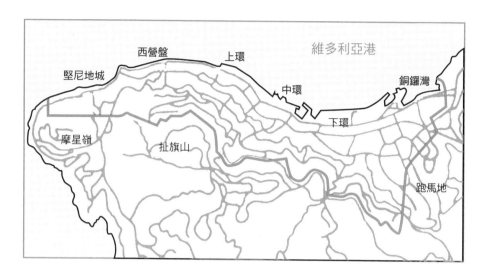

四環

* 下環：由灣仔道起至軍器廠街
* 中環：由美利操場起至威靈頓街與皇后大道中交匯處止
* 上環：由威靈頓街與皇后大道中交匯處至國家醫院止
* 西環：由干諾道西起至堅尼地城止

九約

* 第一約：堅尼地城至石塘咀
* 第二約：石塘咀至西營盤
* 第三約：西營盤
* 第四約：干諾道西東半段
* 第五約：上環街市至中環街市
* 第六約：中環街市至軍器廠街
* 第七約：軍器廠街至灣仔道
* 第八約：灣仔道至鵝頸橋
* 第九約：鵝頸橋至銅鑼灣

開埠初期的華人社會

在以低下階層為主的華人社會，華人按中國傳統社會慣例處理自身事務。

華人社會人口質素低，性別比例失衡

英人佔領香港後，在香港島大興土木，吸引中國沿海眾多民眾來港謀生。1844 年 4 月，香港華人共有 19,009 人，其中有 13,000 人以上聚居「維多利亞城」和附近港灣。1840 年代的華人新移民，主要來自廣東各地，大多是苦力、勞工、小商販以及海盜、鴉片煙販、三合會會員等社會低下階層，人口流動性極大，導致社會治安惡劣。另據統計，1848 年香港的女性人口只佔當時總人口的 20％。1840 年代，在港府的施政報告中常有埋怨居港的華人質素差劣，文化水平低，因而只能從事體力勞動之語。華人的這種狀況直至 1850 年代中期才逐漸改變。

文武廟是早期香港華人社會的議事中心

雖然不同籍貫的香港移民常為爭取工作機會和資源而互相競爭，但為了與港府交涉及維持社區治安，各區居民在商人的領導下，逐漸建立了本區的「街坊」組織和「寺廟委員會」，用以維持社會治安及舉辦宗教慶典。

香港早期的「街坊」與廣州及澳門的同類組織相近，成員均為同一居住地區的居民，具有聯絡坊眾及提倡互助精神之特點。由於開埠初期官僚貪斂成風，歐籍和印度籍警察不諳華語，對華人生活習慣亦毫無了解，而華人對香港法律制度所知不多，亦缺乏信心，因此華人唯有按照中國傳統社會慣例，以廟宇為中心，集會解決彼此間的糾紛，其中以上環文武廟所扮演的角色最為典型。

1847 年，華人領袖盧亞貴與譚亞才出資興建文武廟，並在廟旁的公所仲裁華人爭議。1851 年，各鄉籍華商店主出資擴建文武廟，廟宇值理由各區街坊組成，變相成為非官方的華人領袖，而文武廟則與港府的司法機關並立，秘密處理華人事務。

開埠初香港華人社會的特點

多是珠江三角洲移民
* 粵語是通用方言
* 鄉籍意識極為濃厚

人口構成
* 多為新移民
* 包括社會低下階層、失業遊民、罪犯等

女性人口比例較低
* 產生性別失調、娼妓及拐賣婦女等社會問題

特點

華人領袖的特點
* 擁有財富，出身卑微，道德水平普遍不高

與洋人社群的關係
* 華洋社區缺乏溝通
* 華人的正當權益與需要受漠視

社會組織形態
* 「街坊」組織
* 廟宇
* 秘密會黨

2.8 毒麵包案與英人治港政策的改變

華洋社會之間的矛盾是毒麵包案掀起軒然大波的主因。

查不出主謀的毒麵包案

早期香港華洋社會隔絕，港府缺乏通曉華語的人才，加上官員質素普遍低下，故這一時期港府與華人關係並不融洽。1856 年，中國水師緝捕走私活動，在英船「亞羅號」上拘捕了十二名水手，英方要求釋放水手及道歉，中方拒絕道歉，英軍遂炮轟廣州。「亞羅號」事件後，中英開戰在即，香港的華洋關係更趨緊張。

在這樣的背景下，1857 年又發生了毒麵包案：1 月 15 日，香港洋人發生集體中毒事件，中毒者有三百至四百人，調查發現中毒者均吃過灣仔裕盛（Esing）麵包店所出售的麵包，而麵包竟被人下了砒霜。事件引發洋人社群的憤怒。店主張霈霖向香港警方投案，經審訊被判無罪釋放，但由於洋人社群領袖的強烈要求而被逐離香港，而本案因查不出主謀和下毒證據，成為懸案。

港府吸取教訓改革治港政策

毒麵包案令港府意識到加強與華人社會溝通的重要性。為提升官僚質素，港督夏喬士・羅便臣於 1862 年實施官學生制度，從英國本土挑選優秀的大學畢業生學習中文，學成後先在港充任港府通譯員，再分派至政府各部門任職。

為增進華人與政府的溝通，港府出版政府憲報的中文版，刊登政府的律例和公告，使不懂英語的華人對政府推行的政策也能有所了解；重新設置總登記官（Registrar General），加上「撫華道」的稱銜（Protector of the Chinese，後來「總登記官」改稱為「華民政務司」），便於向華人社會宣傳政府政策。同時，港府開始加強與華商領導階層之對話，試圖以華商精英為中介控制華人社會，從而使 1860 年代以後的華洋關係進入一個較為融洽的新階段。

毒麵包案推動治港政策的改革

開埠初香港華洋社會關係緊張

毒麵包案

香港洋人吃了華人店裏的麵包，集體中毒

港府開始改革治港政策
加強與華人社會溝通

實施官學生制度

出版政府憲報的
中文版

撫華道
可向華人宣傳
政府政策

重設總登記官

加強與華商領導
階層的溝通

2.9 割佔九龍半島

1860 年九龍半島被納入香港的管轄範圍，是為香港第一次拓展邊界。

英人決意吞併九龍的原因

英人侵佔九龍，部分原因出自香港城市發展的需要。自開埠以來，香港人口急速增長，英人認為「人口增長已超過我們（指香港）容納的手段」，而佔領九龍可為香港社會提供必需的供應。

英人侵佔九龍的另一原因是為了加強香港島的防務。《南京條約》簽訂後，清廷增強九龍半島的防務，使英人感到如芒在背。1854 年，惠州天地會會眾攻佔九龍城，清廷利用香港的外國僱傭軍收復該城，英人由此感到其在香港的殖民統治備受威脅，清軍的潰敗也使他們看出清廷的無能，港督寶靈（John Bowring，亦譯為「包令」）開始關心九龍半島問題。1856 年第二次鴉片戰爭爆發，兩廣總督葉名琛委派新安縣士紳陳桂籍對香港展開騷擾活動，次年發生的毒麵包案更掀起滿城風雨，使英人決心侵佔九龍半島。

英人割佔九龍半島

1857 年 12 月，英法聯軍佔領廣州，俘虜兩廣總督葉名琛。1858 年 5 月，聯軍攻佔大沽炮台；6 月，清廷與英、法兩國簽訂《天津條約》，後雙方因換約問題再起衝突。

1860 年 3 月，在英法聯軍控制下的廣州，英國駐廣州領事巴夏禮（H.S.Parkes）與兩廣總督勞崇光簽訂租約，強租九龍半島（包括昂船洲），規定英方只需每年按時繳納租銀五百兩，中國政府便不得要求歸還九龍半島。同年 10 月，英法聯軍強迫清廷簽訂《北京條約》，改稱將九龍半島正式割讓予英國。

英人將尖沙咀的居民遷到油麻地，除將部分土地（今九龍公園一帶）讓予英軍作軍事用途外，還在九龍半島開闢了羅便臣道（今彌敦道）、麥當奴道（今廣東道）、德輔道（今漆咸道）等主要幹道，把九龍半島納入香港市區內。

軍事佔領與租借並行：英人侵佔九龍的過程

英國 ──欲修改──→ 《南京條約》 ←──拒絕修改── 清廷

↓

「亞羅號」事件

↓

第二次鴉片戰爭爆發 1856

↓

英軍強佔九龍 1860.3.18 　九龍

↓

巴夏禮與勞崇光簽約強租九龍 1860.3.20

↓

中英《北京條約》1860.10.24

↓

九龍半島被正式割讓予英國

早期西式教育的發展

基督教傳教士是香港西式教育的開拓者。

教會教育主導時期

港府在早年甚少干預教育事業，而由志願團體辦學。英人在香港建立殖民地後，基督教傳教士為滿足傳教的需要，亦將其傳教重心從東南亞移至香港，是以教會在港興辦教育事業，對早期香港西式教育的發展影響至大。開埠初期香港最著名的教會學校當推英華書院、馬禮遜學堂及聖保羅書院。

英華書院由英國傳教士馬禮遜（Robert Morrison）及米憐（William Milne）於 1818 年開辦於麻六甲，後英國傳教士、漢學家理雅各（James Legge）接任校長，於 1843 年將學校遷至香港。馬禮遜學堂由馬禮遜教育會於 1839 年創於澳門，1842 年遷往香港灣仔摩理臣山。該校除教授中國傳統經典外，亦重視英語、西方歷史、數學及基督教知識。1850 年因港府停止資助及人事變動而停辦。聖保羅書院由英國聖公會牧師士丹頓（Rev. Vincent John Staunton）1843年創辦於中環。該校旨在於訓練教師和培養華人傳教人才，課程以英文為主，中文為輔。

早期入讀教會學校的學生多來自貧苦家庭，有些還是孤兒，他們入學多是為了學習英文，以便獲得較好待遇的工作，追求基督教或西方知識的只屬少數。同時，教會辦學的最終目的畢竟是傳教，與中國傳統的辦學理念不同。

官立學校的興起

及至 1850 年以後，港府察覺到培育通曉中英文人才的重要性，遂改革教育政策，直接興辦官立學校，其中尤以 1862 年創辦的中央書院（今皇仁書院）最為重要，近代中國不少重要人物（如何啟、孫中山）均是該院畢業生。

中央書院採取英國文法中學體制，早期課程中英並重，但在 1878 年港督軒尼詩（John Pope Hennessy）的指引下，開始增加英語授課，大量縮減中文授課節數，從而奠定了殖民地時代香港英文學校的課程模式。

此外，一些慈善團體亦先後設立義學，提供中文教育。

早期香港西式學校的部分著名校友

創校時間

英華書院
1843 年從麻六甲遷到香港。

1818

馬禮遜學堂
創於澳門，1842 年遷往香港，1850 年停辦。

1839

梁 發
首位基督教華人傳教士

容 閎
中國留學生事業的先驅

聖保羅書院
1950 年遷到港島般含道現址。

1843

中央書院
1889 年易名為「維多利亞書院」，1894 年改名為「皇仁書院」並沿用至今。

1862

伍廷芳
香港首任華人立法局議員

孫中山
辛亥革命的領導者

<<<<<<<<<<<<<<<<<<<<<<<<<<<<<<<<<<<<<<<<<<<<<<

重要人物簡介

林則徐（1785－1850）

字「元撫」，福建省福州市人，1811 年中進士，歷任編修、協修等京官，後外任浙江杭嘉湖道、江南淮海道、湖北布政使、河南布政使擢東河河道總督擢江蘇巡撫。1836 年，清廷就鴉片問題發生「馳禁論」與「嚴禁論」的爭議，他上奏力陳禁煙「法當從嚴，若猶泄視之，是使數十年後，中原幾無可以禦敵之兵，且無可以充餉之銀」，使道光帝決意嚴禁鴉片。1838 年被道光帝任命為欽差大臣赴粵查辦禁煙，次年抵達廣州，收繳外商鴉片並在虎門銷毀。第一次鴉片戰爭爆發後，被革去職務，發往伊犁效命。1845 年被重新起用，先後調任陝甘總督、陝西巡撫、雲貴總督。1850 年被委任為欽差大臣，鎮壓太平天國起事，途中病死潮州。

義律（Charles Elliot，1801－1875）

英國人，海軍出身，1834 年隨英國駐華商務監督律勞卑（William John Napier）來華，次年繼戴維斯（John Francis Davis）出任駐華第三商務監督，1836 年升任商務監督。1840 年第一次鴉片戰爭爆發後，隨英國艦隊攻佔定海，封鎖寧波和長江口。道光帝遣琦善負責對英交涉，義律多次提出割讓香港島，遭琦善拒絕。義律佔領虎門沙角和大

角兩炮台，藉此迫使琦善同意割讓香港島。巴麥尊對義律與琦善有關香港的談判結果異常不滿，斥責義律與琦善之間的協議未得到道光帝批准，並非由兩個主權國家簽訂的正式條約，是以委任砵甸乍接替其在華職務。義律回國後被調到美洲，歷任駐德克薩斯共和國總領事兼代辦、百慕達島總督、特律涅達島總督、聖海倫那島總督等職。

渣甸（William Jardine，1784－1843）....................

蘇格蘭人，1802 年自英國來到印度，在東印度公司來華船隻上擔任外科醫生，後自行經商。1819 年脫離東印度公司，在印度孟買經營鴉片貿易。1822 年來到中國廣州。1832 年與英國鴉片商麥地臣（James Matheson）合組渣甸洋行（後該公司將中文譯名定為「怡和洋行」），在廣州經營鴉片貿易致富，人稱「鐵頭老鼠」。1834 年與著名煙商顛地（Lancelot Dent）等在澳門成立「馬禮遜教育會」。1839 年，因林則徐執行嚴厲的禁煙措施而返回英國。返英後會晤巴麥尊，游説其對華用兵。1841 年被選為英國國會議員。長居廣州與澳門，從未到過香港，但他創立的渣甸洋行卻是最早在港立足的兩大英資洋行之一，對香港經濟有舉足輕重的影響。1843 年逝於倫敦。

砵甸乍（Henry Pottinger，1789－1856）·············
愛爾蘭人，首任港督，早年在英國東印度公司的軍隊中服
役，曾在伊朗與印度間的邊境地區從事情報搜集工作。
1841 年 8 月抵華接替義律的職務後，隨英軍攻佔廈門、
定海、鎮海和寧波等地。1842 年 8 月，與清廷代表耆英
及伊里布等人簽訂《南京條約》。1843 年被正式委任為
首任港督。就任後，據《英皇制誥》成立香港政府，設立
了行政局、立法局和最高法院。1844 年 5 月卸任港督職
務，返回英國。後歷任南非開普殖民地總督、印度馬德拉
斯總督。退休後在馬耳他逝世。

張霈霖（生卒年不詳）····················
又名「張阿霖」，廣東香山人，1857 年毒麵包案的主角。
少時從鄉間遷居澳門，後往香港發展，在灣仔開設裕盛麵
包店。1857 年 1 月 15 日，毒麵包案發生，經審訊後他
被判無罪釋放，但被港府遞解出境。他返回澳門開宏泰號
販賣洋貨。1882 年到越南發展，成為當地知名商人。中
國外交官員如崇厚、郭嵩燾、黃遵憲等途經越南時，都曾
在他家中作客。

盧亞貴（生卒年不詳）……………………

亦稱「盧景」或「斯文景」，蜑民出身，懂英語，是香港早期華人新移民社會的領導人物。鴉片戰爭時期因向英軍提供糧食而獲英人重視。由於在珠江水域擁有相當勢力，被清廷招安獲賜「六品頂戴」的名譽官銜，又深得香港首任裁判官及香港警隊創辦人威廉堅（William Caine）的信任。1843 年港府推行鴉片專賣時取得鴉片專賣權而致富。到 1850 年，名下屋宇超過一百幢，為香港最大的華人業主，又涉足高利貸、賭館、妓院等行業。1847 年與譚亞才捐資興建文武廟，處理華人間的爭議，儼如華人社會的仲裁者。

譚亞才（生卒年不詳）……………………

又名「譚三才」，字錫珍，廣東開平人，早期香港華人富商。早年移民新加坡，在政府船塢當管工。1841 年來港發展，從事承建業務。1848 年後，香港成為內地華工出洋的轉口站，譚氏成為最大的經紀及賃船商，靠販賣華工斂聚財富。後興建碼頭，租與香港、廣州及澳門汽船公司。1860 年因租賃貨船及招募洋兵回鄉參與地方械鬥，被控串謀海盜。譚氏熱心公益，除與盧景等人合資修建文武廟外，也是太平山義祠及灣仔洪聖廟的值理，並於1847 年捐款在上環興建華人學校。

寶靈（John Bowring，1792－1872）
英格蘭人，第四任港督，通曉多國語言（包括廣州話）。早年追隨英國功利主義哲學家邊沁（Jeremy Bentham），篤信邊沁所主張的自由貿易政策。來華前曾兩度當選英國國會議員。1849 年出任英國駐廣州領事，主張用武力迫使廣州官員允許英人入城。1854 年出任港督兼駐華全權公使。毒麵包案發生後，倡議歐籍公務員學習中文，試圖消弭華洋之間的矛盾。任港督期間，港府通過法例，允許華人成為陪審團成員，並有資格擔任律師。1859 年離任。

軒尼詩（John Pope Hennessy，1834－1891）
愛爾蘭人，第八任港督。長期任職英國殖民地部，曾任英屬殖民地婆羅洲（今加里曼丹島）總督。1877 年出任港督。信奉人道主義和自由主義，到任後提高了香港華人的地位：委任伍廷芳為首位華人太平紳士，1880 年更提名其為首位華人立法局議員，並支持華紳創辦保良局等。任內廢除公開笞刑，規定只能在監獄內執行。教育政策上主張香港官立學校應採用英語教學，在他的指引下，中央書院開始增加英語授課，大量縮減中文課，奠定了日後（至回歸前）香港英文學校的課程模式。1882 年離任，改任毛里裘斯總督。

伍廷芳（1842－1922） ⋯⋯⋯⋯⋯⋯⋯⋯

字「文爵」，又名「伍才」，號「秩庸」，廣東新會人，香港首位華人大律師和首位華人立法局非官守議員、中國近代著名外交家。1842 年生於新加坡，1845 年隨父母定居廣州，1856 年入讀香港聖保羅書院，畢業後擔任香港法庭的翻譯員。1864 年助陳言創辦《華字日報》。1874 年自費留學英國，入讀林肯法律學院，1877 年畢業，取得律師資格。1878 年成為香港首位華人太平紳士，1880 年成為首位立法局華人議員。1882 年離港北上，出任李鴻章的幕僚，協助籌辦興建鐵路事宜。1897 年出任清廷駐美國公使，致力於改善美國華人的待遇。1911 年武昌起義爆發後，任中華民國軍政府外交總長，主持南北議和。次年南京臨時政府成立，出任司法總長。1917 年從上海抵達廣東，支持孫中山領導的護法政府。1921 年孫中山在廣州重建護法軍政府後，任外交部長兼財政部長，全力支持孫中山北伐。1922 年病逝於廣州。

1865
滙豐銀行創立

1866
團防局成立

1870
東華醫院成立

1878
保良局成立

1883
潔淨局成立

第3章

十九世紀後期香港的發展
（1860－1900）

第二次鴉片戰爭後，中外貿易日趨興盛，香港作為中外貿易轉口港的地位日漸重要。晚清時期內地政局及社會持續動盪，導致大量具有相當教育水平的富有華人移居香港，從而改善了過去香港華人質素低下的情況。這一時期港府較從前更樂意與華商合作，而華商也認識到與政府合作，才能保障既得的經濟利益及社會地位；對港府而言，華商在政府監管下提供社會服務，讓政府不用大幅增加財政支出，也能改善華人低下階層的苦況，維持社會的穩定。此外，西式教育在香港蓬勃發展，培養出一批擔當起中西文化交流橋樑角色的華人雙語精英。

1
8
9
8
中英《展拓香港界址專條》

1
8
9
9
英人接管新界

港府加強與華人精英合作

3.1 航運事業的發展

由外人控制的航運事業，是早期香港經濟發展的主要動脈。

輪船時代拉開序幕

　　1860 年代以後，飛剪船 [1] 時代結束，輪船時代正式開始。早在 1849 年，美資的香港廣州小輪公司（Hongkong & Canton Steam Packet）已開辦香港與廣州之間的定期客運服務。1849 年大英輪船公司（Peninsular and Oriental Steamship Navigation Co.，即「鐵行輪船公司」）開辦上海、香港、廣州等口岸之輪船服務。1863 年德忌利士火輪公司（Douglas Lapraik & Co.）亦開辦福州與香港間的定期航班。到了十九世紀末，香港已成為亞洲航運中心，進入香港的船隻噸位穩步上升，1858 年首次突破一百萬噸，1891 年已達一千萬噸，1907 年更上升至兩千萬噸。至 1910 年代，當時香港的海上輪船交通可分為東洋歐洲線、東洋北美線、東洋南美南非線、東洋澳洲線、印度線、香港菲律賓線、南洋諸島線、香港海防線、香港曼谷線、廣東香港台灣線，以及中國沿岸線十一條航路，旅客基本上可在香港乘船前往亞洲大部分重要沿海城市。

港口設施的修築

　　港府推行自由貿易港政策，修築港口基建設施，同時進行大規模填海工程以保障商業用地的供應。以香港為根據地的英資公司，目睹航運事業獲利豐厚，開始染指輪船運輸及其相關業務。1863 年英商合資創辦香港黃埔船塢公司（Hongkong & Whampoo Dock Co.），1876 年該公司在九龍另建現代化船塢，由此控制了香港的船舶修造業。太古公司（Butterfield & Swire Co.）於 1882 年設立香港煉糖廠（Taikoo Sugar Refinery），糖產品出口、運輸，兩者業務互補，成為太古公司的兩個主要收入來源。1900 年太古公司在港島建立太古船塢（船塢原址後改建為今日的太古城），逐漸包攬了中國各地的造船業務，使香港成為華南地區最大的船隻維修與製造中心。

1　「飛剪船」是起源於美國的一種高速帆船，但 1870 年代以後，帆船作為海上主要運輸工具的角色，迅速被新興的蒸汽輪船取代。

圖解香港史（合訂本）

香港歷年入港船隻噸位表（1844－1900）

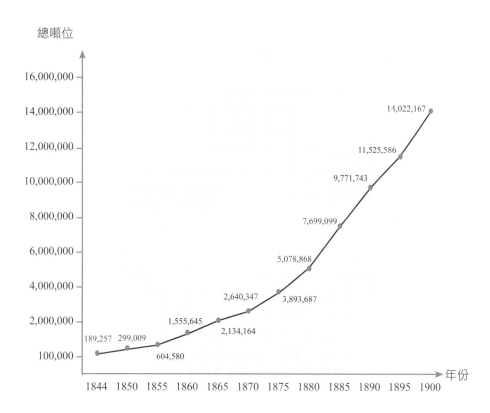

總噸位

- 189,257
- 299,009
- 604,580
- 1,555,645
- 2,134,164
- 2,640,347
- 3,893,687
- 5,078,868
- 7,699,099
- 9,771,743
- 11,525,586
- 14,022,167

年份

1844　1850　1855　1860　1865　1870　1875　1880　1885　1890　1895　1900

*　香港日漸成為當時華南地區最大的船隻維修與製造中心，航運事業亦成為早期香港
　經濟發展的主要動脈。

轉口貿易港地位的形成

中國內地對外貿易的發達，刺激了香港轉口貿易的繁榮。

轉口貿易興盛的背景

香港雖擁有自由貿易港的優勢，但在開埠初年，經濟發展速度未如英國政府預期般迅速，及至第二次鴉片戰爭後，香港與內地的經濟聯繫才逐漸加強，香港經濟開始展現蓬勃生機，中西貿易全面開展。

1869 年蘇彝士運河（Suez Canal）的竣工及十九世紀中葉以後美國西部的開發，利便亞洲地區與歐美的經濟聯繫，使中國東南沿海地區商業蓬勃發展。隨着中外貨易的發展，香港的重要性日益增強。

對外貿易內容的演變

香港開埠初期，對外貿易基本上仍然維持鴉片戰爭前中外貿易的格局，主要貿易對象為中國內地，貿易途徑仍然以中、英、印三角貿易為主：中國內地向香港出口糧食和建築材料，並經香港向英國及英國統治下的印度轉口茶葉、絲、棉花、大米、豆類等中國土產；印度經香港向中國內地出口棉花、鴉片；英國經香港向中國內地出口工業產品。

據中國海關數據顯示，自 1864 年至 1912 年間，香港對內地貿易總額平均年增長率約為 3.8%。自 1882 年起，兩地貿易已佔中國對外總貿易量的 31.02%。該比例在甲午戰爭前逐步提升，至 1893 年達到 47.85% 的最高點。後來該比例稍有回落，但至 1912 年兩地貿易仍佔中國對外總貿易量的 29.34%。

此時香港已發展成為內地進出口商品的集散地，以及中國沿海各通商口岸的轉運貿易中心。尤其是到了十九世紀末期，香港的貿易範圍已不限於華南，還向華東、東北、西南等地區擴展。進口貨品除棉花和鴉片外，還包括煤油、食油、火柴、燃料、大米、金屬製品等，而出口貨物除早期的絲、茶葉等商品外，還有大豆、皮革、植物油、煙草等。

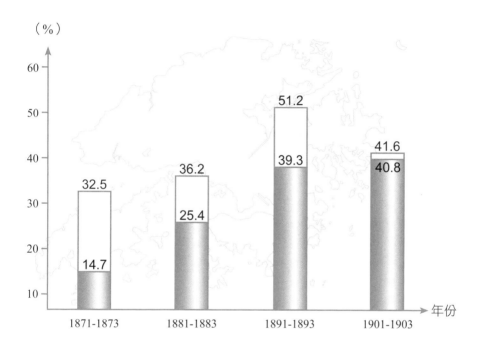

香港在中國內地對外貿易中所佔比例（1871－1903）

（%）

- 中國內地從香港進口貨品所佔比例
- 中國內地從香港出口貨品所佔比例

＊ 此時香港已發展成為中國進出口商品的集散地和中國沿海各通商口岸的轉運貿易中心。

華僑與早期香港經濟發展

華僑對香港經濟發展作出了巨大貢獻。

苦力貿易的興衰

自近世以降,西方列強陸續在美洲、亞洲等地建立殖民地,需要大量廉價勞動力拓展殖民地經濟。鴉片戰爭後,中國成為列強掠奪勞動力的重點地區。外商在列強駐華使節的包庇下,在華南沿海僱華人為「苦力掮客」(豬仔頭),或誘拐販運華工到美洲及澳洲等地當苦力。香港作為華南地區的航運中心,亦成為廈門、汕頭、澳門、廣州等地「苦力貿易」的主要轉口港。據香港移民官的報告,1855 年至 1867 年從香港出洋的華人共 147,763 人。

當時由於華工受虐的情況日趨嚴重,在輿論壓力下,港府不得不立法禁止苦力貿易。1855 年港府頒佈法令,規定由移民局檢查離港船隻,確保船上並未載有非出於自願的中國移民。但該措施僅屬紙上空文,苦力貿易依然猖獗。1872 年至 1873 年,兩廣總督瑞麟嚴厲打擊苦力貿易,港督堅尼地(Arthur Kennedy)亦於 1873 年頒令禁止苦力船停靠香港,使苦力貿易漸告衰落。

人口流動及僑匯資金促進了香港的經濟發展

1870 年代以後,仍有不少內地沿海居民迫於生計,不惜離鄉別井,自1880 年代起,每年有十多萬移民經香港進出中國內地,香港輪船事業與旅客服務業由是興盛。同時,華僑在外洋經商致富後,亦萌衣錦還鄉之念。早期清廷視海外華人為「罪民」和「漢奸」,導致這些華僑不敢挾貲還鄉;再則當時內地風氣未開,華僑缺乏創業機會,香港為華南地區交通樞紐,加上社會相對穩定,華僑遂定居香港,以香港作為投資內地的踏腳石。

此外,大多數華僑有定期匯款回鄉的需要,僑匯遂構成亞太地區資金流動的主要內容。香港是外資銀行的集中地,許多來自北美洲、歐洲、非洲的僑匯,經外資銀行以港紙疍(即以香港貨幣作為結算單位的支票)的形式匯返內地,使香港成為僑匯的中心。

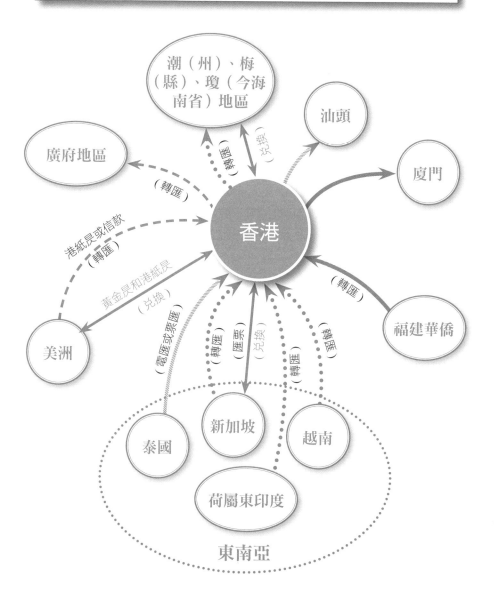

華僑匯款的流佈以及香港在當中的作用

潮（州）、梅（縣）、瓊（今海南省）地區

汕頭

廈門

廣府地區

香港

福建華僑

港紙具或信款（轉匯）

黃金具和港紙具（兌換）

美洲

（電匯或票匯）

（轉匯）

（匯票）

（兌換）

（轉匯）

（轉匯）

泰國

新加坡

越南

荷屬東印度

東南亞

* 1880 年代起，外資銀行雲集的香港日漸成為僑匯的中心，大多數美洲、東南亞的僑匯，均經由香港返匯內地。

早期香港銀行業的發展

滙豐銀行的崛興奠定了香港作為亞太金融中心的地位。

開埠初期銀行業的發展

1860 年以降，西方銀行資本逐步滲入中國政經體制內，控制了中國沿海的經濟命脈，其中以英資銀行地位最為重要。開埠初年香港已是外資銀行的集中地。第一家在香港開業的銀行是東藩匯理銀行（The Oriental Bank Co.，亦稱「麗如銀行」），該行創於 1842 年，總行設於孟買，1845 年總行遷至倫敦，同年 4 月在港開設分行。第二家進入香港的是有利銀行（Chartered Mercantile Bank of India, London & China），該行於 1857 年在港開業，1862 年獲准在港發行鈔票。其後渣打銀行（Chartered Bank of India, Australia & China，亦稱「麥加利銀行」）、法蘭西銀行（Comptoir D'Escompte de Paris）、印度東方商業銀行（Commercial Bank Corporation of India & the East）等先後進入香港。從香港開埠至 1865 年，至少有十一間銀行在港開設分行或辦事處。當時大部分在港的外資銀行以經營貿易押匯和國際匯兌為主，不同於為一般公眾服務的零售商業銀行。

滙豐銀行的成立

1865 年 3 月，蘇格蘭商人蘇石蘭（Thomas Sutherland）籌資五百萬港元，創立滙豐銀行（The Hongkong and Shanghai Banking Company Ltd.），成為首家以香港為基地的銀行。1872 年，滙豐銀行從東藩匯理銀行手中取得港府的往來賬戶，並致力於吸收存款，逐漸發展成為香港最大的銀行。

及至 1870 年代末期，滙豐銀行在昃臣（Thomas Jackson）的管理下得到迅速發展。滙豐銀行着眼於以中國為中心的亞洲金融業務，在中國各大商埠及東亞各大城市設立分行及辦事處，分行遍及上海、漢口、橫檳、神戶、西貢、新加坡、曼谷等大城市。至 1902 年，滙豐銀行已在亞洲開設了二十一間分行及辦事處。到二十世紀初，滙豐銀行已成為遠東地區英資第一大銀行，在香港扮演着中央銀行的角色，對亞太經濟有着舉足輕重的影響。

早期香港主要發鈔銀行掃描

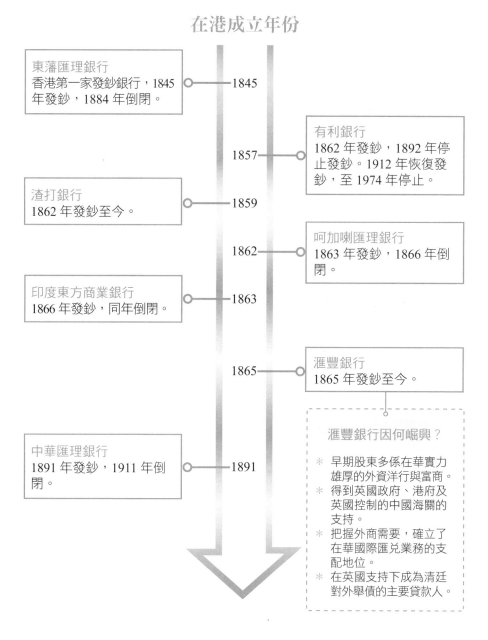

在港成立年份

東藩匯理銀行
香港第一家發鈔銀行，1845 年發鈔，1884 年倒閉。

1845

1857

有利銀行
1862 年發鈔，1892 年停止發鈔。1912 年恢復發鈔，至 1974 年停止。

渣打銀行
1862 年發鈔至今。

1859

1862

呵加喇匯理銀行
1863 年發鈔，1866 年倒閉。

印度東方商業銀行
1866 年發鈔，同年倒閉。

1863

1865

滙豐銀行
1865 年發鈔至今。

滙豐銀行因何崛興？

* 早期股東多係在華實力雄厚的外資洋行與富商。
* 得到英國政府、港府及英國控制的中國海關的支持。
* 把握外商需要，確立了在華國際匯兌業務的支配地位。
* 在英國支持下成為清廷對外舉債的主要貸款人。

中華匯理銀行
1891 年發鈔，1911 年倒閉。

1891

華人經濟力量的提升

香港經濟發展促成華商的崛興。

「南北行」、「九八行」與「金山莊」

  隨着香港轉口貿易港地位的確立，華商勢力日漸崛興。當時從事南北兩線貨物轉口貿易的華人商行，大部分集中於「南北行街」（即今文咸西街）等地，分為廣州幫、潮福幫和山東幫三大派系。「九八行」是指代客買賣貨物的行號，因九八抽佣，故稱「九八行」；「金山莊」則是指專營北美與澳洲貿易的商號。1864 年潮商高滿華、粵商招雨田等為避免爭執而組成同業團體，共訂《南北行規約》七條，責成同業遵守。1868 年南北行商人設立南北行公所，後九八行亦加入公所。公所樓下設置水車，以備消防救火之需；另置「邏更館」巡邏本街，防盜弭患。

買辦的崛興

  香港開埠後，英資洋行紛紛遷到香港。原來活躍於廣州、黃埔的買辦也隨着這些洋行移居香港。香港早期的買辦，主要是以兵船、商船、洋行為服務對象的艇戶和與洋商有業務往來的商人，以及原廣州公行人員。1850 年代，中外貿易日漸繁榮，買辦的人數迅速增加，財力和影響力亦顯著增長。1851 年受僱於香港外資洋行的買辦僅 6 人，1871 年和 1881 年已分別增加到 76 人和 95 人，1891 年更增加到 126 人。買辦利用特殊的身份迅速致富，成為香港華商中一股重要的經濟力量。

華商的經濟實力

  據官方統計，1855 年末，香港個人繳納地稅十英鎊以上者有 141 人，其中華人有 42 人，約佔總數的三分之一。到了 1876 年，香港納稅最高的 20 人中，有 8 位是華人，不少富商如李陞等在香港擁有大量物業。隨着華人經濟力量的上升，1880 年伍廷芳成為首位立法局華人議員，立法局內必須設有華人議席的原則從此確定。至辛亥革命爆發前夕，曾接受西式教育的華人精英黃勝、何啟、韋玉，先後成為立法局議員。

作為中間人的買辦

商業活動
受外商派遣，攜巨款入
內地進行商品購銷、磋
商價格、訂立交易合
同、收付貨款、保證華
商信用等活動。

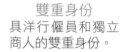

雙重身份
具洋行僱員和獨立
商人的雙重身份。

買辦
洋行業務的實際經理
人或外商的代理人

收入結構
薪俸只是其洋行僱員
身份的標誌，佣金才
是其重要收入。

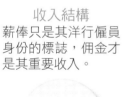

佣金

薪俸

工作職責
要向洋行主動承擔以
及保證洋行全部購銷
任務的完成，從而使
洋行老闆無需承擔風
險就能隨心所欲地開
展進出口貿易業務。

移民的湧入和經濟、西式教育的發展，推動了早期香港華人社會的成長。

內地動亂導致移民的大量湧入

早期移居香港的華人，大多屬於社會低下階層，受教育的水平有限；直至 1850 年代以後，因內地戰亂頻仍及治安不靖，不少珠江三角洲的富戶遷居香港，當中包括 1850 年代內地發生「紅兵之亂」後，大量富戶攜眷來港避禍；1856 年第二次鴉片戰爭爆發後，廣州民眾放火焚毀「十三行商館區」，從此廣州的外國商行陸續遷港復業，當地的華人買辦亦跟隨商行定居香港。上述兩類新移民的遷入，使香港華人的質與量都得到提高。

新社會階層的興起

航運事業的發展，使香港變為華僑集散地。早期清廷視海外華人為「罪民」和「漢奸」，導致華僑不敢挾貲還鄉而選擇定居香港。這批歸國華商與過去在港紳商相比，思想較為西化，更願意接受西方的新事物。以祖籍香山縣的歸僑馬應彪為例，他 20 歲時前往澳洲發展事業，後來港創辦先施公司，公司仿效西方經營模式，又首次僱任女售貨員招徠顧客，為其他商人所仿效。

傳教士和殖民政府所興辦的西式學校，則培養了一批華人新式專業人士與新知識份子，他們保留若干中國傳統觀念，亦勇於挑戰與近代改革思潮相違的華人舊習與舊傳統，其中部分知識份子更憤於清廷的喪權辱國，毅然投身革命。

同鄉組織的勃興

早期香港的華人移民組織以行會為主，至 1870 年代，同鄉組織的活動日趨活躍，不少華人移民組織以「堂」的形式出現，主要關心地方性事務，為在香港的同鄉謀取福祉。這些組織最初成立的動機，往往源於提供殮葬和祭祀等服務，1900 年代開始，成立商會已成為香港華人同鄉組織發展的主要趨勢，商人也藉此發揮影響力。隨着華人民族主義的勃興，香港華人同鄉商會組識不時為中國的賑災與慈善事業出錢出力，並積極參與內地革命事業。

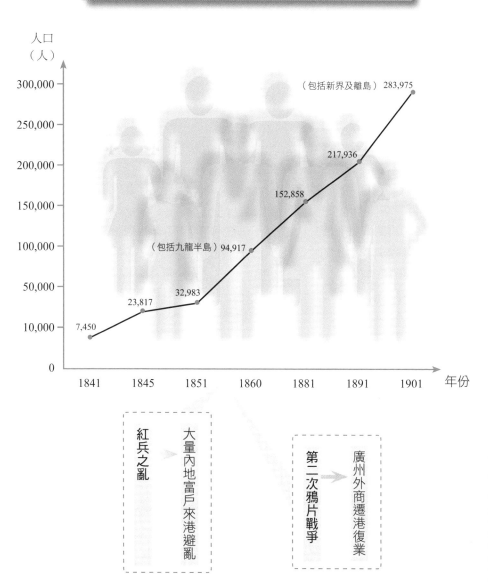

十九世紀下半葉香港人口的增長

人口
（人）

300,000

250,000

200,000

150,000

（包括九龍半島）94,917

100,000

50,000

32,983

23,817

10,000

7,450

0

1841　1845　1851　1860　1881　1891　1901　年份

（包括新界及離島）283,975

217,936

152,858

紅兵之亂　➤　大量內地富戶來港避亂

第二次鴉片戰爭　➤　廣州外商遷港復業

早期華人的半官方機構

華人的半官方機構具有彌補早期香港公共服務不足的功能。

團防局

早期香港治安狀況惡劣。1850 年代，港島市區的「街坊」自行組織「更練」維持治安，以補警力之不足。1866 年民間傳出將有大批盜匪從廣州襲擊香港的流言，太平山、西營盤、上環、中環各區華人代表決定從各自所屬的組織中選出合適人選擔任「更練」[2]，費用由地方分攤。未幾，此組織得到港府立法承認，「團防局」正式誕生。

1888 年港府再度立法，強調團防局必須受華民政務司控制。1891 年團防局被納入政府建制內。團防局由華民政務司兼任主席，與香港警隊合作，協助港府處理民間糾紛，調查一般性事務，並向華人社會宣傳港府政策。

團防局下轄「四環更練館」，經費主要向各環商號按租值比率徵收。團防局的領導多出身東華醫院或保良局管理委員會。1949 年，團防局的警察功能始正式被香港警察機構完全取代。

潔淨局

開埠初期，香港衞生情況惡劣。1881 年英國政府派遣查維克（Osbert Chadwick）來港調查衞生情況。查維克建議設立全職衞生官，隸屬華民政務司，與團防局合作，共同解決香港衞生問題。港府遂於 1883 年成立潔淨局。

最初潔淨局成員全屬政府官員，後增至十人，包括非官守成員六人，其中二人在差餉繳納者名單中選出，這是香港開埠以來的第一次選舉。

1894 年鼠疫事件後，港府檢討衞生政策，全面實施定期入屋潔淨消毒的衞生措施，並逐步修建排水及排污系統。1908 年港府成立潔淨署（後來改組為「市政事務署」），作為潔淨局的行政部門，又委任一名政務官同時出任潔淨局主席和潔淨署總辦。1909 年起潔淨局改為「清淨局」，1935 年改組為市政局，1999 年正式解散。

---

2 「更練」是中國農村傳統的地方武裝，主要負責維持地方秩序及防盜。

早期華人社會的兩大半官方機構

團防局
（1866 年成立）

功能	特點	政府的監管
＊ 協助香港警察在華人社區執法。 ＊ 防盜、救火、協助處理民間糾紛。 ＊ 向華人社會宣傳港府政策。	＊ 成員基本上全為華人男性。 ＊ 成立初僅 45 人。 ＊ 全盛期人數不超過160 人。 ＊ 經費主要由華人自行籌措。	＊ 立法規範其活動。 ＊ 通過華民政務司進行嚴控。 ＊ 委任華人精英掌管運作。

潔淨局
（1883 年成立）

功能	特點	政府的監管
＊ 處理香港的衛生事務。 ＊ 制訂有關保障衛生的附例。	＊ 最初成員全屬政府官員。 ＊ 第一次由選舉產生非官守成員。 ＊ 後增設華人非官守議席。	＊ 1908 年成立潔淨署為其行政部門。 ＊ 任政務官為潔淨局主席和潔淨署總辦。

東華醫院的成立是港府與華商合作的成果。

成立背景

　　早期香港醫療服務嚴重不足，隨着人口的急速增長，市民對醫療服務的需求與日俱增。1850 年代以降，香港華人經濟力量日趨雄厚，對香港的歸屬感日漸增強，有能力動用更多社會資源從事慈善醫療活動，部分社會精英亦有意藉參與此種社會活動，鞏固在華人社會的地位。華人精英所掀起的社會活動由此步入興盛時期，東華醫院的成立便是這種趨向的體現。

創辦經過

　　東華醫院的創辦，可溯自建於 1856 年、位於港島太平山街的廣福義祠。該義祠原為向貧民提供施棺殮葬服務的慈善機關。當時華人囿於迷信觀念，不願病人死在家中，貧民唯有將無法治癒的病人送往義祠等待死亡。1869 年署理華民政務司李思達（Alfred Lister）巡視廣福義祠時，發現該義祠收容了不少垂死病人，衞生情況異常惡劣。事件被報道後，引發香港輿論界的批評。當時港府推行賭博合法化政策，藉發放牌照增加稅收，但遭到英國政府的責難，恰好華人精英提議創辦由華人管理的貧民醫院，當時的港督麥當奴（Richard Graves MacDonnell）遂利用政府積存的賭捐收入，資助興辦貧民醫院，加上華人巨賈慷慨捐資，東華醫院遂得以於 1870 年正式成立。

　　東華醫院以西式醫院的模式，用中醫中藥診治病人，吸引了不少華人求醫。除醫療服務外，東華醫院還設立義莊，殮葬客死異鄉的華人；凡被送往警局無人認領的屍體，都會送到東華醫院代為下葬；並興辦義學，為失學兒童提供基礎教育。

社會地位

　　東華醫院的核心領導人物是總理，當時十三位倡建東華的總理，大多是行業的領導者或買辦，兼有財富及社會聲望。由是東華醫院逐漸取代文武廟，成為華人精英的議事中心，主導華人社會的事務，仲裁華人之間的訴訟，並為華人向政府爭取合理權益。

東華醫院

成立背景

* 大量移民湧入香港
  香港為華人提供的醫療設施嚴重不足
* 廣福義祠事件
  迫使港府決心開辦為華人服務的醫院
* 經費
  港府積存的賭捐收入

東華醫院

早期的慈善事業

* 為華人提供免費的中醫診治服務
* 為貧民提供喪葬及原籍安葬服務
* 主持或參與香港及內地的賑災和濟貧活動
* 興辦義學，推動香港平民教育
* 管理廣福義祠、文武廟等廟宇

政府的監控

* 醫院法團成員的資格必須得到港督核准
* 華民政務司和總醫官有權定期巡視醫院
* 港督有權宣佈法團作廢

3.9 鼠疫事件與東華醫院

鼠疫事件導致東華醫院在華人社會所扮演的角色發生改變。

鼠疫的爆發及東華醫院的態度

1894 年 5 月，香港爆發大規模的鼠疫，死亡者超過 2,500 人，逃離香港者達十萬人以上。港府實施強制入屋搜查病人的政策，對民居進行消毒和清潔，並封鎖疫情嚴重的房屋和地區，強行拆卸太平山區的建築物，同時派員到東華醫院巡視，發現院內有疑似染病者，即派醫官駐守醫院，強行把病人轉往公立醫院國家醫院治理。東華醫院的總理提出異議，認為法例規定醫院由華人管理，若病人不願意，院方不應容許院外西醫移走病人。

當時港府為防鼠疫蔓延，草草埋葬病死者屍體，令貧苦華人大感憤怒，由此爆發了民眾攻擊潔淨局事件。民眾指責東華醫院的紳董袖手旁觀，無法捍衞華人權益，東華醫院主席劉渭川亦被民眾擲石追打。

事後東華醫院順應民意，要求港府改變政策，引起港府的極度不滿，部分接受過西方教育的華人精英亦對此提出批評。清末愛國團體輔仁文社的一位創辦人謝纘泰在報刊上發表文章，批評暴動是由無知和衝動的苦力所引起，東華醫院支持他們的態度令人遺憾。由此可見，東華醫院因恪守傳統倫理價值觀，已令部分具有新思想的華人精英不滿，亦說明香港華人精英因新舊價值觀的衝突而產生了分化。

港府對東華醫院的整頓

1896 年，港府設立調查委員會，討論東華醫院的前途問題。委員會成員普遍對中醫持否定態度，西醫認為華人缺乏衛生觀念，醫院應聘任有護理知識的洋人加入，以提高醫療水平。最後港府決定逐步將醫院納入西醫建制。自 1903 年起，港府每年資助東華醫院六千元，藉此加強對東華財政的控制。1906 年，東華醫院組成長年（永久）顧問委員會，由華民政務司出任當然主席，港府直接監管東華的院務。至日佔時期，東華醫院正式結束中醫留院服務。

東華醫院大事年表（1869－1945）

籌建階段

1869	港督麥當奴撥出上環普仁街部分地段，資助部分建院費用，以創辦香港第一間華人醫院。
1870	立法局通過《倡建東華醫院總則》，東華醫院奠基。
1872	東華醫院正式落成啟用。

成立早期

1880	創辦首間義學。
1885	因賑濟廣東水災獲光緒帝賞賜「萬物咸利」牌匾。
1896	聘任首位駐院西醫。
1899	開辦東華義莊。
1906	組成長年顧問委員會，由港府直接監管院務。
1911	廣華醫院投入服務。
1912	獲政府津貼資助增加義學。
1929	東華東院投入服務。

東華三院時期

1931	為加強東華、廣華、東華東院三間醫院的行政管理及資源分配，決定由一個董事局統一管理三間醫院，合稱「東華三院」。
1945	結束中醫留院服務。

保良局的誕生

保良局是香港早期保障婦孺福利的慈善機構。

成立背景

香港開埠初期，由於男女比例嚴重失衡，妓業極為興盛。據估計，1870年代，香港華人妓女約有 16,000 至 20,000 人之多，迫良為娼及拐賣婦女的事情屢見不鮮。1865 至 1891 年，香港拐賣婦孺案共 1,481 宗，平均每年 54.9 宗。1872 年 9 月，華商向港督請求立例禁止逼良為娼，以保護婦女，次年港府同意東華醫院僱偵探（暗差）偵查緝拿拐匪。1878 年，部分東華醫院紳董在港府軒尼詩的支持下，另組「保良公局」，負責被拐賣婦孺的生活，於 1880 年正式成立，隨後改稱「保良局」。

興辦的宗旨和發展

保良局以「保赤安良」為宗旨，主要是遏止誘拐婦孺，為受害者提供庇護及教養。保良局正副主席主要來自富裕的華商階層，情況與東華醫院相同。1887 至 1899 年間，保良局歷任 116 名總理，以南北行商人、買辦、金山莊商人最多。早期保良局的經費除了該局同人的捐助外，主要由東華醫院、文武廟、街坊公所提供。保良局借用東華的「平安」、「福壽」兩樓作為婦孺的收容所，直至 1932 年，保良局在港島銅鑼灣的局址正式啟用。香港史學者冼玉儀指出，保良局和東華醫院在興辦慈善事業時，都以維護傳統禮教為依歸。保良局保護婦孺是以「崇正黜邪」為宗旨，而非以批判社會的倫理架構或為婦女抱不平為出發點。

自 1893 年起，港府開始加強對保良局的監管。同年 6 月，立法局制定法例，規定保良局董事會須由港督提名，以華民政務司為當然主席、立法局華人議員為當然副主席。

港府與華商的關係

港府允許華商主導華人社會的原因

- 華商在港府監管下提供社會服務,可使港府在不用大幅增加財政支出的情況下,改善華人社會低下階層的苦況,維持社會安定。

- 華商奉行儒家保守思想,強調社會秩序和諧,利於英人統治。

- 港府可從華商方面取得有關華人社會的資訊及意見,利便政府施政。

- 港府需要利用華商繁榮香港經濟。

二者合作的本質:利益的結合與交換

華商與港府合作的原因

* 華商的經濟利益與自由貿易緊密結合,買辦的商業活動及華商附股外國企業,使華商具有依附於外國資本的特點。
* 華商了解到必須與港府合作,才能確保他們既得的經濟利益及社會地位。

華商對港府的不滿

* 抱怨外國資本對中國經濟的支配與控制。
* 反對洋商在港有過大影響力和特權。

3.11 新界的租借

英人強租新界是甲午戰爭後中國民族危機深化的結果。

甲午戰爭後中國面臨被瓜分的危機

1894 年甲午戰爭戰敗後，中國被瓜分的危機迫在眉睫。早在 1860 年代，在港英人（包括英軍及英商）即開始主張殖民政府拓展地界，用作墳場、英軍訓練場地之用等。

1894 年，港督威廉‧羅便臣（William Robinson）認為應趁清朝國力衰弱的時候，向清廷奪取更多的土地，以保障香港的防備。他主張把九龍以北至深灣間的土地，以及靠近香港水域的島嶼，併入香港界內。建議起初並未引起英國政府重視，《馬關條約》簽訂後，列強相繼強佔中國沿海港口，威脅英人在華的利益，英國政府遂決意奪取新界及離岸島嶼的治權。

《展拓香港界址專條》與英人接管新界

1898 年 4 月，中英就租借新界問題展開談判；6 月，雙方簽訂《展拓香港界址專條》，清廷被迫將界限街以北、沙頭角海到深圳灣之間最短距離直線以南的土地，及大嶼山等兩百三十五個島嶼租予英國，租期九十九年。由於當時英人對新界所知甚少，加上九龍中國關稅等問題尚待解決，至 1899 年 4 月英人才開始接管新界。當時的輔政司駱克（James Stewart Lockhart）對新界情況進行調查後，建議港府治理新界時，應該維護中國的舊傳統。

最初新界居民不欲接受英國的統治，鄉間流傳英人接管新界後，將對鄉民徵收人頭稅，鄉民不得保留傳統的婚葬習俗的消息，使得鄉民群情洶湧。

1899 年 4 月 3 日，警察總監（Captain Superintendent of Police）梅含理（Francis Henry May）往大埔視察，與鄉民發生衝突，梅含理經沙田逃回香港島。新界各鄉壯丁聯合來自深圳、東莞的村民，聚集在大埔，抵制英人接收新界。4 月下旬，英軍擊潰鄉民，開往錦田吉慶圍，拆去吉慶圍的鐵門，以示警戒，從此英國正式確立對新界的管治。

1898 年新界的狀況

人口
據駱克估計約有十萬人

社會狀況
* 遍佈圍村型居住聚落
* 宗族為社會組織的主要元素
* 勢力較弱的家族或村落常組織鄉約聯盟以自保
* 宗族間經常因爭奪資源及風水問題而械鬥
* 鄉長與宗族長老在村內擁有相當大的權力

文化生活
* 儒家倫理道德觀極具影響力
* 大族多設私塾為子弟提供傳統的基礎教育
* 風水觀和以「八字」占卜吉凶是下層文化的重要內容

經濟活動
* 具有自給自足的農業經濟的特點
* 多數村民以務農及捕魚為生
* 部分村民做水手或出洋謀生

重要人物簡介

昃臣（Thomas Jackson，1841－1915） ················
愛爾蘭人，著名銀行家。1866 年加入滙豐銀行，1870
至 1874 年出任滙豐銀行日本橫濱的分行經理，1877 年
晉升為總經理。執掌滙豐之初，滙豐銀行正飽受經濟不
景氣等因素的困擾，為拓展業務，他於 1877 年開設新加
坡分行，為銀行帶來可觀收入。1884 至 1886 年間，以
滙豐銀行代表的身份，當選為香港立法局非官守議員。
任內，滙豐銀行向清廷放出巨額貸款，賺得豐厚利潤。
1902 年 5 月退休返回英國。1915 年 12 月卒於倫敦的滙
豐銀行辦事處。

李陞（？－1901） ·················
又名「李玉衡」、「李璇」，廣東新會人，早期香港華人
富商。1854 年因家鄉發生戰亂，與兄長李良逃難到港。
起初從事銀錢兌換生意，後開設禮興號金山莊，經營對北
美的轉口貿易，兼營苦力貿易、鴉片販賣、錢莊、賭業、
地產等業務。第二次鴉片戰爭時期，曾捐出十萬元支援英
軍攻佔天津，戰後分得部分戰爭賠款及掠自北京的古董寶
物。1864 年李良逝世後成為家族領袖。1869 年，出任
東華醫院的倡建總理。1877 年與人合伙創辦安泰保險公
司，並投資英商主持的省港澳輪船公司。1889 年置地公
司創辦後，成為該公司董事局中僅有的兩位華人董事之
一。1901 年逝世，其遺產達六百萬元。

何啟（1859－1914）

字「迪之」，號「沃生」，廣東南海人，生於香港，父親為近代中國第一位基督教華人牧師何福堂。早年畢業於香港中央書院，後負笈英國，入鴨巴甸大學（The University of Aberdeen）習醫，獲醫科學士及外科學士學位，再入讀林肯法律學院，獲大律師資格。1881年返港行醫，次年改操律師業務，被港府委任為第二位華人太平紳士。1884年，為紀念亡妻，捐資創辦雅麗氏紀念醫院（後與其他醫院合併，改名為「雅麗氏何妙齡那打素醫院」）。同年創立香港西醫書院，親自講授法醫學與生理學。1890年出任香港立法局議員，1909年任香港大學勸捐董事會主席，次年獲英國頒授爵士，為當時接受該勳銜的第一位華人。1911年11月，被廣東都督府聘為總顧問官，因支持廣東革命政府，招致港督梅含理的猜疑而失去續任立法局議員的機會。1914年病逝於香港。

韋玉（1849－1921）

字「寶珊」，廣東香山人，香港銀行家、政治家。1849年生於香港，父親韋光為香港富商，岳父黃勝為立法局華人議員。早年就讀於中央書院。1867年留學英國，入讀蘇格蘭大來書院（Dollar Academy）。1872年返港，任職有利銀行。1880年參與創辦保良局，又與伍廷芳等組織華商會館。1881年出任東華醫院總理。1882年繼承父

親遺缺，出任有利銀行總買辦。1883 年被委任為太平紳士。1891 年出任團防局局紳。1920 年，團防局設立顧問一職，出任首任顧問，自 1896 年起出任立法局議員達十八年之久，會議期間極少發言。辛亥革命爆發後，受廣東水師提督李準之託出任中間人，與革命黨人洽商易幟事宜，促成廣州的和平光復。港督梅含理早年掌管警政時，韋玉曾與之合作，故辛亥革命後仍能獲得續任。1919 年獲英國頒授爵士。

梅含理（Francis Henry May，1860－1922）..........
愛爾蘭人，第十五任港督。大學畢業後考上官學生，被派往香港服務。1893 年至 1902 年出任警察總監，鐵腕整治警隊內部的貪污。港府接管新界後，負責設立警署，並創立鄉村巡邏隊（即港人所謂的「穿山甲」）維持治安。1902 年被委任為輔政司。1911 年調任斐濟群島總督，次年出任第十五任港督，抵港履新時遇刺，成為英治時期唯一遇刺的港督。1914 年第一次世界大戰爆發，不少在港英籍人士須回國服役，香港警務人員嚴重不足，梅含理決定在港開設警察學校，培育警務人員，使警隊人員質素得以提升。1918 年 6 月因病退休。

謝纘泰（1872－1937）·····················

字「聖安」，號「康如」，廣東開平人，清末革命家、實業家，生於澳洲悉尼，基督教徒。1887年隨家人返港就讀中央書院，畢業後任香港工務局文員，後轉任買辦。由於痛感清廷政治腐敗，參與組織「輔仁文社」，支持孫中山的革命活動。1895年孫中山發動廣州起義時，他負責對外宣傳，在英文報刊上發表宣傳革命的文章。1902年與英人克良漢（Alfred Cunninghan）等創辦《南華早報》（*South China Morning Post*），負責撰寫英文社論，鼓吹革命思想。1913年與立法局華人議員韋玉合辦曲江煤礦公司。1924年用英文寫成《中華民國革命秘史》，提供了有關興中會的寶貴資料。1937年病逝。

二十世紀

1900

1905

1910

香港華人民族主義興起

惠州三洲田起義

同盟會香港分會成立

香港成華南革命組織的基地

九廣鐵路英段落成啟用

第4章

辛亥革命前後的香港
（1900－1914）

　　二十世紀初，香港華人經濟力量與文化水準出現提升，民族主義亦獲得發展，同時這個時代還孕育了孫中山的革命思想。辛亥革命時期，香港不單是華南地區革命組織的重要基地，也是革命活動的軍火輸入港、革命資金的主要中轉地和革命宣傳中心。辛亥革命刺激了香港華人的民族情緒，對港府的殖民統治構成威脅。隨着中國民族主義的反帝國主義色彩日濃，華人民族主義者與港府的對立日趨尖銳，港府制定了更多的政策限制他們的活動，兩者之間的對立，成為日後影響內地與香港關係的重要變數。

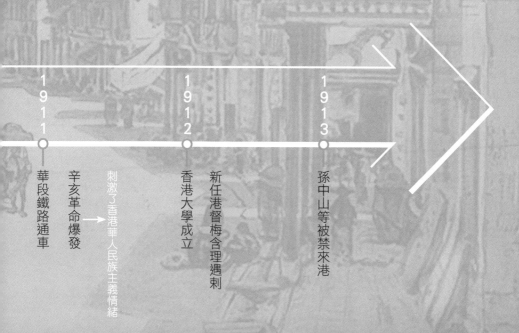

1911
華段鐵路通車
辛亥革命爆發
刺激了香港華人民族主義情緒

1912
香港大學成立
新任港督梅含理遇刺

1913
孫中山等被禁來港

4.1 華人民族主義的勃興

經濟力量與文化水平的提升，促進了香港華人民族主義的發展。

香港華人民族主義產生的背景

開埠初期，香港具有典型的「移民社會」特質，當時來港的移民大多從事苦力、勞工、採石工、僕役等職業，知識水平較低，對民族危機普遍漠視。後來的毒麵包案暴露出的排外情緒，本質上只是仇外，並無近代民族主義要求爭取民族獨立與權益的思想。

直到 1860 年代，華人經濟實力提升，為民族主義的勃興提供了物質基礎，同時，寄寓香江的內地文人，以及接受西式教育的華人新知識份子，目睹香港與內地的差異和華人所受的不平等待遇，遂萌生振興中華之志，由此推動了民族感情的宣揚。

華文報業推動了民族主義的發展

報紙是近代華人民族主義的主要傳播媒體。香港首份華文刊物是創刊於 1853 年 8 月的《遐邇貫珍》，該刊由英國傳教士麥都思（Walter Henry Medhurst）創辦及主編，後由理雅各（James Legge）接任。該報介紹西洋新知及新聞，於啟迪民智頗有貢獻。其後續有《香港中外新聞》（約創辦於 1857 年，早期由伍廷芳主持）、《華字日報》（創辦於 1872 年，由陳藹廷擔任主筆）和《循環日報》（創辦於 1874 年，由王韜主持）。

其中以《華字日報》及《循環日報》對社會的影響較大。《華字日報》以「香港第一家沿着華人意旨而辦的華文報」自居，發表了不少要求清廷改革的言論。政論家王韜則於《循環日報》不斷撰文闡釋其改革理念，由此帶動了香港報業的議政風氣。

香港報章用大量篇幅刊登有關中國內地的新聞，使華人及時得悉內地動向，愛國情操亦在潛移默化之間得以培養。二十世紀初，香港華人對內地革命運動的熱烈回應，報業功不可沒。

香港華人民族主義興起的原因和訴求

興起原因

物質基礎
華人經濟實力提升，為民族主義的勃興提供了物質基礎。

意識覺醒
港府的殖民統治及種族歧視的施政方針，刺激了華人民族意識的覺醒。

主體
西式教育的興盛，培養了具近代意識的華人新知識份子。

思想傳播
華文報業的崛興，有利於華人民族思想的傳播。

訴求

為民族獨立而努力！

政治上
追求民族的生存和獨立。

革新中國文化

文化上
主張維護或重建中國文化。

經濟上
提倡維護或增進族群的經濟利權。

孫中山在香港的求學時代

孫中山青年時代旅居香港，接受西式教育，並初步形成革命思想。

來港前的求學經歷

孫中山 1866 年 11 月 12 日出生於廣東香山（今中山）翠亨村，1879 年隨母赴檀香山投奔在當地經商的兄長孫眉，同年入讀火奴魯魯意奧蘭尼學校（Iolani College），初次接受西式教育；畢業後升讀奧阿厚書院（Oahu College），後因欲受洗信奉基督教，被孫眉勒令回國。

來港求學的經過

1883 年，17 歲的孫中山與友人陸皓東為破除迷信而損壞了家鄉的神像，受到鄉人責難，因而由家鄉逃至香港，並入讀香港拔萃書室（Diocesan Home & Orphanage，即今拔萃男書院），其後受洗入基督教，倫敦會長老區鳳墀為他改號「逸仙」。

次年 4 月，孫中山轉讀中央書院；1887 年入讀香港西醫書院，1892 年畢業後赴澳門行醫。

孫中山革命思想的萌芽

香港開埠初期，華人擁有較內地為多的言論自由，只要言論不涉及英人利權及反殖民主義等，或這些言論未招致清廷的嚴重抗議，港府通常不予過問。

孫中山就讀西醫書院期間，常與陳少白、尤列、楊鶴齡聚首於楊鶴齡之父在港島開設的「楊耀記」商店，四人暢論時政，高談造反討滿（清），故有「四大寇」之號。其後孫中山認識鄭士良、楊衢雲等革命志士，孕育出以武力推翻滿清的決心。後來孫中山 1923 年 2 月在香港大學發表演講時表示，他的「革命思想，係從香港而來」。

香港催生了孫中山革命思想的形成

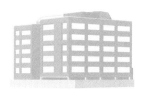

知識架構
入讀香港學校，學習西洋新知，對西方的歷史、政治及各近代學科有廣泛的認識。

東方文明　西方文明

危機感
比較東西文明，目睹華人於香港殖民制度下備受西方殖民地統治者欺壓，深感民族危機。

在香港，孫中山的革命思想逐漸形成

言論熏陶
受政論家改革言論的熏陶，萌改革之志。

武　力　反　清

同道推動
結識革命志士，形成武力反清的決心。

4.3 香港興中會總部的成立與 乙未廣州起義

孫中山在香港策動了第一次武裝革命起義。

香港興中會總部的成立

1894 年甲午戰爭爆發前夕，孫中山上書清廷直隸總督李鴻章，主張中國應學習歐洲各國「富強之本」，做到「人能盡其才，地能盡其利，物能盡其用，貨能暢其流」，意見未被採納，孫中山遂決志以革命手段推翻清廷。

1895 年 1 月，孫中山自檀香山返港，開始策劃武裝起義，並與輔仁文社的楊衢雲接洽組黨事宜。2 月，興中會總部正式成立，會址設於中環士丹頓街13 號，以「乾亨行」之名作掩護，規定入會者須宣誓：「驅除韃虜，恢復中華，創立合眾政府」。楊衢雲被選為會長。孫中山進而與楊衢雲、黃詠商等籌劃於廣州發動起義。

乙未廣州起義始末

1895 年 3 月，興中會在「乾亨行」召開會議，決定於 10 月 26 日在廣州起義，由孫中山統籌並負責廣州軍務；陳少白、鄭士良、陸皓東負責聯絡及招募廣州地區的志士；楊衢雲在香港募集經費、購買軍械及招募義士等。8 月，革命黨人在中環杏花樓召開會議，策劃起義的實際方案。香港立法局議員何啟亦出席此次會議並發言，以及商討起義成功後「臨時政府」的政策大綱。

為籌集革命經費，黃詠商出售其蘇杭街的洋樓，得款八千元，鄧蔭南、余育之亦各自捐出萬餘元支持起義。可惜事機不密，起義計劃洩露，10 月 26 日，港府將此事電告兩廣總督譚鍾麟，次日清廷破獲革命機關，陸皓東等人被捕殉難，正在廣州負責接應的孫中山匿於王煜初牧師家中，再經澳門返港，轉到日本；楊衢雲則出走南非。

至此，乙未廣州起義未打響第一槍便告失敗。

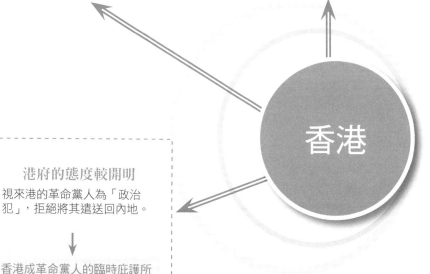

香港因何成為晚清時華南地區革命黨人的活動中心？

本身的地緣優勢

* 華南地區中外貿易的重要轉口港。
* 人口、物資、資金的集散地
* 無嚴格的出入境限制。

↓

成為革命黨人的後勤基地

華人擁有較內地為多的言論自由

只要言論不涉及英人利權及反殖民主義等，或未招致清廷嚴重抗議，港府通常不予過問。

↓

革命黨人可在港進行排滿宣傳

港府的態度較開明

視來港的革命黨人為「政治犯」，拒絕將其遣送回內地。

↓

香港成革命黨人的臨時庇護所

香港

4.4 革命黨人在香港的活動

香港是晚清時期革命黨人重要的活動基地。

創辦《中國日報》為革命的喉舌

1900 年 1 月，興中會在港創辦《中國日報》作為革命黨人的言論機關，陳少白、馮自由等革命黨人先後擔任主編。該報致力於揭露清廷的腐敗和列強侵略中國的陰謀；主張建立共和，反對君主立憲；鼓吹革命排滿，提倡「文明排外」；批判康有為等人的「立憲」言論，與保皇黨人所辦的報刊進行論戰。

策劃惠州起義

1900 年 6 月，孫中山從日本返回香港，在海面小艇上與香港同志會面，商議惠州三洲田起義計劃，決定安排鄭士良赴惠州準備起義；史堅如、鄧松盛赴廣州組織起事及暗殺機關響應；楊衢雲、陳少白、李紀堂等在香港負責接濟餉械事務。

7 月 17 日，孫中山再經新加坡抵港，在船上召開會議，確定起義計劃。

同年 10 月，鄭士良在惠州三洲田聯合三合會會眾發動起事，隊伍發展至兩萬餘人，但由於日本政府拒絕援助起義，加上糧械不足，鄭士良解散隊伍從海路退回香港。

同盟會香港分會的成立

1905 年 8 月，中國同盟會在東京成立。孫中山派馮自由、李自重返港籌建同盟會分會。10 月，同盟會香港分會在香港興中會的基礎上成立。

香港分會兼管西南各省的軍務、黨務和南美洲各地的交通事務；朱執信、許雪秋等四十多人為主盟員和軍事聯絡員，到廣東、廣西、福建三省活動。

孫中山於 1907 年至 1911 年間在華南地區策動的歷次起義，都以香港分會作為起義人員的集中點；起義失敗後，香港分會又是革命黨人的避難所。為接應外地來港的革命黨人，香港分會在堅道、普慶坊、蘭桂坊、摩利臣山道、皇后大道、灣仔等處設立了招待所。

革命活動與香港的關係

革命組織的重要基地
* 興中會總部所在地。
* 建立了同盟會香港
  分會。
* 同盟會南方支部的
  所在地。

革命起事的後勤基地
與指揮中心
* 惠州三洲田起義、
  廣州黃花岡起義的
  事前集合點。
* 策動歷次起義的大
  本營。

華南地區的革命宣傳中心
* 開啟了革命黨人辦報
  的風氣。
* 《中國日報》、《公益
  報》、《廣東報》、《有
  所謂報》、《少年報》
  等革命報刊紛紛創辦。

中環
興中會總部
同盟會香港分會　　○ **黃泥涌**
《中國日報》社　　　同盟會南方支部

革命活動的軍火輸入港和
革命資金的主要中轉地
捐助革命的僑匯、起義所
用軍械,由香港運給內地
革命黨。

港府對革命黨人的態度

港府對革命黨人的態度受英人在華利益的左右。

羅便臣時期（1891－1898）

1895 年乙未廣州起義失敗後，清廷要求英國引渡孫中山回內地，為港督威廉·羅便臣所拒。但 1896 年 3 月，港府對孫中山發出驅逐令，規定五年內不准他進入香港境內。1897 年孫中山寫信給輔政司駱克查詢此事，駱克覆函拒絕撤銷對他的驅逐令。香港史學者劉蜀永認為，當時中英《展拓香港界址專條》剛剛簽訂，港府此舉可能是對清廷同意租讓新界的一種「回報」。

卜力時期（1898－1903）

1900 年惠州起義前夕，香港立法局議員何啟建議革命黨人與粵督李鴻章合作，策動兩廣（廣東和廣西）獨立。港督卜力（Henry Arthur Blake）對此深感興趣，遂秘密與李鴻章會晤，建議後者接受英國的保護，任用孫中山為顧問，領導兩廣獨立。隨後清廷急召李氏回京，李氏決意離粵北上，並力勸卜力阻止革命黨人利用香港作為基地。港府雖未公開表態支持革命活動，但則容忍革命黨人的在港活動。同年惠州起義失敗後，大量革命黨人逃抵香港，港府亦未加以干預。

盧押時期（1907－1912）

《辛丑條約》簽訂後，英國在華利權得到鞏固，因此決定支持清廷的改革活動。1907 年港督盧押（Frederick Lugard）為改善與清廷的關係，制定法例規定在香港發行的報紙、書籍、文字、圖畫「流入中國內地而能使全國發生叛亂」的，「為顧全邦交起見，得加以取締」。孫中山的兄長孫眉因在九龍聯絡會黨，於 1910 年 9 月被港府驅逐出境。

武昌起義前夕，廣州局勢日趨緊張。兩廣總督張鳴岐請求港督防止外地革命黨人返回廣州，盧押派出偵探調查革命黨人在港的活動情況。為壓制華文報章支持革命的言論，盧押引用 1907 年通過的第十五號條例，逮捕了《中國日報》的發行者伍漢持，由法院判處其兩年苦工監。

不同時期港府與革命黨人及清廷的關係

羅便臣時期（1891－1898）

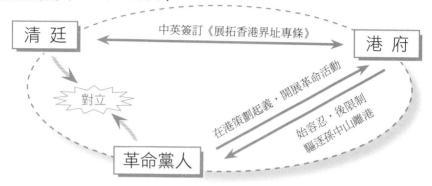

卜力時期（1898－1903）

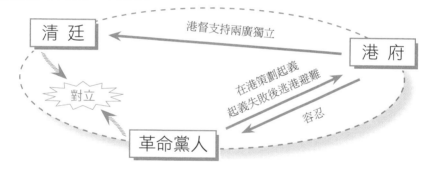

盧押時期（1907－1912）

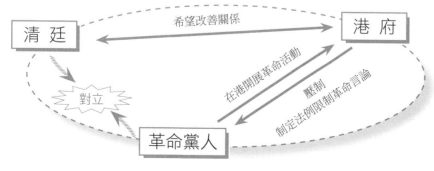

4.6 香港對辛亥革命的反應

香港華人與港府對辛亥革命的反應迥然不同。

香港華人對革命的熱烈反應及支持

1911 年 10 月，武昌起義爆發，揭開了辛亥革命的序幕。武昌起義的勝利在全國引發連鎖反應，在香港華人中也引起強烈反響。

11 月，廣東宣佈共和獨立，並成立了軍政府。香港報界公社為此休業一天，以為紀念。港府雖然立法禁止燃放爆竹，但華人為慶祝革命成功而拒不遵從。

華人精英亦熱心支持革命政府，捐款並參與軍政府的各項公職。軍政府成立之初，財政極度困難，香港華人遂踴躍資助。據港府調查，至 1912 年 7 月，香港華人社團向廣東軍政府提供了兩百萬至三百萬元的資金。同時，軍政府中有不少香港知名人士擔任要職，如：李紀堂、李煜堂分別出任軍政府交通司長和財政司長，何啟、韋玉分別任總顧問官。

盧押防備華人排外情緒的措施

對於辛亥革命，港府最懼怕的是因此激起華人的排外情緒，從而損害英人的在港治權，為此他們雖然對華人的慶祝活動做出了讓步，但同時亦採取種種措施控制局面。

廣東宣佈共和獨立後，香港華人熱烈慶祝，盧押接到消息，謂有華人建議將該日定為假日，盧押認為清廷尚未倒台，因而斷然拒絕了此建議；另一方面，盧押擔心慶祝活動會演變成暴亂，於是派遣更多的警察巡邏街道，以防發生騷亂。

1912 年上半年，港府對華人民族主義的恐懼與日俱增。盧押恪守英國政府保持中立的政策，禁止外商經香港水域向廣東革命政權輸出軍火，並警告華商不得利用任何形式的籌款支持革命政府。

港府與香港華人對辛亥革命的不同反應

1911 年
辛亥革命

港府的反應　　　　　　　香港華人的反應

監視　　　　　　　　　　熱烈慶祝革命的成功

嚴守中立
拒向清廷或革命政權援助軍火

感到疑慮
擔心內地的革命會影響華人對
港府的忠誠和港府的中立

支持廣東軍政府

* 商紳為廣東政權和平過渡而
　在清廷與革命黨人間斡旋

* 為廣東軍政府提供資金援助

表示願與廣東軍政府合作
以確保華人精英對港府的忠誠

* 華人精英出任廣東軍政府的
　要職

4.7 梅含理遇刺與抵制電車運動

梅含理遇刺案與抵制電車運動，加劇了港府對華人民族主義的疑懼。

總督遇刺

辛亥革命後，隨着華人民族主義情緒的升温，香港華人的排外情緒也日趨高漲。1912年7月4日，新任港督梅含理攜夫人出席就職典禮時，突遭一名華人男子開槍射擊，但未命中。此事令港府再次意識到華人民族主義運動的威脅。

抵制電車運動

廣東軍政府為解決財政問題，發行了公債和劣質輔幣，大量廣東輔幣流入香港，使香港電車公司、山頂纜車公司等蒙受了巨大損失。港府勸告電車公司和纜車公司拒絕接受輔幣，激起華人的憤怒，他們認為這是對中國的侮辱，紛紛杯葛電車，以示抗議。

抵制事件發生後，港府通過法例，限制抵制公共事業的活動，又鼓勵華人紳商乘坐電車，1913年1月，在政府和各界的調停下，抵制電車運動停止。

港府對華人民族主義的壓制

電車風潮平息後，港府意識到華人民族主義對英人殖民統治構成的危害，遂採取各種手段，排除革命黨人在香港的影響。

香港四邑[1]商工總局與廣東革命政府關係密切，加上四邑商人在港勢力膨脹，港府決定限制四邑商人的活動。1911年，港府頒佈《社團條例》，讓更多的華商成立商會，又於1913年鼓勵各中小型商會合併，組成「華商總會」（即今中華總商會），以抵消來自四邑商人的威脅。

同年，1913年二次革命失敗後，孫中山等革命黨人流亡海外，梅含理宣佈永遠不准孫中山、黃興、胡漢民等人來港。

---

1 「四邑」是指廣東省江門市的新會、台山、開平、恩平四個縣。

辛亥革命後港府對華人民族主義的壓制措施

1911年
辛亥革命

對香港的影響

港府的壓制措施

革命所帶來的動亂導致
內地大量人口湧入香港
至 1914 年，香港總人口已增
至五十萬人。

香港華人民族主義情緒高
漲，威脅港府的殖民統治

改變了港府與內地政府的
關係
廣東革命政權提倡民族主義與
反帝國主義思想，與港府逐漸
形成對立形勢。

* 挑選立法局華人議員時注
  重其對英國的忠誠
* 免去支持革命的何啟的立
  法局華人議員的職務
* 限制與革命政權關係密切
  的四邑商人的活動
* 組成「華商總會」，以抵消
  四邑商人的影響
* 限制革命思想在港的傳播
* 二次革命後宣佈永遠不准
  孫中山等人來港

壓　制

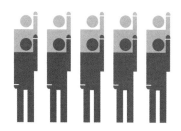

4.8 英人對新界的管治

港府最初以「盡量維持舊中國的現狀」作為管治新界的主要方針。

利用警察作為樹立統治權威的手段

由於新界鄉民曾以武力抵抗英人，港府為加強對當地的控制，除修築大埔道（1902 年竣工）和青山道（1920 年完成）兩條主要幹道外，又利用警察作為確立統治權威的手段。

1900 至 1902 年，港府先後在大埔、沙頭角、西貢、上水及大嶼山等地建立了七間警署，又將新界（包括現今九龍部分地區）劃為「八約」來管治，八約分別是指九龍約、沙頭角約、元朗約、雙魚約、六約、東海約、東島洞約和西島洞約。

新界地權的改變

港府認識到新界鄉村的結構具有悠久的歷史及廣泛的既得利益，決不能採用治理香港島的模式來治理新界，故決定保留華人的「傳統和慣例」，以安撫新界居民。但同時，港府將香港法律制度引入新界，通過法例改變了新界原居民的土地產權。在清廷的法律下，原居民擁有土地的「永業權」（即可以終身享有個人產業，並可將土地權利遺贈他人）；在英人的統治下，新界所有土地都屬官地，擁有土地的原居民由永遠業權人變成官地承批人，不得擅自改變土地用途；農地、園地都不得建屋或作其他用途，政府可以收回原居民的土地作公共用途。

理民府制度

1907 年，港府在新界設立理民府制度，1910 年把新界分成南約、北約兩個主區，各設理民府主理區內的行政事務，除警政事務及土地測量須由工務局主理外，新界及離島的行政管治由南約及北約理民官負責。事實上，理民府制度與清代的地方行政架構相近，容許村民自行處理所屬村內的一般性公共事務，使原來的地方自治和大族的權力制度得以保存，有助於原有鄉土社會宗族觀念的延續。

新界理民官的轄地和職責

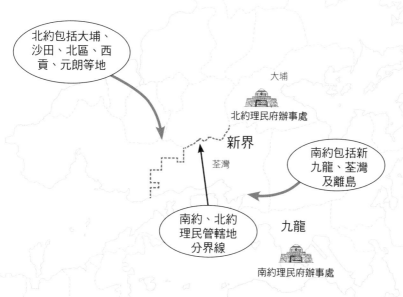

北約包括大埔、沙田、北區、西貢、元朗等地

大埔

北約理民府辦事處

新界

荃灣

南約包括新九龍、荃灣及離島

南約、北約理民管轄地分界線

九龍

南約理民府辦事處

大嶼山

理民官職責

* 搜集政治情報

* 統籌各政府部門在新界的工作

* 調解及仲裁鄉民之間的糾紛

* 解釋和支持政府的施政計劃

* 處理地政事宜及控制僭建房屋

* 組織救災和處理社會福利事宜

九廣鐵路的修建

九廣鐵路的修建，密切了內地與香港的經濟關係。

九廣鐵路的修築經過

1895 年《馬關條約》簽訂後，列強相繼攫奪在華的鐵路修築權，英人自然也不甘落後。十九世紀末，香港與內地尤其是廣州的貿易和交流日趨頻繁，港府十分需要加強與內地的聯繫。1898 年 5 月，怡和洋行與滙豐銀行等英資財團合組「中英銀公司」（British & Chinese Corporation），與清廷達成修築九廣鐵路的協議，後來中英簽訂《展拓香港界址專條》，在條約內重申了該協議。幾經交涉後，雙方達成協議，決定將鐵路分為兩段：九龍至羅湖邊境的英段鐵路由港府出資建造及管理，羅湖邊境至廣州的華段鐵路由中英銀公司出資興建，竣工後移交廣東省政府營運。

1905 年 9 月，立法局通過港督彌敦（Matthew Nathan）的建議，修築九廣鐵路的英段（今東鐵）。九廣鐵路以政府部門的模式運作，直到 1982 年制定《九廣鐵路公司條例》，才改由九廣鐵路公司負責經營。

鐵路英段全長 22 英里，1910 年 10 月 1 日落成啟用，當時鐵路只是單軌行走。整項工程費用總計約 130 萬英鎊。次年 10 月華段鐵路通車。在以後的大半個世紀裏，九廣鐵路始終是香港往來廣州的主要幹道。1920 年代九廣鐵路每年客運量達兩百萬人次。

另外，尖沙咀火車總站 1916 年落成，尖沙咀鐘樓則於 1921 年正式啟用。

沙頭角支線的興廢

1911 年 4 月，港府在粉嶺至沙頭角修築九廣鐵路的沙頭角支線，支線全長 7.25 英里，1912 年 4 月落成啟用，車站包括粉嶺、孔嶺、禾坑、石涌凹及沙頭角。

1927 年沙頭角公路開通，大幅影響該支線的客運流量，港府遂決定結束該線營運，並於 1928 年 4 月 1 日關閉。

連接香港和廣州的主要幹道：九廣鐵路

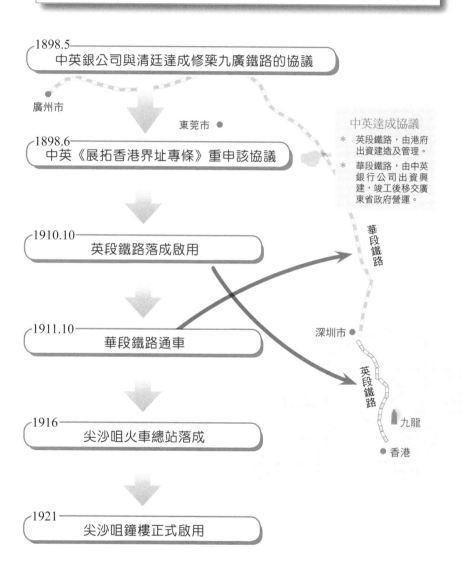

1898.5
中英銀公司與清廷達成修築九廣鐵路的協議

廣州市

東莞市

1898.6
中英《展拓香港界址專條》重申該協議

中英達成協議

* 英段鐵路，由港府
出資建造及管理。

* 華段鐵路，由中英
銀行公司出資興
建，竣工後移交廣
東省政府營運。

1910.10
英段鐵路落成啟用

華段鐵路

1911.10
華段鐵路通車

深圳市

英段鐵路

1916
尖沙咀火車總站落成

九龍

香港

1921
尖沙咀鐘樓正式啟用

4.10 香港大學的成立

> 香港大學的成立，是香港高等教育發展史上的一個里程碑。

成立背景及經過

香港經濟與人口的增長，刺激了社會對高等教育的需求。早在 1880 年，港督軒尼詩曾設立專門委員會，討論把中央書院改造成大學的可能性，但此議被委員會否定。

1887 年，在何啟的努力下，香港西醫書院正式成立，為日後在港創建綜合性高等學府奠定了基礎。1903 年，清廷宣佈廢除科舉制，進一步推動了當時西式學堂畢業生出洋接受高等教育的風氣。

1908 年 1 月，港督盧押在聖士提反書院周年頒獎禮上發表演講，提出香港應該成立一所大學。他的言論得到各界的支持。印度富商麼地（H. N. Mody）捐出十五萬元用作建校經費，香港的華人商紳紛紛慷慨解囊，兩廣總督張人駿亦送來二十萬元捐款，使建校計劃得以落實。

香港大學的早期概況

盧押認為香港大學應該主要提供「良好而實用的世俗教育」，他把兩所現存的本地學院，即香港西醫書院及香港工業學院，併入香港大學，使之成為醫學院及工學院。前者訓練合格的醫生以救治華人，後者課程專注於應用科學，培養合格的工程師，協助中國開發資源，以及預防洪水。

盧押亦堅持以英文為教學語言，大學籌備委員會的重要成員何啟力陳中國語文和文學必須以中文教授，得到盧押的贊同。直到今天，這仍是香港大學以英語授課的正式方針下的唯一例外。

1912 年 2 月，香港大學正式成立，學者愛理鄂（Charles Eliot）出任校長，同年 9 月開課。最初香港大學只設立工學院與醫學院，並開設「漢文科」的選修科目，講授「四書」、「五經」及中國傳統典籍，次年設立文學院。香港大學最初只招收男生，受五四運動的影響，1921 年開始招收女生。何東的女兒何艾齡為港大的首位女性畢業生。

盧押創辦港大的理念

學科設置
以應用科學和醫學為先

創辦目的
證明英國的帝國主義的責任

我構思（港大）這計劃時，是希望它能證明英國殖民地子民，並非完全專注追求財富，⋯⋯香港將率先再一次證明，大英帝國不僅僅是龐大的貿易公司，當中依舊留存帝國責任這股神聖之火。

我不反對培育具備深厚中國語文、文學，以至神學知識的人才，但一切以應用科學和醫學為先。

盧押

教學語言
以英文為主

西方學術知識，要靠西方語言才能好好傳授。

政治立場
不觸犯中國政府的利益

我們希望避免設立任何教育系統，會對中國政府產生敵意，或令其不安。香港大學須特別留意，不要鼓勵或容忍這些「有害」（指革命）學說。

<<<<<<<<<<<<<<<<<<<<<<<<<<<<<<<<<<<<<

重要人物簡介

理雅各（James Legge，1814－1897）

蘇格蘭人，英國基督教傳教士兼漢學家。1839 年被倫敦傳道會派往麻六甲任英華書院校長，1843 年隨該院遷往香港，出任校長直至 1867 年。在王韜的幫助下，把「四書」、「五經」譯成英文，定名為《中國經典》（*The Chinese Classics*），於 1861 至 1886 年間出版，該書被視為「四書」、「五經」最標準的譯本。由於教會學校培養當地傳教士的嘗試失敗，他開始成為香港教育改革的鼓吹者。1860 年，港府組成「教育諮詢委員會」，作為委員會成員他提議建立中央書院，由一名歐籍教師組織和管理英語班，並且在該校只講授英語。該建議經討論後通過，1862 年中央書院正式開學。1873 年返回英國，1875 年出任牛津大學漢學教授直至逝世。

楊衢雲（1861－1901）

名「飛鴻」，字「肇春」，號「衢雲」，祖籍福建海澄，生於廣東東莞，中國近代革命家。14 歲時在香港船廠學習機械，因工業意外失去右手三指，於是改習英文。畢業後任教員，後轉任香港招商局船務書記長，1894 年轉任英商新沙宣洋行副經理。1890 年與謝纘泰等人組織輔仁文社，並出任社長。因尤列的介紹而認識孫中山。1895 年 1 月出任興中會會長，與孫中山共同策劃廣州起義，事敗後亡命南非。1900 年 1 月，辭去興中會會長一職，從日本返回香港，策劃惠州起義。起事失敗後，於上環結志街

52 號二樓設私塾教授英文維生。1901 年 1 月在私塾內被清廷派出的刺客槍殺，葬於跑馬地香港墳場。為免墳地遭清廷破壞，墓碑上只有編號 6348 而沒有文字。

陳少白（1869 – 1934）

幼名「聞韶」，號「夔石」，筆名黃溪、天羽、無咎，廣東新會外海鄉人，中國近代革命家。1888 年入讀廣州格致書院。經區鳳墀介紹結識孫中山，後與孫中山、尤列、楊鶴齡共商時政，自稱「四大寇」。1892 年輟學追隨孫中山。1895 年參與在香港創設興中會總部。廣州起義失敗後輾轉各地宣傳革命，全力輔助孫中山進行革命活動。1899 年奉孫中山之命回港創辦《中國日報》，出任首任社長和總編輯。曾與程子儀、李紀堂等創辦天演公司，開辦彩南歌戲班，宣傳革命思想。1905 年被選為同盟會香港分會會長。辛亥革命時期任廣東軍政府外交司長。1922 年後回鄉從事實業建設。1930 年被任命為國民黨黨史編纂委員會委員。後為謝絕陳濟棠邀請重返政壇而避居北平（今北京）。

李紀堂（1873 – 1943）

名「柏」，又名「寶倫」，廣東新會人，中國近代革命家，父親李陞是香港富商。曾任香港日本郵船分公司買辦，並擔任東華醫院總理。1900 年 3 月，經謝纘泰介紹結識楊衢雲，加入興中會。同年孫中山所乘客輪途經香港，登輪與孫中山首次見面，相談甚歡，從此傾力支持

革命活動。香港革命機關的黨務報務經費，主要由他負責。曾資助過太平天國瑛王洪全福廣州之役，襄贊經費達五十萬元之巨。1901年在新界青山購地數百畝開闢農場，成為晚清時期革命黨人武裝起義的訓練基地及避難所（部分地段即為今日的青山紅樓）。1905年加入同盟會。1910年，廣州新軍之役、1911年黃花崗之役，均有參與購買軍械。1912年廣東軍府成立後，先後任交通司司長、瓊崖公路局局長等職。1940年冬赴重慶，任國民政府僑務委員會委員。1943年病逝於重慶。

盧押（Frederick Lugard，1858－1945）

英國人，第十四任港督。出生於印度一個英國傳教士家庭，後被送往英國接受教育。中學未畢業即入讀英國皇家軍事學院，曾在印度、阿富汗作戰，1885年參加尼羅河遠征，擔任旅長，因功被封為爵士，後擔任北尼日利亞專員兼總司令。1907年獲任為港督。任內致力改善與清廷的關係，通過第十五號條例採取嚴厲手段對付在港的革命黨人。籌建了香港大學。曾建議英國政府把山東的威海衞歸還中國，以換取新界地區的永久統治權。辛亥革命爆發後，對香港華人的慶祝活動採取容忍態度。1912年離任，被英國殖民地部派往北尼日利亞出任高級殖民專員。1914年改任尼日利亞總督，1919年離職。

李煜堂（1851－1936） ·····················

名「文奎」，廣東台山人，香港華人富商，中國近代革命家。18 歲隨兄到美國經商致富，回港開設金利源、永利源兩間藥材行。1900 年後，先後經營廣州電力公司、河南機器磨麵公司、泰生源出入口貨行等。1902 年，在香港創設聯益保險公司，旋復創辦康年人壽保險公司。1905 年在兒子李自重的鼓勵下，加入同盟會。1906 年革命黨的唯一機關報《中國日報》因受保皇黨人控訴，幾乎停業，經陳少白、馮自由之請，他出資購買該報而使之得以維持。1910 年，改金利源藥行為革命黨交通機關。1911 年被推為廣東軍政府財政司司長。其後開發實業，創辦廣東銀行，資助創辦廣州嶺南大學，並出任嶺南大學校董。辛亥革命後仍熱心支持革命，1916 年討袁之役、1917 年護法之役等，均有聯絡港商，籌集軍餉。

1914 一次大戰爆發

1915 香港工商銀行創辦

1917 香港華商銀行創辦

1918 東亞銀行創辦 → 華資銀行崛興

1922 海員大罷工爆發

1925 省港大罷工爆發

金文泰任港督

第 **5** 章

一戰至二戰初期的香港
（1914－1941）

　　辛亥革命後，內地政局動盪不安，大量人口湧入香港，造成嚴重的住房和衞生問題，同時，下層民眾對香港的歸屬感仍然相對薄弱。第一次世界大戰後，香港物價飛漲，工人生活困苦，再加上內地工運的發展如火如荼，使得 1920 年代的香港工運此起彼落。1922 年海員大罷工結束後，香港的社會矛盾仍未得到改善。內地民族主義運動的開展，以及廣東革命政府對香港工人組織的鼓動與支持，促成省港大罷工的爆發。港府一方面壓制工運，另一方面爭取本地華人精英的認同，採取保守的文化政策。香港工業在這一時期亦得到較大發展，由於日本加緊侵華步伐，內地資本家把工廠遷到香港，由此奠定了戰後香港工業發展的基礎。

1926	1934	1935	1937	1939
首位華人行政局議員誕生 設立「官立漢文中學」 第一所中文官立中學	香港獲英聯邦特惠稅優待	「賓尼報告書」 提倡改革香港教育體制	抗日戰爭爆發	二次大戰爆發

兩次大戰期間香港的人口與勞工概況

二十世紀初，九龍成為內地新移民的主要集中地。

人口發展的特點

辛亥革命後，內地政局動盪，大量人口湧入香港。以往的移民多是單身勞動者，從 1910 年代開始則多為一家人。到了 1931 年，香港市區的男女比例是 1,000：727.63，男女比例失衡現象較前有所好轉，同時，在港孩童和在港出生的嬰兒人數亦有所增加。

二十世紀初，香港人口的增長地集中在九龍，旺角、紅磡、九龍城、土瓜灣等地亦逐漸開發起來。據統計，1931 年港島男居民有 206,223 人，女居民有 77,752 人；九龍男居民有 57,344 人，女居民有 44,910 人，這是由於當時新移民多聚居九龍，令九龍的男女比例較港島的平衡。

人口大幅增長帶來了房屋短缺、衛生環境惡劣、學校學位不足等問題，然因香港工資水平較內地高，仍有大量移民被吸引來港。但學者科大衛（David Faure）認為，直到 1930 年代，香港下層民眾對本地社區的歸屬感仍相對薄弱，不少新移民來港的目的僅為謀生，對本地事務的關心程度不高。

勞工狀況

早年香港童工問題相當嚴重，港府設法改善，但收效不大。1930 年代，英國政府開始正視勞工問題，認為若要減少殖民地內部的勞工糾紛，必須鼓勵成立有「責任感」的勞工團體，因此訓令各殖民地設立勞工處或勞工主任。

港府於 1938 年委任畢特（Henry. R. Butters）為首任勞工主任，該職位隸屬華民政務司。畢特在 1939 年發表的有關香港勞工問題的報告書中，指出1930 年代以來，隨着香港工業的發展，工會組織亦相應地蓬勃發展起來。

可是當時的工會傳統鄉族色彩濃厚，聯誼互助性質大於為會員爭取權益的特點。原因有二：一是移民眾多，削弱了勞工待遇方面的談判力量；二是大多數工人是離鄉背井來港謀生的，工會通常只是他們個人福利的照顧者。

辛亥革命後香港的人口狀況

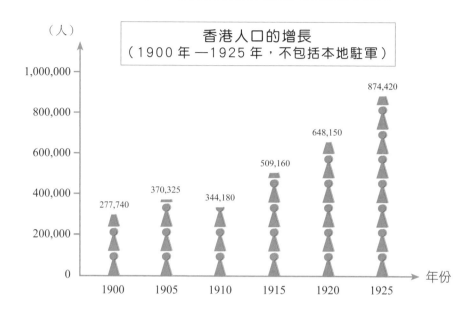

香港人口的增長
（1900 年 —1925 年，不包括本地駐軍）

（人）

年份	人口
1900	277,740
1905	370,325
1910	344,180
1915	509,160
1920	648,150
1925	874,420

1931 年香港人口的出生地統計表
（不包括駐軍人口）

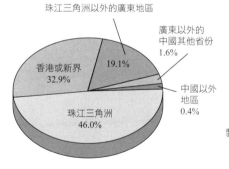

珠江三角洲以外的廣東地區
香港或新界 32.9%
珠江三角洲 46.0%
廣東以外的中國其他省份 1.6%
中國以外地區 0.4%
19.1%

1931 年香港就業人口行業分類統計表

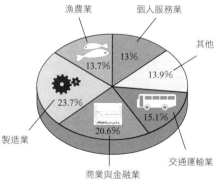

漁農業 13.7%
個人服務業 13%
其他 13.9%
交通運輸業 15.1%
商業與金融業 20.6%
製造業 23.7%

* 一戰後，香港工商業繁榮起來，加上內地政局動盪，治安不靖，謀生不易，導致大量移民遷到香港。
* 資料參見劉蜀永主編《簡明香港史（新版）》（2009），頁 200−212。

香港海員大罷工

工人生計日蹙及勞工意識的覺醒，是 1920 年代香港罷工風潮興起的主因。

香港工人意識的增強

第一次世界大戰後，香港物價飛漲，導致工人生活困苦。為保權益，工人陸續組織各種工會，要求改善待遇與工作環境。1920 年 3 月，香港華人機器總工會發動罷工，要求增加工資，參與者達六千人，最終達到加薪要求。罷工的勝利促進了香港工運的發展，數月之內，香港湧現出八十一個工會組織。

海員大罷工的爆發

海員是香港最早的產業工人之一，1915 年，部分海員組成互助組織「中華海員公益社」，1917 年易名為「中華海員慈善會」，1921 年 4 月，受孫中山的鼓勵和內地工運發展的影響，正式改組為具現代意義的工會組織：中華海員工業聯合總會（簡稱「海員工會」）。海員工會多次向船務公司提出加薪要求均被拒，遂於 1922 年 1 月號召舉行大罷工。在內地工會組織及由孫中山領導的廣州政府的支持下，罷工海員分批抵達廣州。廣州政府為罷工海員提供住宿和財政資助，參加罷工的海員人數因而不斷增加。由於廣州政府的介入，港督司徒拔（Reginald Stubbs）認定罷工事件「不單純是一場經濟運動，而是一場政治運動」，「最終目的是迫使英人撤出香港」，故支持各船務公司抵制海員的要求，並查封海員工會。罷工導致香港港口運作陷於停頓，港府派華人船東及東華醫院的紳董與工會代表蘇兆徵等人談判，但未能達成協議。

沙田慘案與大罷工的結束

2 月底，香港其他行業工人也陸續罷工。為阻止工人離港，港府下令九廣鐵路停駛。3 月 4 日，數千名罷工工人徒步經沙田前往廣州，港英軍警向工人開槍，當場打死六人，釀成「沙田慘案」，引致罷工規模進一步擴大。港府迫於形勢，答應了海員的基本要求，大罷工以工人的勝利告終。

1920 年代香港工運興起的原因與海員大罷工

華洋工人待遇
極不平等

內地工運的影響與
本地勞工意識的覺醒

工人生計日蹙

香港工運興起

1921.4 海員工會改組成立

海員加薪要求被拒

1922.1 海員大罷工爆發

1922.3 沙田慘案

罷工規模擴大 ➡ 香港經濟癱瘓

工人達到罷工目的

省港大罷工是香港華人社會民族主義情緒的大爆發。

五卅慘案：省港大罷工的導火索

海員大罷工結束後，香港的社會矛盾並未得到緩解。

1925 年 5 月 15 日，上海日資工廠爆發勞資糾紛，工人領袖顧正紅被槍殺；5 月 30 日，上海工人和學生舉行示威活動，與租界內的英國巡捕發生衝突，群眾死傷數十人，是為「五卅慘案」。

6 月上旬，全國性工會組織「中華全國總工會」的代表召集香港各工會組織，聯合舉行罷工。在中共黨員鄧中夏、蘇兆徵等人的領導下，6 月 19 日，大罷工在香港爆發。率先行動的是香港海員、電車工人和印務工人，其他工人相繼而起。罷工工人依照海員罷工的先例，離港返回廣州。

立法局議員羅旭龢（Robert Hormus Kotewall）聯同周壽臣及其他政府高官，私下在港會見國民黨要員孫科（孫中山之子）及伍朝樞（伍廷芳之子）等人，盼他們代為斡旋，但未有成效。

沙基慘案刺激罷工規模擴大

6 月 23 日，廣東各界群眾和省港罷工工人舉行大規模的示威活動，聲援上海工人，途經廣州沙面租界對岸的沙基時，遊行隊伍中有人鳴槍，英法海軍陸戰隊從沙面向示威群眾開機槍掃射，造成五十多人當場死亡，是為「沙基慘案」。消息傳到香港，罷工規模進一步擴大。

「省港罷工委員會」的成立

為統一領導罷工運動，6 月 26 日，中華全國總工會成立「省港罷工委員會」，宣佈對香港實行經濟封鎖，並組織工人糾察隊，負責維持秩序；封鎖香港及沙面的交通，查緝走私活動。大罷工令香港蒙受了巨大的經濟損失：罷工期間香港貿易量下跌 50%，抵港船隻總噸位下跌 40%，港府財政出現巨額赤字，只得向英國政府貸款三百萬英磅應急。

省港大罷工爆發的原因

工人階級仇視港府

工人生存狀態惡劣
華洋工人待遇不平等

未採取措施有效安撫
華人的不滿情緒

港府僅視罷工活動為
一政治事件

港府利用華人精英協調調控
制本地華人社會的管治策
略開始失靈

華人商界精英與勞工階級
利益分化而出現裂縫

內部因素

省港大罷工

外部因素

內地民族運動及
工運的影響

中共的動員和領導

廣州國民政府的支持

五卅慘案

中共黨員直接領導
罷工

經濟上支持
罷工工人

沙基慘案

黃埔軍校學生幫助
訓練工人糾察隊

5.4 省港大罷工（下）

內地政局的變動是大罷工結束的主要原因。

司徒拔對大罷工態度強硬

1925 年 6 月 21 日，司徒拔為應付罷工浪潮而頒佈了緊急戒嚴令，搜捕罷工領袖，限制香港居民離境。同時，港府還動員香港華商反對罷工，並資助周壽臣、羅旭龢與何東等富商創立《工商日報》，以從事反罷工宣傳。此外，港府實施了新聞檢查制度，扣留涉及罷工的郵件和電報，並任命特別警察和偵探，誘使工人復工。在當時外僑社群的影響下，司徒拔認定廣州國民政府受到了蘇聯的控制，主張給予國民政府的政敵陳炯明經濟援助，推翻國民政府，以結束罷工，但該建議未得到英國政府的同意。

金文泰接任港督

當時，英國政府對華採取的是靜觀和中立政策，司徒拔力主干涉的主張與此背道而馳，1925 年 10 月，英國政府遂改任金文泰（Cecil Clementi）為港督。金文泰對廣州國民政府改變了港府初期的強硬立場，提出願派代表與罷工委員會談判。其後港府與廣州國民政府進行了非正式磋商，但未能達成協議。

廣州政局的變化與大罷工的結束

學者蔡榮芳指出，大罷工使香港華人大致分裂為兩個政治陣營：擁護廣州國民政府的罷工工人與學生、支持港府反對罷工潮的華商與右派勞工。部分返回廣州的罷工工人因生計日蹙，急欲復工，但為工人糾察隊所制止。

此時廣州政局出現了變化，以蔣介石為首的國民黨右派與中共的矛盾逐漸加劇，廣州國民政府分裂在即。港察覺到這種變化，對罷工者重新採取強硬態度，並宣佈取消原定派遣代表前往廣州談判的計劃。

1926 年 7 月，廣州國民政府開始出兵北伐；10 月 10 日，罷工委員會自動取消對香港的封鎖。為安撫罷工工人，國民政府決定海關加徵 2.5% 至 5% 的進口稅，並為無法覓得工作的工人提供生活費，省港大罷工宣告結束。

兩位港督對付大罷工各有招數

港督司徒拔

> 香港所發生的罷工事件，是一場由俄國人煽動和
> 領導的共產主義運動，而非一場排外運動和民族
> 主義運動，其目的是摧毀香港的貿易和經濟。唯
> 一的解決途徑就是由列強實行武裝干涉！（1925年
> 6月司徒拔致英國殖民地部大臣的信件）

司徒拔的言論，忽視了香港華人
民族主義情緒與大罷工之關係！

港督金文泰

金文泰對付大罷工的措施

對香港

* 堅持不介入以賠償罷工工人的方式來解決罷工談判。
* 採用比司徒拔時期更嚴厲的新聞管制措施，阻止罷工的持續。
* 繼續壓制工會活動。
* 親自到新界會見當地鄉紳，通過他們勸說村民運送農產品到香港市區，解決因罷工而出現的糧食問題。
* 支持香港的中文教育，爭取華人的認同。
* 委任周壽臣出任首位華人行政局非官守議員，藉此增強華人精英對港府的支持。

對廣州國民政府

* 主張與廣州國民政府直接談判。
* 與國民黨要員建立友好關係。
* 利用國民黨內部的政爭為港府爭取談判籌碼。

港府治華政策的改變

　　港府一面壓制工運活動，一面爭取本地華人精英的認同，以恢復大罷工後的社會秩序。

壓制工運與中共的活動

　　1927 年 4 月，蔣介石在上海下令清黨，廣東省政府主席李濟深封閉中華全國總工會、省港罷工委員會等左翼機構，捕殺大批中共黨員和親共工會幹部。港府趁機打擊工人組織，查禁海員工會，並頒佈《非法罷工與停業法令》取締罷工，令香港工運長期陷入低潮，直到日軍侵港前夕，香港都不曾發生大規模的罷工事件。

　　隨後金文泰再度與廣東省政府合作，將拘捕的中共黨員交予廣東省政府處決。1927 年 12 月，中共發動廣州起義失敗後，大批參與者逃亡香港，遭到香港警察的圍捕。1931 年 6 月，港府逮捕了在港秘密活動的中共黨員蔡和森，並將他送交廣東省政府。蔡和森最後遭到殺害。

爭取香港華人精英的支持

　　1926 年 11 月，金文泰委任竭力支持港府的周壽臣為首位華人行政局議員，藉此爭取華人商紳的支持。為加強對華人的管治，並彰顯港府對華人的重視，金文泰增派官學生支援華民政務司的工作。1929 年，華民政務司被列為行政局的當然成員，地位僅次於輔政司。

推行保守的文化政策

　　大罷工後，港府採取保守的文化政策，鼓勵華人精英保存國粹，維護傳統儒家觀念。金文泰設立「官立漢文中學」（二戰後改名為「金文泰中學」），提倡尊孔復古，又倡導香港大學設立以研讀中國傳統經史為主的中文系。此外，港府極力壓制激進思想，對攜帶有關共產主義或反帝國主義思想書籍的入境者進行罰款，並沒收書籍；又下令修改香港小學低年級所用的《香港簡明漢文讀本》，加入不少歌頌英國的內容。

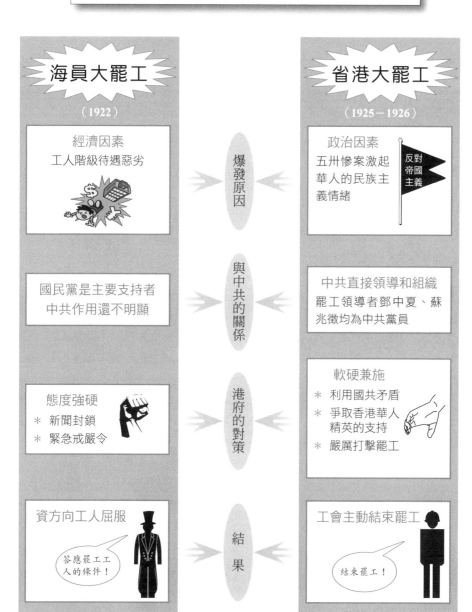

海員大罷工與省港大罷工的比較

海員大罷工
（1922）

省港大罷工
（1925－1926）

爆發原因

海員大罷工：
經濟因素
工人階級待遇惡劣

省港大罷工：
政治因素
五卅慘案激起華人的民族主義情緒
反對帝國主義

與中共的關係

海員大罷工：
國民黨是主要支持者
中共作用還不明顯

省港大罷工：
中共直接領導和組織
罷工領導者鄧中夏、蘇兆徵均為中共黨員

港府的對策

海員大罷工：
態度強硬
* 新聞封鎖
* 緊急戒嚴令

省港大罷工：
軟硬兼施
* 利用國共矛盾
* 爭取香港華人精英的支持
* 嚴厲打擊罷工

結果

海員大罷工：
資方向工人屈服
答應罷工人的條件！

省港大罷工：
工會主動結束罷工
結束罷工！

關於蓄婢問題的爭論

在蓄婢問題的爭論中，港府處於進退兩難的困境。

爭論的起源

開埠初期，香港富裕華人中盛行向貧民購買女兒，蓄養為婢（廣州話稱婢女為「妹仔」），不少妹仔被主人虐待或侵犯。香港早期採取華洋分治的管治方針，港府向華人保證他們可以繼續原有的生活方式和習俗，在這種統治政策下，香港雖然隨同英國禁止奴隸制度，但港府和華人精英並不認為蓄婢制度等同於奴隸制度。早在十九世紀末，香港已有外籍官員對蓄婢制度提出過質疑，但歷任港督均傾向於維持現狀。一次大戰後，部分歐籍居民及華人成立了「反對蓄婢會」，企圖迫使港府廢除蓄婢制度。

港府的對策

英國殖民地部為平息輿論壓力，建議港府對「妹仔」進行註冊。1921 年，殖民地部大臣邱吉爾（Winston Churchill）更主張成立委員會，監督僱用童工事宜。港督司徒拔對此未表示同意，引起英國殖民地部的反感，殖民地部令港府向公眾發出通知，宣佈「妹仔」的身份不合法。當時正值香港爆發海員大罷工，港府為免再生事端，僅於 1922 年 4 月發出公告，重申港府不容奴隸制度存在的立場，宣佈「妹仔」可隨時向華民政務司申請離開主人。隨後港府草擬法案，限制蓄婢活動，卻遭到部分華人代表的反對，他們認為蓄婢制度對「妹仔」及其父母都有好處，更拯救了無數險遭棄養或殺害的女嬰。

1927 年，廣州國民政府立法改革蓄婢制度，再度引起各界對蓄婢問題的關注。港督金文泰以尊重華人風俗為由，為蓄婢制度辯護，但自 1929 年起，港府亦不得不向公共輿論壓力低頭，要求蓄養「妹仔」的家庭向政府註冊。1936 年，港府規定對未將蓄養的「妹仔」註冊者處以罰款。不少家庭為逃避註冊，改稱「妹仔」為「養女」。為堵塞漏洞，1938 年，港府規定所有養女須向華民政務司註冊。可是這些法例對廢除蓄婢制度的實際意義有限，直到 1950 年代，香港蓄養「妹仔」的風氣仍然很普遍。

蓄婢問題中承受兩面壓力的港府

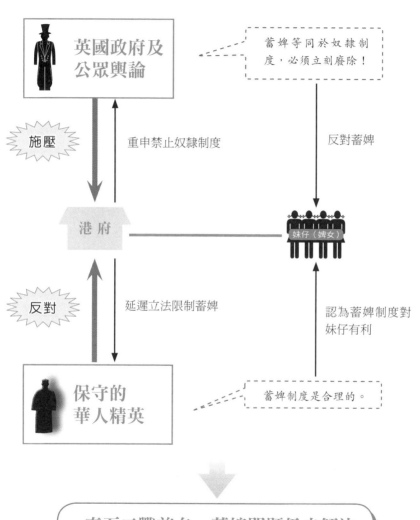

英國政府及公眾輿論

蓄婢等同於奴隸制度，必須立刻廢除！

施壓

重申禁止奴隸制度

反對蓄婢

港府

妹仔（婢女）

反對

延遲立法限制蓄婢

認為蓄婢制度對妹仔有利

保守的華人精英

蓄婢制度是合理的。

直至二戰前夕，蓄婢問題仍未解決

5·7 抗戰前的粵港關係

省港大罷工後，粵港關係出現明顯的改善。

政治形勢的改變促使粵港關係改善

1927 年，蔣介石發動政變，鎮壓中共黨人，建立了南京國民政府。廣東方面，自 1928 年起，先後由地方軍人李濟深、陳銘樞、陳濟棠執政，三人與蔣介石為首的南京國民政府貌合神離，同時均堅決反共。他們為與蔣介石抗衡，都比較重視與香港維持良好關係。港府為恢復經濟，亦願意與廣東省政府改善關係。

1928 年 3 月，廣東省政府主席李濟深來港與港督金文泰會面，隨後金文泰回訪廣州，就九廣鐵路與粵漢鐵路連線問題進行磋商。從此直至 1949 年，這類粵港高級官員的互訪成為定例。為爭取廣東省政府的支持及鎮壓香港的工運，港府配合廣東省政府對來港避難的中共黨員進行了搜捕。

粵港經濟聯繫日漸緊密

1930 年代，粵港關係得到了良好的發展。經濟方面，粵港貿易總額顯著上升。1933 年，廣東從香港出口的貨物額佔全省出口的 47.48%；1935 年增至 54.1%。隨着粵港貿易的發展，港幣大量流入內地。1931 年，港幣的發行額約 15,361 萬元，其中流入廣東的有 7,169 萬元，比當時在香港的流通額還多 2,048 萬元。廣東的銀行、錢莊、工商企業以及私人普遍以港幣作為支付和儲蓄手段，對外貿易也大多以港幣結算。

1931 年，陳濟棠出掌粵政後，致力於爭取港商投資廣東。1933 年 2 月，港商組織「港澳華僑回國參觀團」出訪廣州。陳氏向團員發表演說，表示歡迎港澳人士投資廣東實業。學者鄧開頌、陸曉敏等認為，此投資活動促使流入廣東的僑資大幅增加。據統計，1933 年度廣東經銀行匯入的僑匯有 25,380 萬元，佔全國僑匯總額的 84.26%，1935 年僑匯及華僑的投資更達 55,000 萬元。1927 年至 1937 年間，港澳僑商在廣東投資企業 5,448 家，對戰前廣東的經濟發展起了重要作用。

粵港關係大事掃描

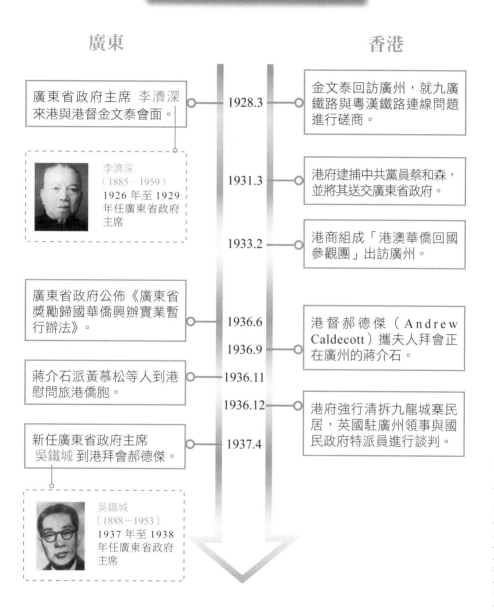

廣東　　　　　　　　　　　　香港

廣東省政府主席 李濟深來港與港督金文泰會面。	1928.3	金文泰回訪廣州，就九廣鐵路與粵漢鐵路連線問題進行磋商。

李濟深
（1885－1959）
1926 年至 1929
年任廣東省政府
主席

	1931.3	港府逮捕中共黨員蔡和森，並將其送交廣東省政府。
	1933.2	港商組成「港澳華僑回國參觀團」出訪廣州。
廣東省政府公佈《廣東省獎勵歸國華僑興辦實業暫行辦法》。	1936.6	港督郝德傑（Andrew Caldecott）攜夫人拜會正在廣州的蔣介石。
	1936.9	
蔣介石派黃慕松等人到港慰問旅港僑胞。	1936.11	
	1936.12	港府強行清拆九龍城寨民居，英國駐廣州領事與國民政府特派員進行談判。
新任廣東省政府主席 吳鐵城 到港拜會郝德傑。	1937.4	

吳鐵城
（1888－1953）
1937 年至 1938
年任廣東省政府
主席

香港華資銀行的崛興

> 華僑對香港華資銀行的崛興功不可沒。

華資銀行的湧現

　　早期香港的外資銀行歧視華人，華商與外資銀行亦鮮有業務往來，以華人為主要服務對象的華資銀行，因而有極大的生存空間。

　　與外資銀行相比，香港的華資銀行發展較遲。據學者馮邦彥的研究，第一家在港開業的華資銀行是香港中華匯理銀行。該行創立於 1891 年，董事會成員共七人，其中華人有三人，具有華洋合資的性質，惟該行於 1911 年結業。

　　從 1912 年開始，華資銀行陸續在港成立，且發展迅速。1912 年，美國歸僑陸蓬山集資組建廣東銀行，其他華商紛紛仿效，華資銀行進入興盛期。

　　1918 年，和發成船務公司東主李冠春、李子方兄弟和德信銀號東主簡東浦等華商，集資創辦了東亞銀行。東亞銀行的投資者多為南北行、華資銀號東主，通過各股東的人脈，東亞銀行先後在上海（1920）、西貢（1921）、廣州（1922）等城市建立分行。其中上海分行於 1920 年加入上海銀行公會，1924 年成為當地發鈔銀行。省港大罷工後，東亞銀行成為香港最具實力的華資銀行。

二次大戰前華資銀行業的發展特點

　　大部分華資銀行由華僑投資創辦，如廣東銀行（1912）、香港工商銀行（1915）、香港華商銀行（1917）。華資銀行不斷向海內外拓展業務，構建分行網絡，集中發展僑匯、匯兌、保管等業務，與外資銀行爭奪僑匯和匯兌市場。

　　華資銀行業務發展迅速，但資本與規模跟外資銀行相比仍有很大距離，如嘉華、金華實業、康年等銀行，當時資本僅有數十萬元，與滙豐等外資銀行的規模差距極大（滙豐的法定資本額為五千萬元）。

　　香港銀行間的競爭相當激烈，而港府對銀行缺乏適當的監管，華資銀行因投機炒賣或過度放款，引致擠提倒閉事件時有發生，如 1924 年便有華商銀行因從事外匯炒賣虧損而倒閉，觸發了擠提事件。

兩次大戰期間港府有關貨幣事務的重要法令及措施

1913 年

《禁止外幣流通條例》（*Foreign Note Prohibition of Circulation Ordinance*）

《外國銀幣鎳幣條例》（*Foreign Silver And Nickel Coin Ordinance*）

禁止其他地區的貨幣在香港流通。
↓
促使香港地區統一使用港幣。

1935 年

《貨幣條例》
（*Currency Ordinance*）

規定管理匯率及貨幣的通則，禁止白銀在香港流通。

建立「英鎊兌換本位制」，即港元與英鎊掛鈎。

1935 年

設立「外匯基金」

負責處理民間所有銀幣和白銀的收購。

* 港府將白銀換得的英鎊由外匯基金持有，作為支持發鈔的準備。
*「外匯基金」以英鎊為單位，英鎊與港幣建立有固定匯率。

1913 年

《一元券貨幣條例》（*Dollar Currency Notes Ordinance*）

授權港府庫務司發行一元紙幣、一毫和五仙硬幣。

5·9 香港教育的發展

> 兩次世界大戰期間，香港的中文教育開始勃興。

港府加強對香港教育的控制

1911 年辛亥革命爆發後，大量華人舉家來港避亂。為解決適齡學童入學問題，香港出現了不少私立中文學校，質素良莠不齊，加上不少教師向學生灌輸革命思想，深為港府所忌。

為加強管制，港府頒佈了《1913 年教育條例》，規定在港所有私立學校須在教育司註冊；教育司有權拒絕或取消任何學校的註冊，並對已註冊的學校在紀律、課程安排、教師任用等方面實施監督。

中文教育的發展

五四運動後，華人知識份子的民族情緒高漲，港府為防止民族主義思潮在中文學校傳播，開始關注中文教育的發展，給予部分中文學校小額資助，並在 1920 年開辦男女漢文師範學校各一所，以加強師資培訓。

1925 年，金文泰為緩和省港大罷工在華人中造成的反英情緒，積極鼓勵中文教育的發展。1926 年 3 月，他創辦了第一所中文官立中學 —— 官立漢文中學，並提出在香港大學設立中文系。在他的推動下，香港大學中文系於 1927 年正式成立（2006 年改為「中文學院」），課程以講授古文經典為主。直到 1935 年，中文系聘請新文學運動的健將許地山出任系主任，教學體制始出現轉變。

「賓尼報告書」

1935 年，港府聘請英國教育家賓尼（E. Burney）考察香港的教育狀況。賓尼對香港教育界忽視中小學教育的做法提出批評，認為英文中學的教育應該重視實用性，主張把英文中學的畢業會考與香港大學的入學考試分開。根據賓尼的建議，港府於 1937 年聘請馬來西亞督學梳利士（C. G. Sollis）出任高級視學官，改革香港的教育體制，其中不乏獎勵中文學校發展的內容，並制定了由政府直接興辦五十所中小學的十年規劃。可惜改革由於香港淪陷而擱淺。

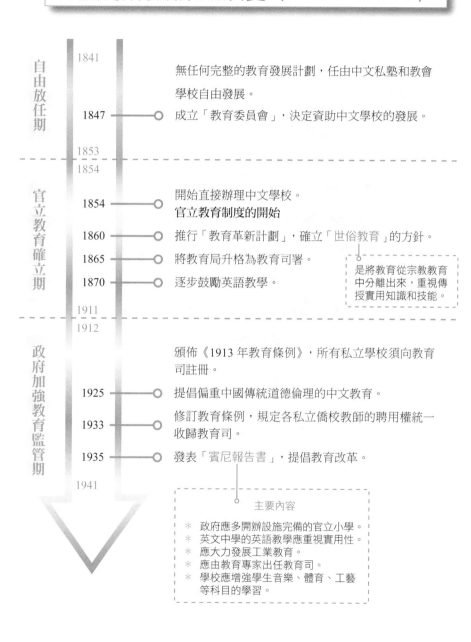

港府教育政策之演變（1841—1941）

自由放任期

1841　無任何完整的教育發展計劃，任由中文私塾和教會學校自由發展。

1847　成立「教育委員會」，決定資助中文學校的發展。

1853

官立教育確立期

1854

1854　開始直接辦理中文學校。
官立教育制度的開始

1860　推行「教育革新計劃」，確立「世俗教育」的方針。

1865　將教育局升格為教育司署。

1870　逐步鼓勵英語教學。

> 是將教育從宗教教育中分離出來，重視傳授實用知識和技能。

1911

政府加強教育監管期

1912

頒佈《1913年教育條例》，所有私立學校須向教育司註冊。

1925　提倡偏重中國傳統道德倫理的中文教育。

1933　修訂教育條例，規定各私立僑校教師的聘用權統一收歸教育司。

1935　發表「賓尼報告書」，提倡教育改革。

1941

主要內容

＊ 政府應多開辦設施完備的官立小學。
＊ 英文中學的英語教學應重視實用性。
＊ 應大力發展工業教育。
＊ 應由教育專家出任教育司。
＊ 學校應增強學生音樂、體育、工藝等科目的學習。

5.10 香港工業的萌芽

1930 年代，香港工業生產得到初步發展。

早期的香港工業

自開埠以來，香港的經濟活動主要是與內地進行轉口貿易，華資工業生產並不發達，只存在一些簡單的家庭手工業或「山寨」工業，主要供應本地市場，產品多是一些簡單的加工食品、啤酒、汽水、棉製背心、香煙、肥皂等。早期香港不少較具規模的工業，也都與港口服務有關。二十世紀初，香港的華商也嘗試經營紡織、籐料籐器業和棉織背心業等，但規模相當小。

一次大戰期間，若干歐洲國家對華的工業產品輸入中斷，香港輕工業生產乘時而興，取代了部分進口產品。1922 年，香港出現第一家手控織布機的紡紗廠，1927 年出現第一家手電筒製造廠。1928 年，中國恢復關稅自主權，上海等沿海地區的工業得到發展，香港對內地工業製品的輸出減少，工業未能得到進一步的發展。

1930 年代香港工業的蓬勃發展

及至 1930 年代，歐美各國相繼推行貿易保護主義，而香港實行自由貿易港政策，有利於資金流入投資香港工業。1932 年英聯邦（British Commonwealth of Nations，前身是英帝國，由英國及其自治領和其他已獨立的前殖民地、附屬國組成）建立了「帝國特惠稅制」，規定凡是使用英聯邦的原材料或勞動力超過 50％的商品，在大英帝國範圍內可享受免稅或減稅的待遇。1934 年，香港也獲得了特惠稅的優待，有助於拓展海外市場，也帶動了香港工業的發展。

同時，1930 年代香港政局相對穩定，為華商營造了有利的投資環境，1934 年香港華人資本投放於製造業的金額，已達 5,100 餘萬元，較 1920 年增加了三倍。這時期發展起來的出口工業以輕工業為主，包括膠鞋、毛織品、手電筒、紡織品、五金用品等。另外，日本加緊侵華步伐，促使不少內地工廠遷到香港。當時的工廠主要集中於九龍的紅磡和深水埗，至 1939 年，荃灣亦成為新闢工業區，二次大戰後香港工業發展的基礎，由此奠定。

1940 年部分香港工業製品的主要銷售地

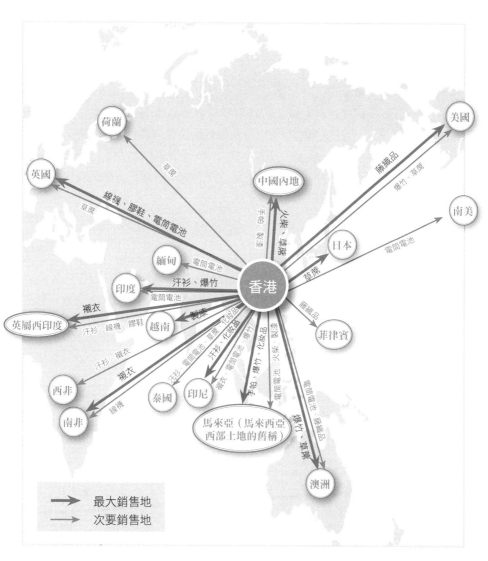

荷蘭

美國

英國

中國內地

南美

線襪、膠鞋、電筒電池

草蓆

藤織品

爆竹、草蓆

草蓆

火柴、草蓆

手帕、製漆

電筒電池

日本

緬甸

電筒電池

草蓆

印度

汗衫、爆竹

電筒電池

越南

製漆

菲律賓

襯衣

藤織品

英屬西印度

汗衫、線襪、膠鞋

汗衫、爆竹、化妝品

電筒電池、草蓆、化妝品

汗衫、化妝品

襯衣、電筒電池、爆竹

手帕、爆竹、電筒電池、火柴、製漆

電筒電池、藤織品

爆竹、藤織品

西非

汗衫、襯衣

襯衣

泰國

印尼

南非

線襪

馬來亞（馬來西亞
西部土地的舊稱）

爆竹、草蓆

澳洲

→ 最大銷售地
→ 次要銷售地

* 二戰前，香港工業乘時而起，產品銷往內地以及國外，同時出口工業以輕工業為主。

* 資料出自張曉輝《香港近代經濟史（1840—1949）》（2001），頁 430。

九龍城寨問題

九龍城寨問題源自英人對中國主權的漠視。

九龍城寨的修築

1841 年英人佔領香港島後，清廷兩廣總督耆英為增強九龍地區的防務，方便中國官兵來港「巡查彈壓」和官吏在鄰近地區執行職務，同時亦為了對付活躍於附近水域的海盜，遂動員廣東官紳捐貲，於 1847 年在九龍建成了九龍城寨（或稱「九龍寨城」）。清軍於城寨架設大炮，對鄰近水域的英國船隻構成了威脅。

英人強佔九龍城寨

1898 年，英人強租新界，清廷被迫答允之餘，提出保留九龍城寨，英人應允。可是英人接管新界之際，遭到鄉民反抗，加上兩廣總督譚鍾麟不肯撤走九龍城寨的駐軍，英人遂以此為口實，提出中國保留城寨的治權，有違《展拓香港界址專條》中「不得與保衛香港之武備有所妨礙」之條文，於是揮軍佔領了城寨。

清廷多次交涉未果，1900 年義和團事件爆發，清廷無暇顧及九龍，城寨問題亦擱置下來。

1930 年代城寨治權之爭

民國成立後，城寨之爭再次擺上桌面。一方面，1925 年的省港大罷工刺激了中國內地民族主義情緒的升溫，收回列強在華租界及租借地的呼聲愈來愈高；另一方面，隨着九龍市區的發展，城寨變成市區的邊緣地帶，1933 年港府下令遷走城寨居民，居民激烈反對，並向廣州國民政府申訴。

國民政府外交部遂再度提出城寨的治權問題。英國政府認為，若對此屈服，勢必危及他們對整個新界的治權，並嚴重打擊港府的威信，故堅持遷走城寨居民。

中英就城寨問題的論爭，直到抗日戰爭爆發，依然未能得到解決。

九龍城寨地理沿革略圖

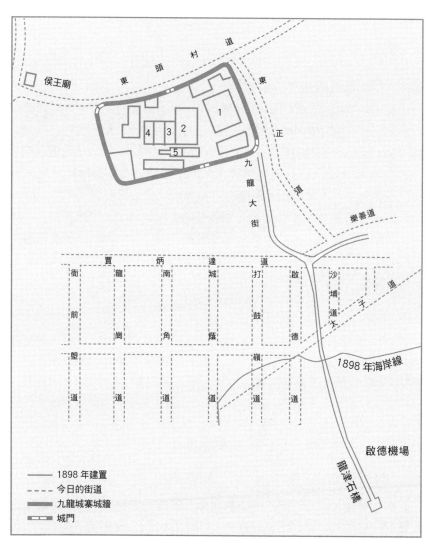

1 大鵬協鎮都閫府公署	4 九龍司巡政廳署
2 大鵬協駐兵所	5 魁星閣
3 龍津義學	

5.12　新界鄉議局的成立

> 鄉議局的成立，是新界鄉民爭取土地權益的結果。

新界鄉民對港府土地政策的反對

1900 年，港府頒佈《田土法庭條例》，規定新界的所有土地均屬政府產業，並限制了土地用途，隨後又制定《收回官地法例》，規定政府可收回土地作為公用，而收回土地時所發的補償費數額，按批約內訂明的土地用途而定。

1923 年初，港府宣佈新界村民凡於民田建屋，必須另行補足地價，引發村民不滿。同年 6 月，新界各區鄉紳推舉代表會見港府官員，請求取消此政策，但未有結果。1924 年 8 月，新界各區士紳在大埔文武廟集會，商討反對民田建屋補價條例，決定由各區推舉代表，成立「九龍租界維護民產委員會」，預備與港府交涉。11 月，該委員會改用「新界農工商業研究總會」名義，訂立章程，向港府註冊。

鄉議局的成立

1925 年省港大罷工期間，香港經濟大受打擊。金文泰就任港督後，到大埔會見新界鄉紳，通過他們勸說村民把蔬菜、雞鴨等副產品運到香港市區，解決因罷工而出現的糧食供應問題。為爭取鄉民的支持，金文泰把「新界農工商業研究總會」易名為「新界鄉議局」，並以鄉議局為港府在新界施政時的諮詢團體。鄉議局由四十名選自新界各鄉區的局董組成董事局，由董事局推選出一個執行委員會執行局務；鄉民入局須捐款予鄉議局。

二次大戰後的演變

二次大戰後，港府改變了過去利用個別鄉紳父老協調村內事務的做法，改為實行「村代表」及「鄉事委員會」的制度。自 1946 年起，新界二十個鄉陸續成立鄉事委員會，委員會的正副主席和委員由該鄉的各村代表選出，村代表則由村民大會選出。鄉事委員會的領導人成為鄉議局的核心人物。1959 年，港府正式制定《鄉議局條例》，確立鄉議局為政府的法定諮詢機構。

1960 年代以前港府是如何管治新界的？

改變居民國籍

把新界居民的國籍改為英籍，防範中國政府插手新界事務。

設立理民府制度

由理民官擔當類似清代知縣的角色管治新界。

土地所有權官有

將新界所有土地列為官地，擁有土地的原居民由永遠業權人變成官地承批人，所有地稅的徵收由政府直接負責。

利用中國傳統文化

尊重華人的「傳統和慣例」，用以安撫新界居民。

管治政策

利用「中間人」協調管治

以鄉紳為理民府長官與鄉民之間的協調者，委任他們排解村民間的一般糾紛。

以警察維持治安

因曾遭到新界鄉民的武力抗拒，港府遂以警察作為確立統治權威及維持治安的手段。

早期鄉議局章程所列的局務內容

* 推動及支持鄉區內的公益事業。
* 維護鄉區的利益。
* 矯正傷風敗俗之歪風。
* 向政府反映鄉民的疾苦。

重要人物簡介

司徒拔（Reginald Stubbs，1876－1947）

英格蘭人，第十六任港督。畢業於牛津大學，1900 年加入英國殖民地部，1910 年至 1911 年間，出任殖民地部的特派專員，前往馬來半島和香港視察。1913 年，被派往錫蘭（今斯里蘭卡）出任輔政司。1919 年被委任為港督，到任後致力於推動香港的經濟建設。任內，在九龍和港島陸續進行填海工程，並修築港島各區公路。他致力於興辦香港教育，撥款給香港大學一百萬元，使該校走出了借貸度日的困境。為改善港府與新界鄉紳的關係，他交還吉慶圍的鐵門，並於 1925 年主持重裝鐵門的典禮。省港大罷工期間，他主張以強硬態度對付罷工者。他認定廣州國民政府受到了蘇聯的控制，主張給予國民政府的政敵陳炯明經濟援助，以推翻國民政府，結束罷工，但該建議未能得到英國政府的同意。1925 年 10 月被調離香港，出任牙買加總督。

蘇兆徵（1885－1929）

原名「蘇吉」，廣東香山淇澳島（今屬珠海市）人，出身農民家庭，中共早期領導人、工運活動家。1903 年赴港在外輪上當雜役，因此接觸到經常乘船奔走革命的孫中山。在孫中山的鼓勵下，於 1908 年加入同盟會。曾掩護受密探追捕的孫中山等人脫險。1921 年 3 月，和林偉民等人倡導在港成立海員工會。1922 年 1 月，當選為罷工

總辦事處總務部主任和談判代表，後出任代理海員工會會
長。1925年加入中國共產黨。先後出任中華全國總工會
執行委員、全國海員總工會執行委員會委員長、中華全國
總工會委員長。在中共第五次全國代表大會上，當選為中
央委員、政治局候補委員；在中共的八七會議和第六次全
國代表大會上，均被選為中央政治局委員。

周壽臣（1861－1959）

名「長齡」，字「壽臣」，生於香港島黃竹坑（新圍）村，
香港首位華人行政局議員。1872年入讀中央書院，1874
年成為「大清留美幼童」中的一員。次年入讀美國菲立斯
學院（Philips Academy）。1881年考入哥倫比亞大學，
可惜因清廷召回「留美幼童」而被迫回國。1909年出任
「奉錦山海關兵備道兼山海關監督」。1918年與華商李冠
春、簡東浦和李子方等創辦東亞銀行。後因協助港府調停
省港大罷工獲封爵士並成為首名華人行政局議員，並支持
香港大學設立中文系。1937年，港府將黃竹坑道與香島
道接合處的一個山頭命名為「壽臣山」。日佔時期被迫擔
任「香港華民各界協議會」主席，在英人恢復對香港的統
治後逐漸淡出香港政壇。

鄧中夏（1894－1933）

字「仲澥」，又名「鄧康」，湖南宜章人，中國工運的早期領導人之一。1914 年考入湖南高等師範學校，1917 年考入北京大學（簡稱「北大」）中文系，後轉入哲學系。讀書期間組織北大平民教育講演團。五四運動時期出任北京學生聯合會總務幹事。1920 年 3 月在李大釗領導下，與高君宇等人發起組織北大馬克思學説研究會。自 1920 年 4 月起，長期從事工運活動。同年 10 月，以馬克思學説研究會的成員為骨幹，發起組織了北京的共產黨早期組織，成為中共最早的黨員之一。1925 年中華全國總工會成立後，任秘書長兼宣傳部長，留在廣州工作，參與組織和領導省港大罷工。1928 年出任中共廣東省委書記。1933 年在上海被國民黨逮捕殺害。

羅旭龢（1880－1949）

生於香港，有歐亞血統，首位華人官守太平紳士。先後就讀中央書院與拔萃書院。1913 年任裁判司署首席文案，1916 年晉升為布政司署首席文案。同年因感官場發展有限而辭職經商，創辦旭龢洋行，從事留聲機出入口業務。1923 年起出任立法局議員。省港大罷工期間協助港府平息罷工，其後代表香港向英國借款三百萬鎊，用以促進經濟復甦。曾提出香港樓宇分層繳納差餉方案、粵劇男女同台演出等建議。1936 年出任行政局議員。1938 年獲授爵士勳銜。香港淪陷前夕，為賑濟難民成立「香港善後救

濟會」，並任該會主席。日佔期任「華民代表會」主席。
英人恢復對香港的統治後，他退出政壇。

何東（1862－1956）........................

原名「何啟東」，字「曉生」，中英混血兒，二十世紀初
香港華人首富。1873 年入讀中央書院，畢業後投考中國
海關。1880 年加入渣甸洋行，出任華人部初級助理員，
後晉升至買辦。1899 年獲港府委任為太平紳士。1906
年從按察司必格（Francis Piggett）購入山頂大屋，成為
首位居住在山頂的香港華人。發跡後樂善好施，曾捐款興
辦九龍英童學校（即英皇佐治五世學校），後更捐款創建
香港首間女子職業學校「何東女子職業學校」（今何東中
學）。日佔時期避居澳門，1945 年被港英軍政府最高統
帥夏慤邀請返港，協助振興香港經濟。1955 年獲英國皇
室頒發爵士勳章。1956 年病逝香港。

金文泰（Cecil Clementi，1875－1947）................

英國人，第十七任總督。1875 年生於印度，後返回英國
升學。1898 年畢業於牛津大學，1901 年取得牛津大學
碩士學位。1899 年投考香港官學生獲錄取。來港後學得
流利的廣州話與官話（中國北方方言中的一支），1901
年出任助理華民政務司。1910 年出任代理港督梅含理的
私人秘書，深得梅含理器重。1922 年出任錫蘭輔政司。
1925 年省港大罷工爆發後，接替司徒拔出任港督。他利

用國共雙方的矛盾，一方面壓制香港的工會組織和中共的活動，另一方面盡量與國民黨要員建立友善關係，又力排眾議，委任周壽臣為行政局議員。1926 年設立香港首間中文官立學校 —— 官立漢文中學（即今金文泰中學）。1927 年，倡議設立香港大學中文系。1929 年改任新加坡總督，兼任馬來亞高級專員。1932 年因病退休，從事學術研究。1947 年病逝於英國。

簡東浦（1888－1963）

廣東順德人，銀行家，父親簡殿卿是日本正金銀行的買辦。早年就讀於中央書院，後留學日本並在神戶的正金銀行工作。1916 年，與立法局華人議員劉鑄伯合辦德信銀號。1918 年與周壽臣、李冠春、李子方和馮平山等創辦東亞銀行，出任首屆董事局董事兼總司理。在他的悉心經營下，東亞銀行成為早期香港最具規模的華資銀行。任內東亞銀行成為外匯銀行公會執委會的常務執委。抗戰前夕，在港領導銀行界募捐支援內地，後被港府委任為太平紳士及香港大學校董。1941 年日軍侵佔香港，東亞銀行將大量資金轉移歐美，1945 年，東亞銀行復業，在他的管理下，存戶日增。1949 至 1963 年間，他是香港銀行業諮詢委員會中首位也是唯一的華人委員。1963 年因腦溢血逝世。

遮打（Catchick Paul Chater，1846－1926）·········
亞美尼亞人，生於印度加爾各答，香港著名商人、政治
家。1864 年來港發展，起初在銀行出任文員，後轉任金
銀經紀。1871 年在灣仔設立香港碼頭及貨倉公司，1875
年公司搬到尖沙咀，改稱「香港九龍碼頭貨倉有限公司」
（即「九龍倉」）。與怡和洋行合作，創辦香港電燈公司、
香港置地公司、香港電車公司、中華電力公司、天星小輪
公司等企業，亦是香港首家股票交易所「香港股票經紀
會」的主要發起人。1887 年起出任立法局議員，1896
至 1926 年間出任行政局議員，1902 年被封為爵士。熱
心公益，多次捐助香港文教及慈善事業，曾為香港大學捐
建學生會大樓（今孔慶熒樓）。1923 年獲香港大學頒贈
榮譽法學博士學位。1926 年於港島干德道 1 號的寓所逝
世，葬於香港墳場。

1941

日軍佔領香港

港督楊慕琦投降

1942

港九大隊成立

賴廉士成立「英軍服務團」

中英開始香港問題談判

1945

日本投降

蔣介石放棄收回香港

「香港英國軍政府」成立

第6章

日佔及國共內戰時期的香港
（1941－1949）

　　1937年日軍開始全面侵華，香港華人積極支持祖國抗戰。港府為免刺激華人的對抗情緒，對抗日活動採取了容忍態度。1941年12月，日軍佔領香港，香港開始了三年零八個月的日佔時期。二次大戰末期，蔣介石領導下的國民政府被迫放棄收回香港，英人得以恢復對香港的統治。當時亞洲民族主義運動風起雲湧，港督楊慕琦認為英國要保住香港，須讓港人獲得普遍的參政權，因此提出「楊慕琦計劃」，但計劃未得香港各界的認同而被擱置，「仁慈的獨裁制度」亦作為二次大戰後港府的主要施政方針保留下來。

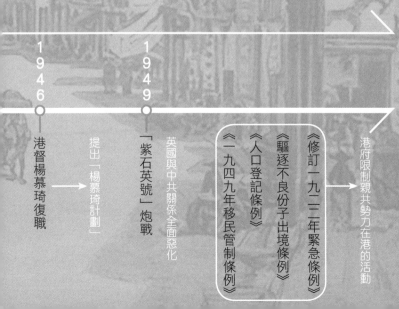

1946

港督楊慕琦復職

提出「楊慕琦計劃」

1949

「紫石英號」炮戰

英國與中共關係全面惡化

《一九四九年移民管制條例》

《人口登記條例》

《驅逐不良份子出境條例》

《修訂一九二二年緊急條例》

港府限制親共勢力在港的活動

6.1 香港積極支援祖國抗戰

國難當前，香港華人表現出強烈的愛國熱情。

難民避港和香港各界的救助活動

1937 年，抗日戰爭全面爆發，內地難民不斷湧入香港，到 1938 年 7 月，香港增長了近二十五萬人，房屋與醫療設備不敷應用。香港的慈善機構如東華三院、華人賑災會等竭力應付難民問題，港府也耗資五十萬元，在北角、馬頭涌、京士柏公園修建了三所難民營，以收容市區的部分難民。

香港對祖國抗戰的貢獻

學者劉蜀永指出，自抗戰爆發後，日軍封鎖了中國的港口，香港成為國民政府轉運戰略物資的重要管道。據港府的不完全統計，1938 年間，九廣鐵路在三十一周內共運送了 52,835 噸軍火到內地。

同時，香港華人為抗戰提供了積極的物質支援。1937 年盧溝橋事變後，香港湧現出數十個以援助抗戰為宗旨的社會團體，他們開展了各種募款活動。1938 年 8 月，深水埗的瓜菜小販率先開始義賣，獻金救國。義賣活動隨即擴大到中環、西環、上環等區。

此外，香港華人還組織回鄉服務團直接參與抗日。孫中山夫人宋慶齡亦在港創立「保衛中國同盟」，向外國人和華僑宣揚救國思想，籌募款項和物資，以支援中國的抗戰活動。

成為抗戰的文化活動中心

上海、南京、武漢等地相繼失陷，南方文化機構向香港轉移。內地報刊如《申報》、《大公報》、《國民日報》相繼在港復刊，大批內地左翼文人先後抵港，進步團體和組織相繼成立，令香港成為中國南部宣傳抗戰的文化中心。

1938 年 3 月，中華全國文藝界抗敵協會在漢口成立，許地山等人為理事，其後又成立了「中華全國文藝界抗敵協會香港分會」。1941 年 4 月，中共亦在香港創辦了《華商報》，宣傳抗日與民主思想。

圖解香港史（合訂本）

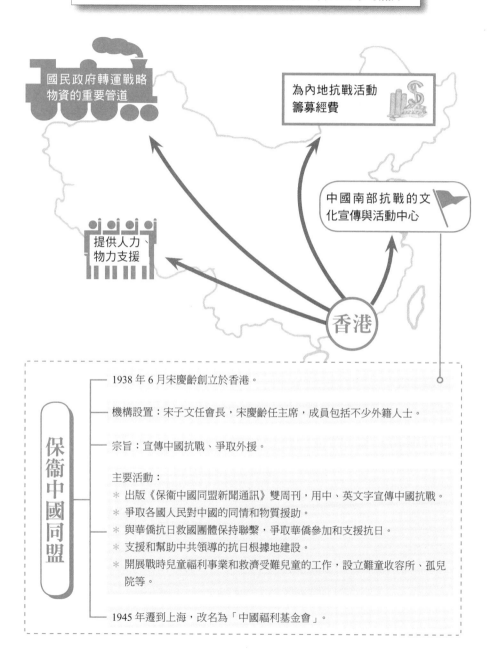

抗戰初期香港對祖國抗戰的貢獻

國民政府轉運戰略物資的重要管道

為內地抗戰活動籌募經費

中國南部抗戰的文化宣傳與活動中心

提供人力、物力支援

香港

保衞中國同盟

— 1938 年 6 月宋慶齡創立於香港。

— 機構設置：宋子文任會長，宋慶齡任主席，成員包括不少外籍人士。

— 宗旨：宣傳中國抗戰、爭取外援。

主要活動：
* 出版《保衞中國同盟新聞通訊》雙周刊，用中、英文字宣傳中國抗戰。
* 爭取各國人民對中國的同情和物質援助。
* 與華僑抗日救國團體保持聯繫，爭取華僑參加和支援抗日。
* 支援和幫助中共領導的抗日根據地建設。
* 開展戰時兒童福利事業和救濟受難兒童的工作，設立難童收容所、孤兒院等。

— 1945 年遷到上海，改名為「中國福利基金會」。

6.2 港府對中國抗戰的態度與備戰措施

港府避免直接介入中國的抗戰活動。

港府的中立態度：對日妥協、對華容忍

抗戰初期，港府的態度明顯受到英國國防利益的左右。儘管英國政府預期將與日本發生軍事衝突，但仍然希望避免刺激日本而直接觸發戰爭。1938年9月，港府宣佈香港為中立區：拒絕應國民政府的請求向香港華人提供武器，讓他們返回內地抗日；否決華人立法局議員向內地提供財政援助的建議；禁止香港紅十字會派人到內地戰區工作。

另一方面，為免激起華人的反抗情緒，港府對華人支援祖國的抗戰活動採取了容忍態度，並對國民黨與共產黨在港設立辦事處不予干預。當時國民黨主管港澳事務的吳鐵城，派陳策來港出任「國民黨港澳總支部」主任委員，在中環開設「榮記行」作為支部辦公室。中共華南局香港分局的負責人廖承志則開設「粵華公司」，支持東江游擊隊的活動，另設立「陶記公司」，負責八路軍的捐款事宜。為免日人責難，港府亦容許汪精衛派系的親日人士在港發行《南華日報》，進行宣傳活動。

港府的備戰措施

在太平洋戰爭爆發前，英國政府並沒有固守香港的意圖。1939年德國入侵波蘭，英國正式對德國宣戰。此時首相邱吉爾領導下的英國政府，決心加強香港的防衛力量。港府同年下令所有年齡介乎18至41歲的英籍男性，均須接受軍事訓練，擔任義務工作；次年更將英籍婦孺撤退到澳洲。

此外，港府還採取了糧食統制、郵電檢查、徵收新稅項及開鑿防空洞等備戰措施，但是，港府在安排防衛計劃的同時，對本地華人保衛香港的熱誠持保留態度，並未廣泛號召華人參與保衛工作。

日軍侵港前夕港府的備戰措施

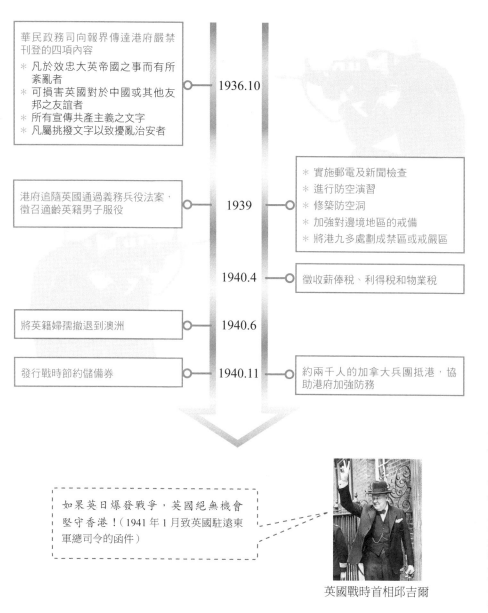

華民政務司向報界傳達港府嚴禁刊登的四項內容
* 凡於效忠大英帝國之事而有所紊亂者
* 可損害英國對於中國或其他友邦之友誼者
* 所有宣傳共產主義之文字
* 凡屬挑撥文字以致擾亂治安者

1936.10

港府追隨英國通過義務兵役法案，徵召適齡英籍男子服役

1939

* 實施郵電及新聞檢查
* 進行防空演習
* 修築防空洞
* 加強對邊境地區的戒備
* 將港九多處劃成禁區或戒嚴區

1940.4

徵收薪俸稅、利得稅和物業稅

將英籍婦孺撤退到澳洲

1940.6

發行戰時節約儲備券

1940.11

約兩千人的加拿大兵團抵港，協助港府加強防務

如果英日爆發戰爭，英國絕無機會堅守香港！（1941 年 1 月到英國駐遠東軍總司令的函件）

英國戰時首相邱吉爾

日軍侵佔香港的經過

> 駐港英軍因外援斷絕，與日軍強弱懸殊而投降。

日軍對在港英軍發動進攻

1941 年 12 月 7 日，日軍偷襲珍珠港；8 日，粵港邊界的日軍在司令官酒井隆的指揮下進攻香港。

日軍發動進攻前夕，已利用特工及間諜在港搜集情報，是以對英軍的防務情況瞭如指掌。戰事爆發之初，日本空軍轟炸啟德機場，摧毀了英軍的空防力量。隨後日軍在炮兵和航空部隊的掩護下向新界推進。英軍退守「醉酒灣防線」，未幾日軍突破防線，又向九龍推進。

11 日，駐港英軍司令莫德庇少將（Christopher Michael Maltby）下令守軍棄守九龍，撤回港島堅守；12 日，日軍改變謹慎推進的策略，迅速佔領了九龍市區；13 日，所有英軍退回香港島。英日兩軍在維多利亞港隔岸炮戰。

楊慕琦向日軍投降

攻佔新界及九龍後，日軍企圖不戰而拿下香港島，遂對港督楊慕琦（Mark Aitchson Young）進行了勸降。兩次招降未果，日軍轉而訴諸武力，於 18 日晚登陸港島北角、鰂魚涌及筲箕灣。英軍在黃泥涌峽與日軍激戰。20 日起，日軍重炮部隊大量開入港島，英軍漸處劣勢；22 日，日軍攻陷金馬倫山、灣仔峽和摩利臣山等英軍主要陣地。

24 日上午，日軍第三次向楊慕琦勸降，仍遭後者拒絕。其後，莫德庇向楊慕琦表示，戰局已無法扭轉，若抵抗下去只會犧牲更多性命。最後楊慕琦於 25 日撤走部分軍政人員後，親赴九龍半島酒店日軍司令部向日軍無條件投降，從此香港開始了三年零八個月的日佔時期。

當時英軍約有九千人投降，他們大部分被分批押到北角、深水埗等集中營拘禁。其他港府官員、英美僑民等三千人則被送到赤柱集中營，因飽受日軍虐待，加上營養不良，不少人在拘留期間死亡。

日軍對香港的進攻

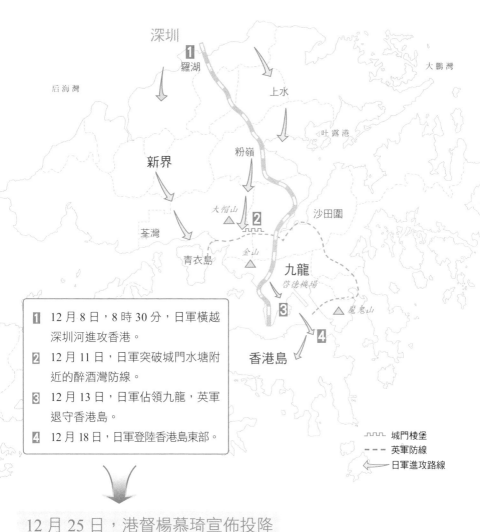

深圳

1 羅湖

大鵬灣

后海灣

上水

新界

粉嶺

吐露港

沙田圍

大帽山 △

2

荃灣

青衣島

金山 △

九龍

啟德機場

3

4

香港島

△ 魔鬼山

1 12 月 8 日，8 時 30 分，日軍橫越深圳河進攻香港。

2 12 月 11 日，日軍突破城門水塘附近的醉酒灣防線。

3 12 月 13 日，日軍佔領九龍，英軍退守香港島。

4 12 月 18 日，日軍登陸香港島東部。

城門稜堡

- - - 英軍防線

日軍進攻路線

12 月 25 日，港督楊慕琦宣佈投降

日人對香港的統治

> 日人旨在將香港建設成為「大東亞共榮圈」[1]的軍事和經濟據點。

政府架構：從軍政廳到總督部

　　1941 年 12 月，日軍攻佔九龍半島後，在九龍半島酒店設立「軍政廳」治理香港，下轄總務、民政、經濟、司法和海事五部，最高長官是率兵佔領香港的酒井隆。次年 2 月，日本宣佈香港為佔領地，並設立總督部代替「軍政廳」，由陸軍中將磯谷廉介出任港督。

　　「軍政廳」統治香港時期，日人以華制華，實行分區管治，將香港分成港島、九龍、新界三區，設立地區事務所，所長由日人充任；事務所下設若干區，由當地華人出任區長；各區處理配給米糧和生活必需品、戶口調查，以及其他與華人有關的行政事務。進入「總督部」時期，在地區事務所之下，香港被分成二十八區，各區役所須直接向地區事務所所長負責，奠定了香港日後發展分區管治的基礎。為粉飾太平，日人威迫利誘華人精英，成立了「華民代表會」與「華民各界協議會」。

糧食配給政策

　　日人佔領香港後，查封全港倉庫，實施糧食配給制度，不僅「計口授糧」，對其他副食品也實行公賣配售。為解決糧食不足問題，日佔政府還實施華人歸鄉政策，強迫一無工作、二無居所的華人離開香港。至 1945 年 8 月，日本投降時，香港人口由淪陷前的約 160 萬，減至不足 60 萬。

發行軍票

　　日人治港期間推行了掠奪性的金融政策，宣佈軍票（日本政府用於發放軍餉的貨幣，其匯率由日軍任意決定）在香港市面流通。1943 年 6 月，總督部宣佈停止使用港幣，規定市民須於限期內，將港幣按 4 兌 1 的比率換成軍票。

1　即以日本與「滿洲國」、中國為一個經濟共同體，東南亞為資源供給地區，南太平洋為國防圈。雖然「大東亞共榮圈」以「解放殖民地、相互尊重、彼此獨立」為號召，但事實上圈內的獨立國家由日軍控制。

日人統治香港的政策

	內　容
目標	使香港成為「大東亞共榮圈」的軍事和經濟據點
	驅逐英美勢力
政治上	建立東京方面直接管理的總督部
	以華制華，分區管治
	＊ 建立地區事務所
	＊ 建立「華民代表會」、「華民各界協議會」
	鼓動華人反對英國的殖民統治
經濟上	掠奪香港的物資
	接管英、美等同盟國的銀行和資產
	恢復香港的交通與貿易運作，統制經濟活動
	實行糧食配給制
	強制華人歸鄉
	發行軍票
	扶殖日商的經濟勢力
社會文化上	推行日化政策
	扶殖香港親日勢力
	將原有的英化地名換上日化名稱
	推行日語教育，美化日本的侵略。

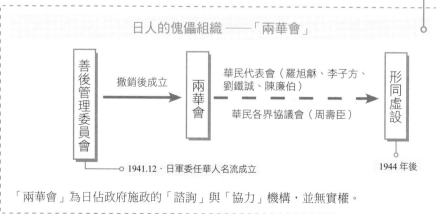

日人的傀儡組織——「兩華會」

善後管理委員會 — 撤銷後成立 → 兩華會 — 華民代表會（羅旭龢、李子方、劉鐵誠、陳廉伯）／華民各界協議會（周壽臣）→ 形同虛設

1941.12，日軍委任華人名流成立

1944 年後

「兩華會」為日佔政府施政的「諮詢」與「協力」機構，並無實權。

日佔時期香港人的生活

日佔時期香港人的生命與財產得不到保障，生活時刻處於恐懼中。

社會秩序失控

淪陷初期，香港人即陷入苦難中。日軍侵港的前鋒部隊多是朝鮮人或台灣人，佔領香港初期肆意劫掠，日軍軍官置之不理；不少洋人與華人也加入搶掠，使香港陷入無政府狀態。1942 年春，日軍進行全港人口總清查，搜捕嫌疑份子，其間被殺害和被捕失蹤人士達兩千人以上。

日佔政府向香港市民發出「住民證」，這是香港首次出現的身份證明文件。其後香港治安由日軍憲兵隊負責，香港的法制和警察組織形同虛設，不少無辜港人被憲兵隊扣押，受酷刑迫供以致斃命。憲兵隊還常藉口檢查或搜捕抗日份子，隨意闖入民宅為所欲為。

言論被箝制，尊嚴被踐踏

在日佔時期，香港人的言論自由受到箝制。日本殖民政府為控制言論，對所有的新聞通訊及文化活動實行了嚴格的檢查。

同時，香港人的財產和尊嚴也備受踐踏。1942 年 8 月，日人決定於灣仔駱克道設五百家慰安所，遂封鎖駱克道，勒令居民三天內遷走，結果許多居民因無家可歸而露宿街頭。平時市民路過日軍哨站，若不向站崗的日軍鞠躬行禮，輕則遭到掌摑，重則招致殺身之禍。

市民生活朝不保夕

日軍佔領香港後，馬上封存了儲備米糧，導致市面極為混亂，市民爭相搶購糧食。1943 年後，日軍在太平洋戰場失利，香港物資供應嚴重不足，加上日佔政府濫發軍票，引致物價飛漲，輪購米糧成為當時香港居民的集體回憶。其後日本殖民政府更取消米糧配給，不少港人餓死街頭。

為貫徹歸鄉政策，日軍將街上無業者和乞丐押上木船拖出公海飄流，其中不少遣返船被洗劫或被日人擊沉。

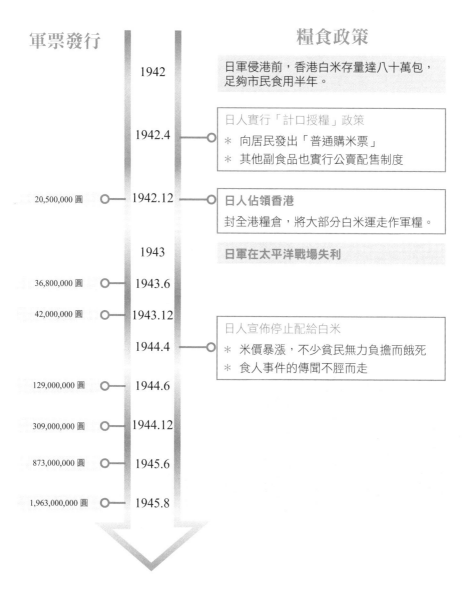

日佔時期的軍票發行及糧食政策

軍票發行

糧食政策

1942

日軍侵港前，香港白米存量達八十萬包，足夠市民食用半年。

1942.4

日人實行「計口授糧」政策
* 向居民發出「普通購米票」
* 其他副食品也實行公賣配售制度

20,500,000 圓 — **1942.12**

日人佔領香港
封全港糧倉，將大部分白米運走作軍糧。

1943

日軍在太平洋戰場失利

36,800,000 圓 — **1943.6**

42,000,000 圓 — **1943.12**

1944.4

日人宣佈停止配給白米
* 米價暴漲，不少貧民無力負擔而餓死
* 食人事件的傳聞不脛而走

129,000,000 圓 — **1944.6**

309,000,000 圓 — **1944.12**

873,000,000 圓 — **1945.6**

1,963,000,000 圓 — **1945.8**

＊ 資料出自高添強、唐卓敏編《香港日佔時期》（1995），頁 109。

香港淪陷後，中共與英軍分別在香港及其鄰近地區，開展了有組織的抵抗活動。

東江縱隊和港九大隊的抗日鬥爭

抗戰爆發後，中共在廣東東江地區組織了武裝游擊隊，在日佔區從事抗日活動。香港淪陷後，游擊隊成立總隊（後改名為「東江縱隊」），其旗下的「港九大隊」是支著名的隊伍，活躍於大埔、元朗和西貢等地。為切斷日本海上運輸線，港九大隊還專門建立了海上游擊隊，轉戰大鵬灣、大亞灣和港九海面。

日軍佔領香港後，不少內地著名文化人未及撤出。根據中共的指示，游擊隊把他們由香港轉移到了東江游擊區。這批名人包括茅盾夫婦、鄒韜奮、胡繩夫婦、張鐵生、張友漁、黎澍、千家駒、曹聚仁、何香凝、柳亞子等，另外還有國民黨要員陳策、吳鐵城及影星胡蝶等，共八百多人。

此外，游擊隊還派武工隊進入九龍開展敵後游擊活動，營救同盟國被俘人員。1944 至 1945 年間，游擊隊搶救過八名美國飛行員。

英軍服務團展開情報收集和營救工作

香港淪陷初期，香港大學生理系教授賴廉士（Lindsay Tasman Ride，戰前為義勇軍上校，擔任戰地救護車指揮官，戰後曾出任港大校長）等人在東江縱隊的幫助下，從深水埗集中營逃抵廣東曲江（今韶關）。

1942 年，賴廉士得到英軍的支持，成立「英軍服務團」（British Army Aid Group），總部設於廣西桂林，隸屬英軍駐印度總部情報科，以廣東惠州為前哨站，招募了不少前港府公務員擔任特工及情報人員，其主要工作是營救被日軍關押於集中營內的盟軍戰俘，以及收集情報。

英軍服務團多次與東江縱隊合作，策劃營救英軍人員，並佈置秘密交通路線，組織情報站，使不少被囚香港的外籍人士得以脫逃。

東江縱隊在香港地區的抗日活動

1937 年 12 月	中共中央派廖承志到香港，成立八路軍駐港辦事處。
1938 年	中共廣東省各地方組織相繼組成抗日游擊隊。
1941 年 11 月	港府與廖承志會晤，擬邀游擊隊合作保衛香港，並口頭答應撥給游擊隊駁殼槍五百支、輕機槍五十支，但談判最後未落實。
12 月	游擊隊進入新界西貢、大埔等地區活動，並取得英軍撤守時遺下的大批武器。
1942 年 1 月至 2 月	先後護送茅盾、鄒韜奮、賴廉士等文化名人逃離香港。
1 月下旬	成立廣東人民抗日游擊總隊。
2 月	港九大隊在新界西貢黃毛應村成立。
7 月	英軍服務團派員與游擊隊商談合作拯救集中營的英軍戰俘事宜。
1943 年	港九大隊先後組建沙頭角、大嶼山、西貢、元朗和市區五個中隊，成員超過八百人。
1944 年 2 月	營救了在九龍半島墜機的美軍飛行員克爾中尉。
4 月	突襲九龍灣及西貢等地的日軍據點。
5 月	突襲啟德機場。
1945 年 1 月	在大鵬灣救出美國第十四航空隊的兩名飛行員。
3 月	美軍司令部要求東江縱隊協助他們到大亞灣沿海進行測量工作，準備盟軍登陸作戰的資料。
8 月	先後進入大嶼山及新界各地，接受日軍的投降。
9 月	港九大隊奉命撤出香港。

二戰期間中英香港問題之爭

在英國的堅持及國際形勢的主導下，二次大戰後中國喪失了收回香港的機會。

「香港計劃小組」的成立

日軍侵佔香港後，英國政府已開始構想戰後收復香港的計劃。

1943 年 10 月，英國政府成立「香港計劃小組」（Hong Kong Planning Unit），研究和制定戰後關於香港的政策和工作計劃。日本投降後，「香港計劃小組」成員返回香港，參與接收工作。

1944 年 2 月，香港著名醫生李樹芬（養和醫院首任院長）從香港輾轉逃至倫敦，向英國政府外交部和殖民地部強調，華人社會的上層人士仍支持英國的統治。這加強了英國政府恢復對港治權的信心。

國民政府爭取收回香港

二次大戰期間，美國總統羅斯福（Franklin Delano Roosevelt）主張英國應將香港交還中國。1942 年 10 月，中英開始了關於香港問題的談判，國民政府要求英國歸還新界，但英方並未予以認真考慮。1943 年 12 月，在開羅會議上，蔣介石爭取到羅斯福的支持，提出戰後的香港應該是中國管轄下的國際自由港。但英國首相邱吉爾斷然拒絕了此議。1945 年 8 月，日本宣佈投降後，中英就由誰從日軍手中接收香港發生嚴重爭執。按理只有中國政府才有權接受日軍在香港的投降，但英國稱，香港是從英國手中奪走的，應由英國受降。

蔣介石放棄收回香港

8 月 24 日，考慮到與盟國的關係和現實中存在的障礙，蔣介石就香港的前途作出公開聲明，表示中國不會趁日本無條件投降的機會，破壞國際公約或侵犯盟國的利益；不會乘機派兵佔領香港；申明香港的地位是由中英兩國所簽訂的條約決定的，任何改變都需要通過雙方在友好的談判後達成。這項聲明也成了國民政府在戰後初期對港政策的依據。

二戰後蔣介石為何放棄收回香港？

防止中國與同盟國關係惡化
* 避免中英交惡
* 避免妨礙中蘇兩國就收復新疆及東北三省問題所進行的談判

邱吉爾

要英國把香港交回中國，只有跨過我的屍體才能實現！（1945 年 4 月對美國駐華大使建議將香港交回中國的回應）

蔣介石放棄收回香港的原因

國共矛盾
* 抗戰後期國共爭奪地盤日趨激烈
* 擔心中共領導的東江縱隊搶先佔領香港

美國的支持不復存在
* 支持中國收回香港的美國總統羅斯福病逝
* 太平洋戰場的盟軍統帥麥克亞瑟（Douglas MacArthur）將軍支持英國在亞洲重建殖民帝國

英國恢復對香港的統治

二次大戰結束初期，香港經濟得到快速恢復。

軍政府的短暫統治

1945 年 8 月 30 日，英國太平洋艦隊司令夏愨（Cecil H. J. Harcourt）率領英軍從海軍船塢（今港島金鐘）登陸，從日軍手上接收了香港。9 月 1 日，「香港英國軍政府」成立，由夏愨出任總督。英軍拘留駐港日軍，並遣送日、韓僑民回國。學者高添強認為，夏愨雖集大權於一身，但由於其下屬不少是前港府官員，加上恢復了戰前的法律，所以軍政府的影子並不特別明顯。

軍政府成立後，迅速完成接管工作，宣佈日本發行的軍票作廢，恢復港元的法定地位；為抑制通貨膨脹，將各銀行的戰前資金全部凍結，不准公開買賣各大企業、大商行的股票證券；為防止業主趁機大肆加租，暫時凍結了房租和工資；為保障物資供應，對糧食和燃料實行限價銷售及統一配給，對漁業和蔬菜也實行統制運銷。至 1945 年 11 月，除部分物資外，市場的自由買賣大致恢復。1946 年 5 月，前港督楊慕琦復職，軍政府的統治亦告結束。

懲處與日本合作者和香港經濟的快速恢復

英人為求盡快恢復在港治權，對跟日人合作過的華人及外籍人士，採取了較寬容的處理態度。港府將曾與日人合作的部分印度警察和獄卒遣返印度，警隊亦不再僱用錫克教徒，但仍繼續留用相當數量日佔時期的警務人員。

對曾與日人合作過的香港華人精英，港府採取了區別對待：與日人積極合作的羅旭龢被勸退出香港社交圈，對日人的拉攏採取消極合作態度的羅文錦則被起用。

戰後香港經濟千瘡百孔，對此英人進行了有效管理，使香港經濟迅速復元。1945 年 11 月，軍政府開放港口設施給商人使用，香港物資輸入逐漸恢復正常。由於內地社會經濟秩序尚未恢復穩定，大量人口和資金流入香港，解決了戰後香港資金不足、勞動力短缺的問題。

二戰後香港的變遷（1945—1957）

背景

二戰後英國在港統治面臨新形勢
* 英國國勢漸衰，必須調整統治殖民地的方針。
* 亞洲民族主義運動風起雲湧，英國認為須採取措施爭取香港民心。

政治方面

華人地位提升
* 1948 年，港府起用徐家祥（Paul Tsui）為首位華人政務官。
* 1951 年，立法局的非官守華人議席首次超越英人。

殖民統治色彩變淡

香港社會的變遷

社會方面

港府放棄了過去的種族歧視政策
* 廢除《保留歐人區域法例》（1888）
* 廢除《保留山頂住宅區法例》（1904）
* 廢除《長洲住宅區法例》（1919）

經濟方面

英商的地位為華商取代

戰後香港的重建主要由華商主導
* 1946 年工務局重建香港的工程項目全部由華商承包

戰後英國喪失了大量的殖民地，中華人民共和國政府又收回了列強在華的特權，香港在英國殖民地體系內的經濟地位更為重要。

6.9 楊慕琦計劃

> 楊慕琦為維持戰後英國對香港的統治，提出了新的政治改革方案。

計劃提出的背景

　　日佔時期日人提出建立「大東亞共榮圈」的宣傳口號，部分香港華人或為取悅日人，或為表達對英人的不滿，不時在報章上發表言論，抨擊英人治港時的苛政。1946 年 2 月，在港出生的英葡混血人士巴嘉（V. Braga）上書英國外相，評論戰前英人歧視和苛待香港華人的事例，引起英國政府的關注，英國政府遂指示楊慕琦研究改善辦法。

　　學者曾銳生指出當時不少高級官員認為港府當務之急，是要「公平地善待華人；審慎篩選廉潔而了解華人的英國官員」。經討論，楊慕琦決定廢除禁止華人居住山頂區的法令，又於 1948 年首次委任日軍侵略香港時，效力於英軍服務團的香港大學畢業生徐家祥，擔任首位華人政務官。

計劃的內容及結果

　　1946 年 5 月，楊慕琦返港復任港督後，提出「發展香港人民自治計劃」。8 月 28 日，他發表廣播演說，提出政改方案：在香港設立一個三十人的市議會，成員包括半數華人，半數洋人，其中二十個議席民選，十個議席由港府委任；洋人以全港為一選區，選出十名議員；再將香港劃為十個選區，從每個選區選出一名華人代表，成為華人民選議員。

　　楊慕琦還定下了選民的條件：英籍人士只要在香港居住一年便有選舉權，非英籍人士（主要是華人）則需要在香港居住較長時間，例如十年，才有選舉權和被選舉權。

　　計劃推出後，香港市民反應十分冷淡。1947 年，楊慕琦的繼任者葛量洪（Alexander Grantham）上任，他認為英國應該實行「仁慈的獨裁政治」，因此對楊慕琦計劃長期拖延不辦。1948 年末，隨着中國內地形勢的急劇轉變，國民黨政權大勢已去，英人擔心香港治權會受到威脅，認為此時不宜實行此計劃。另外，英國政府內部對於香港政制的改革也有分歧，結果計劃被擱置。

圖解香港史（合訂本）

158

楊慕琦計劃為何未能落實？

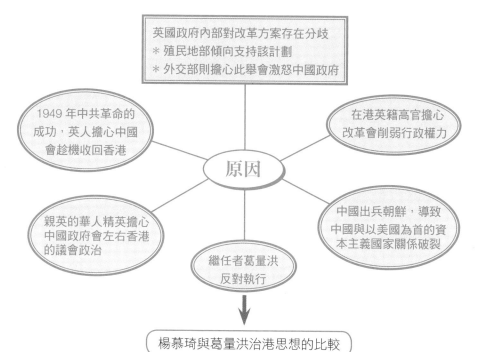

英國政府內部對改革方案存在分歧
* 殖民地部傾向支持該計劃
* 外交部則擔心此舉會激怒中國政府

1949 年中共革命的成功，英人擔心中國會趁機收回香港

在港英籍高官擔心改革會削弱行政權力

原因

親英的華人精英擔心中國政府會左右香港的議會政治

中國出兵朝鮮，導致中國與以美國為首的資本主義國家關係破裂

繼任者葛量洪反對執行

楊慕琦與葛量洪治港思想的比較

	楊慕琦	葛量洪
個人出身背景	出任港督前未曾在香港任職，到任未滿四個月便成日軍戰俘，對香港華人社會的理解有限。	曾在港出任官學生，親歷省港大罷工，對香港華人社會有相當程度的認識。
對華人的觀感	* 可利用民主化把香港華人變為忠心的香港市民或英國子民。 * 香港市民能把香港建設成英聯邦屬下一個類似自治市的英國殖民地。	* 華人對中國的認同無法改變。 * 不可能將華人改造成忠心的香港市民或英國子民。
香港問題的解決方法	讓港人獲得普遍的參政權。	* 1997 年新界租約屆滿，英國會把整個香港交回中國。 * 現行的政治制度最適合目前的香港。
治理的首要事務	實行政制改革。	如何妥善處理內地與香港的關係。

6.10　國共內戰時期內地與香港的關係

國共內戰的末期，港府開始制定政策限制親共勢力在港的活動。

親共力量在香港的發展

　　國共內戰時期，香港是中共和各民主黨派進行宣傳活動的重要基地。不少被國民黨排擠的民主黨派人士如沈鈞儒、章伯鈞等，均來香港活動，並創辦《光明報》等報刊進行輿論宣傳。1946 年，中共和民主黨派人士在港創辦達德學院，該校由中共南方局直接領導，不少內地知名學者應邀到該校講課。

英國擔心中共收回香港

　　1948 年末，中共在內戰中勝利在望。中共和民主黨派在香港積極展開活動，港府對此相當緊張。12 月，英國外交大臣貝文（Ernest Bevin）向內閣提交備忘錄，建議必須提防中共可能通過煽動罷工，達到癱瘓香港經濟的目的。1949 年 1 月，英國政府擬定「香港緊急防衞計劃」，決定增強香港防務。達德學院因培養中共幹部，於同年 2 月被迫關閉。

　　4 月 20 日，解放軍在橫渡長江前夕，與英國軍艦「紫石英號」（HMS Amethyst）發生炮戰，英國與中共的關係全面惡化。港府擔心中共可能通過在香港製造騷亂，達到收回香港的目的，因此通過一系列法例，限制親共勢力在香港的活動。

中港邊境的關閉

　　自開埠以來，在正常情況下，內地與香港居民均可自由出入邊境關卡。1949 年初，港府鑑於大量人口湧入香港，宣佈施行《1949 年移民管制條例》，管制非香港土生人士進出香港以及在港活動；同年 8 月，港府公佈《人口登記條例》，發給入境者及本地居民身份證，容許執法人員隨時搜查民居及所有物，並可進行扣留或逮捕。1951 年 2 月，內地政府亦實施「港澳僑胞返國人口辦法」，規定港澳居民入境須申請通行證。上述措施改變了過去兩地居民自由出入的情況，影響了日後香港歷史的發展。

1949 前港府限制親共力量在港活動及難民入境的法例

《1949 年移民管制條例》

- 1949 年 4 月
- 目的：
* 管制非香港土生人士來港、離港以及在港的活動。
- 規定：
* 任何人進出香港，須據實回答移民官的盤問並出示證件，移民官有權不許以下人入境：
1. 無法證明有自給和養家能力的人；
2. 不能證明入境後即有工作或有相當把握找到工作的人；
3. 有鼓勵叛亂和擾亂公共安寧的嫌疑者。

《驅逐不良份子出境條例》

- 1949 年 8 月
- 規定：
* 執法者可將「不良份子」驅逐出境，但當事人若能證明他是英籍人士，或已在港居住十年以上者例外。
* 太平紳士可以下令授權警方人員進入有「不良份子」嫌疑的居所搜查。
* 高級警務人員可命令有「不良份子」嫌疑的人隨他到拘留所。

《修訂 1922 年緊急條例》

- 1949 年 8 月
- 目的：
* 使觸犯《緊急條例》的人可被判處死刑。
* 使港督和行政局依條例行事、與其他法律相抵觸時，可以凌駕在其他法律之上。

《人口登記條例》

- 1949 年 8 月
- 規定：
* 發給入境者及本土居民「香港身份證」。
* 領證者變更地址即須呈報。
* 執行本法例時，可隨時搜查居民的身體、住宅及所有物，並可進行扣留或逮捕。

6.11 啟德機場與香港早期航空事業

啟德機場的命名源自「啟德濱」。

香港早期的飛行活動

1903 年美國萊特兄弟（Wright Brothers）的動力飛機成功飛行後，不少飛行家均來港在沙田表演試飛。1920 年初，香港出生的法人德里庫（Charles de Ricou）聯同遠東航空公司成立了澳門空運公司，惟因常遭到省港澳三地政府的留難，財政上出現問題，不得不於次年結業。

啟德機場的修建

1914 年，何啟與華人富商區德等人合組「啟德營業有限公司」，在九龍灣填海興建華人住宅區。1920 年首期填海工程完成，新填出來的土地被稱為「啟德濱」。1924 年 5 月，英人亞拔（Dan-San Abbott）首次使用啟德濱空地試飛，次年在此設立航空學校，但未幾即告結業。省港大罷工期間，啟德公司陷於破產的邊緣。此時港府有意加強本土防空力量，加上該區靠近海岸，適宜水上飛機升降，遂籌資於 1927 年收購啟德填海區，並在該地修築機場，英國空軍亦在此建立基地。1930 年，機場建設工程基本完成。

啟德機場由盛到衰

1942 年初，日人為滿足戰時空運需要，決定擴建啟德機場。日人夷平宋王臺、啟德濱和九龍城寨以南的民居及鄰近村落，並拆去九龍城寨的石牆，利用英軍戰俘和平民、勞工從事擴建工程，導致不少居民流離失所。至 1945 年，機場擴建出兩條新跑道。英人恢復對香港的統治後，以「中國航空公司」為首的十多間航空公司先後重開或開闢香港航線。至 1947 年，香港約有十四家中外航空公司經營全球的航線。其後香港民航業發展迅速，啟德機場多次擴建仍不敷應用。1978 年，駐港英國空軍基地遷往石崗，令啟德機場變為純民用機場。1998 年 7 月，赤鱲角機場投入服務，啟德機場亦完成歷史使命，正式關閉。

圖解香港史（合訂本）

162

啟德機場年表

修建期	1914	何啟與區德等人合組「啟德營業有限公司」。
	1920	啟德公司完成第一期填海工程。
	1924	英人亞拔首次使用啟德濱空地試飛。
	1925	亞拔航空學校成立。
	1927	港府收購啟德填海區，並在該地修築機場。
	1930	機場修建工程基本完成。

興盛期	1934	民用機庫和辦公大樓正式啟用。
	1936	首次定期航班抵達啟德機場。
	1941	日軍佔領啟德機場。
	1942	日軍開始擴建啟德機場。
	1946	國泰航空公司正式成立。
	1959	修建照明系統，夜間升降正式開始。
	1969	興建新客運登機橋及大型維修庫。
	1970	機場跑道擴闊工程完成，登機橋及自動行李分發系統啟用。

衰落期	1976	香港空運站啟用。
	1978	成為純民用機場。 ← 駐港英國空軍基地遷往石崗。
	1992	啟德東停機坪擴建完成。
	1993	啟德南停機坪擴建完成。
	1998	正式關閉。 ← 赤鱲角機場投入服務。

第 6 章　日佔及國共內戰時期的香港

重要人物簡介

許地山（1893－1941）

名「贊堃」，福建龍溪人，生於台灣台南，作家、學者。早年隨父在廣東讀中學，畢業後任中學教員。1917年考入燕京大學。五四運動時期，參與發起成立「文學研究會」。1922年入讀美國哥倫比亞大學研究院哲學系，獲文學碩士學位，後轉入英國牛津大學研究宗教學和民俗學，獲文學碩士學位。1927年任教燕京大學，同時致力於文學創作。1935年由胡適推薦，被香港大學聘為文學院中文教授。他重新規劃中文系課程，文、史、哲並重，此傳統一直延續至今。曾出任香港新文字會理事，並舉辦多個講座，培養香港青年文學作者及藝術工作者。盧溝橋事變後，發起組織「中國非常時期高等教育維持會」，發表「保衛文化，完成救亡使命」的宣言。1941年8月於香港去世。

廖承志（1908－1983）

廣東惠陽人，生於日本東京，外交家，父親為國民黨左派要員廖仲愷，母親為革命家何香凝。1925年加入中國國民黨。1927年赴日本，留學於早稻田大學第一高等學院。1928年8月回國後加入中國共產黨；11月受中共派遣赴德，至1932年，在荷蘭、比利時、德國漢堡等地組織領導海員運動，曾參加紅軍長征。1938年初至1942年初，在香港設立八路軍辦事處，領導抗日民族統一戰線

工作。1945 年 6 月被選為中共第七屆中央候補委員，後歷任中共南方局委員、晉冀魯豫中央局宣傳部長、中央宣傳部副部長、新華社社長等職。1952 年 12 月出任中共中央統戰部副部長、中央外聯部副部長，同年負責領導中日民間友好工作，1963 年出任中日友好協會會長，為促進中日邦交正常化作出了特殊貢獻。

楊慕琦（Mark Aitchson Young，1886－1974）·····
英國人，生於英屬印度，第二十一任港督。畢業於劍橋大學，一次大戰期間曾在英國軍隊中服役。曾在英國殖民地部工作多年，被派往各殖民地擔任行政官。1941 年 9 月，被委任為香港總督；12 月，日軍進攻香港，楊慕琦見大勢已去遂投降日軍。最初被囚於赤柱集中營，後被轉送至瀋陽囚禁。日本投降後獲釋，返回倫敦休養。1946 年重返香港復任。鑑於戰後英國各殖民地要求獨立的呼聲此起彼落，為重拾民心，同年 8 月，通過廣播向香港市民提出政制改革方案（即「楊慕琦計劃」），希望建立一個通過選舉產生的市議會，實行有限度的政治改革。1947 年 5 月，任滿離職，繼任的港督葛量洪對「楊慕琦計劃」未予認同，加上其他因素，計劃擱置。

磯谷廉介（1886－1967）

日本人，生於日本兵庫縣，香港日佔時期首任日本港督。1905 年畢業於日本陸軍士官學校，參加了日俄戰爭，後就讀日本陸軍大學，1915 年畢業。歷任日本第一師團參謀長、陸軍省人事局補任課課長、參謀本部第二部部長、日本駐華使館武官、日本關東軍參謀長，1942 年 2 月被委任為港督，到任後迅即組成總督部，取消軍政廳，實行米糧配給，又頒佈《出入境法令》，防止抗日份子離境，同時大量驅逐華人出境，以求解決糧食不足的難題。1944 年 2 月調任台灣行政長官。1945 年日本投降後，本被遠東國際法庭判處無期徒刑，卻於 1952 年獲釋。

羅文錦（1893－1959）

生於香港，太平紳士，祖父母均為歐亞混血兒，父親羅長肇是怡和洋行買辦。1906 年赴英留學修讀法律，取得律師資格，1915 年回港執業，開設羅文錦律師樓。1918 年與何東的長女何錦姿結婚。1921 年獲任為太平紳士。1935 年起出任立法局議員，任內以敢言著稱。日佔時期被迫與日本人合作，出任「華民各界協議會」委員，開會期間不發一言，以示無聲抗議，生活起居均受到密探監視。英國重新取得香港的統治權後，獲得港府的繼續重用。1946 年出任行政局議員，1948 年獲封為爵士。1958 年自行政局退休，次年出席英國菲臘親王訪港宴會前夕，心臟病發逝世。

夏慤（Cecil H. J. Harcourt，1892－1959）⋯⋯⋯⋯⋯
英國人，生於倫敦，英國海軍艦隊司令。1904年入讀英
國皇家海軍學院。曾參與一次大戰時的日德蘭海戰（Battle
of Jutland）。二次大戰期間升任海軍少將，率領英國太平
洋艦隊參與盟軍登陸北非及意大利西西里島等重要戰役。
1945年3月被派到英國太平洋艦隊，負責指揮第十一航
空母艦分遣艦隊。1945年8月30日，率領英國太平洋
艦隊正式登陸香港，恢復英國對香港的統治；9月，英國
宣佈成立軍政府後，他被任命為首長，並代表英國政府兼
代表中國戰區最高統帥，在港督府內接受駐港日軍的正式
投降。1946年1月升任海軍中將，同年5月，因前港督
楊慕琦復職而離港回國。

葛量洪（Alexander Grantham，1899－1978）⋯⋯⋯
英國人，第二十二任港督。早年畢業於劍橋大學。1922
年以官學生身份來港，在香港各部門工作達十三年。
1935年離港前往牙買加、百慕達、尼日利亞等地擔任輔
政司，後任斐濟總督及西太平洋群島高級專員。1947年
7月，被委任為港督。他認為讓香港仿效英國其他屬土實
現「獨立」是不切實際的，1997年新界租約屆滿時，英
國會把整個香港交還中國；最適合目前香港環境的政治制
度是「仁慈的獨裁制度」。治港時期，他沿襲了金文泰的
政策，與中國政府維持友好關係，另一方面則大力壓制香
港的左派活動，致力於發展香港經濟，解決民生問題。
1957年任滿離港。

1
9
4
9

1
9
5
0

1
9
5
1

1
9
5
3

中華人民共和國成立

不着急收回香港

中國介入韓戰

兩航起義

「三・一騷亂」

港府發表《菲莎報告》

開始實施統一學制計劃

石硤尾寮屋區大火

港府始實施徙置區計畫

第 **7** 章

共和國成立初香港之發展
（1949－1959）

　　中華人民共和國成立後，英國在香港的殖民統治面臨嚴峻的挑戰：一方面必須避免與新政府產生直接衝突，以免解放軍用武力收回香港；另一方面為維持港英政府的統治權威，必須竭力壓制左派力量的擴張，防止華人民族情緒高漲，對殖民統治構成威脅。在東西方陣營對立的國際形勢制約下，英國為維持與美國的合作關係，加上港府認為右派的「反共」宣傳有利於遏制左派在港的活動，因此容忍美國及其盟友台灣在港進行間諜和宣傳活動，使香港在 1950 年代成為左右兩派的鬥爭場域。此階段也是戰後香港經濟轉型的重要階段。國共內戰時期，內地政局動盪，大量資金和人口流入香港，為香港經濟發展提供了新動力，但中國介入韓戰後，遭到美國主導的聯合國實施禁運，以及其後中國加強貿易管制的政策，嚴重打擊了香港的轉口貿易，促使香港逐漸從中外貿易的轉口港，轉化成「出口主導」的製造業基地。

1955 ● 克什米爾公主號事件

1956 ● 九龍暴動

1960 ● 左右派鬥爭激烈
香港經濟轉型

7.1 中國政府對香港問題的政策

「長期打算，充分利用」是共和國成立初期，對香港的主要政策內容。

中共當年為何不急着收回香港？

中華人民共和國成立初期，中國政府希望利用香港作為突破西方陣營封鎖禁運的前沿陣地，因而把收回香港的問題暫時擱置。當時，負責港澳事務的廖承志認為，如果香港暫時留在英國人手中，中國將能從香港進口中國亟需的物資，也可以利用香港作為中國與世界交往的通道。中共領導人亦認為暫時放棄收回香港，可以給中國留下一個了解外部世界的窗口。1957 年 4 月，國務院總理周恩來在上海工商界人士座談會上發表講話，提出中國將來會收回香港的主權，現在「香港可作為我們同國外進行經濟聯繫的基地，可以通過它吸收外資，爭取外匯」。

從 1950 年代韓戰至 1960 年代，香港作為中國從國外引進資金、技術的渠道，開展進出口貿易的窗口，溝通中外民間（包括海外華僑）往來的橋樑，發揮了巨大作用。如解放初期，南洋商業銀行董事長莊世平受廣東省領導人葉劍英的委託，將廣東收兌的五億港元和一批美元、越南貨幣秘密運到香港，存入滙豐銀行生息。該筆巨款後來成為韓戰時期（1950－1953）中國政府購買海外物資的重要外匯儲備。

新華社香港分社成為中國官方在港代表機構

1947 年 5 月，中共為展開對外宣傳工作和掩護地下組織，在香港成立新華通訊社，由後來成為中國外交部部長的喬冠華主持社務，授權新華社辦理與港府的聯繫或交涉。自 1950 年起，中英兩國因兩航起義、三一事件、九龍暴動等事件接觸頻繁，周恩來鑑於解放前國民黨曾設立過「外交部兩廣外交特派員公署駐港辦事處」的先例，向英國提出設立中國駐港官方代表機構的要求。可是英國方面認為，這樣勢必在香港形成「兩個權力中心」，削弱港府的統治權威，反而建議中國在香港設立總領事館，中國方面因事件涉及主權問題而拒絕接受。結果事情擱置，新華社遂繼續擔負中國官方在港代表機構的職能。

1949 年至文革前中國政府的對港策略

政　策

影　響

政策有別於內地

> 盡量不容許內地政治運動波及香港。

封鎖中港邊界

> 避免台、美特務潛入內地搞破壞，派員滲入香港政府刺探情報。

供應香港
以優惠價格大量供應香港必需的日用品、工業原料和製成品等。

> * 保障香港市場農副產品供應，維持香港社會穩定；
> * 打破西方經濟封鎖，出口創匯。

設駐港機構
以新華社香港分社為中國政府的駐港機關。

> 在中英未建交的情況下，必要時與港英政府交涉。

進行統戰*活動
動員指導左派人士，組織工會、學校及愛國團體在港進行統戰。

> 增強香港市民對中國的向心力及愛國力量在香港的影響力。

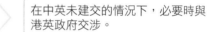
以香港為外匯中轉站

> 1950 至 1965 年間，約有超過 10 億美元的資金經香港匯返內地。

---

* 統戰即「統一戰線」的簡稱，是指由中共領導，包括社會主義勞動者、擁護社會主義的愛國者和擁護祖國統一的愛國者等組成的政治聯盟。

1949年後英國治港政策的改變

跟中國政府妥協、壓制本地左派活動,是殖民政府治港的主要策略。

英國堅拒把香港交還中國

中華人民共和國成立後,英國政府一方面盼望在東亞「保留立足點」,不顧美國的反對,率先於 1950 年 1 月承認中華人民共和國,以保障英國在中國與香港的利益,而為防中國用武力收回香港,英國政府高層在 1950 年代末至 1960 年代初期曾探討用核武打擊中國的可能性,更就此徵詢美國的意見;另一方面又懼怕華人民族主義會在中共革命勝利的鼓舞下壯大,因此採取「堅定而不挑釁」的政策處理有關中國的問題。

為限制香港的親中力量,港府公佈《1949 年非常時期條例》,賦予港府特殊權力,不必宣佈香港進入緊急時期,便可將部分緊急條例生效,並拒絕一些認同中共新政權及懸掛五星紅旗的社團的註冊申請,勒令其停止活動,同時以左派勢力為主要假想敵,嚴格限制在港左派的活動。

進行有限度改革以爭取港人支持

二戰後,在全球非殖民化浪潮衝擊下,大英帝國面臨解體的危機,工黨政府執政後,提倡福利主義改革。港府因應時勢,採取較戰前更加懷柔的手段管治華人。「楊慕琦計劃」雖然未能落實,但港府仍然通過增加立法局華人委任議席與市政局民選議席的方式,加強民意的代表性,在華人上層社會中繼續扶植親英勢力,在不同的階層成立並無實權的「諮詢委員會」偵察民意,有限度地吸納建制以外的社會上層精英作為施政的諮詢人。

此外,港府亦較從前更關注華人的福利,於 1948 年成立隸屬華民政務司的社會局(Social Welfare Office,1958 年改組為社會福利署),首次由政府機關直接向本地貧民提供物質援助,並協調各民間慈善團體向市民提供服務。

英國為何沒與中國「撕破臉皮」？

英國的小算盤

政治上

維持英國在港地位，
避免解放軍收復香港。

$+$

經濟上

維護在港英商利益，
擴大對華貿易。

⬇

承認中華人民共和國

⬇

「堅定而不挑釁」政策

堅定

* 強調過去中英簽訂的
  有關香港的不平等條
  約仍有效
* 拒絕在可能有損英人
  統治的事務上讓步

$+$

不挑釁

* 避免製造挑釁行為而
  與中國直接發生衝突
* 容忍左派人士在港的
  活動

香港對英國的象徵和政治意義遠遠大於經濟意
義。從戰略上講，它已經是我們在遠東地區最
後的堡壘了。(1959年7月)

諾曼・布魯克
（英內閣大臣）

7.3 冷戰初期的中港關係

冷戰時期，香港成為東西方陣營的鬥爭場域。

在中美之間左右逢源

二戰後，英國國勢日衰，只得接受美國政府巨額援助「補血」。1950 年 10 月，中國政府派出志願軍參與韓戰，聯合國在美國主導下，對中國內地實施禁運，英國政府迫於形勢，必須對美國提出的禁運措施予以配合，並默許美國在香港設立各類情報機關，對內地進行間諜活動。

但另一方面，中國政府視香港為突破西方對華禁運的關鍵因素，從香港購入大量物資，偷運至澳門後再轉入內地。而港府為維持自身的經濟利益，則對禁運規定「陽奉陰違」，表面上不斷頒佈法令，擴大禁運範圍，但在美國的壓力稍微放鬆時，卻批准商人出口「特定物品」，任由他們把貨品轉口到內地。此舉引起美國政府的不滿，英國則推說假若香港因禁運而出現失業問題，可能會令中國立刻收回香港。

兩航起義：中、英、美在港上演「三國演義」

1950 年 12 月的兩航起義，最能反映中、英、美三國的矛盾關係。中國航空公司與中央航空公司（合稱「兩航」）原係國民黨政府屬下產業，1949 年 11 月，中國航空公司部分員工宣佈投奔「新中國」，中共隨即宣佈兩航資產屬共和國政府所有。

由於當時兩航還有 71 架飛機停留香港，國民黨政府便向香港高等法院申請禁制令，凍結兩航資產。隨後以美國飛虎隊陳納德將軍（N. B. Chemnault）為首的「民用航空運輸有限公司」入稟法院，稱已向國民黨政府購得飛機的所有權，要求解除禁制令，卻遭法院駁回。美國政府遂向英國政府直接施壓，國務卿艾奇遜（Dean Acheson）更宣稱香港法院的判決具有「討好中共的企圖」，結果英國樞密院於 1952 年判決陳納德等人勝訴。

中、英、美圍繞香港的博弈（1949－1957）

* 保留香港為殖民地
* 防中國武力收回香港
* 既想美國幫助提防中國，
  又不願美國勢力在港膨脹
* 容忍美、台特務在港活動

英國

左右
逢源

合作

香港

妥協

美國

中國

* 以香港為圍堵中國的據點
* 以香港防務換取英國對美
  亞洲政策的支持
* 以香港為美對華的監察與
  情報中心
* 在港設立反共宣傳基地

對立

* 香港是中國的領土，必會
  回歸祖國
* 藉香港與西方聯繫經濟
* 欲通過香港削弱英美同盟

又拉
又打

又拉
又打

三國在香港維持了微妙的平衡

7·4 殖民政府對左派人士的壓迫

殖民政府視左派人士為假想敵，利用各種手段限制他們在港的活動。

「羅素街血案」：工會骨幹被遞解出境

國共內戰時期，由於物價飛漲，勞資衝突與日俱增，左派工會藉此時機迅速發展。1949 年港府制定《違法罷工與罷僱條例》，禁止工人發動一些意圖脅迫政府的罷工；同年 12 月，電車工人在工聯會的支持下發動罷工；次年 1 月，罷工工人在港島羅素街與警察爆發衝突，電車工會會所遭到破壞。事後港府遞解工會骨幹人士出境，又在勞資雙方之間展開仲裁，以提高工人待遇作為妥協。

「三·一騷亂」：一名工人中彈身亡

1951 年 11 月，九龍城東頭村發生大火，數萬災民痛失家園。左派人士批評港府救災安排失當，港府則不欲左派人士介入救災活動，令事件演變成複雜的政治角力。

廣州市多個社團組織了「粵穗慰問團」，定於 1952 年 3 月 1 日乘車來港聲援。港府突然禁止慰問團入境。迎接「慰問團」的民眾接到消息後散去，部分民眾在九龍佐敦道口與警察爆發衝突，一名工人中彈身亡。警方事後拘捕三百多人，驅逐十二人出境。3 月 4 日，《人民日報》發表評論，向港英政府作出強烈抗議。

《大公報》案：左派報刊險被停刊

「三·一騷亂」後，香港左派報刊《大公報》轉載《人民日報》批評港英政府的評論，被港英政府控告涉嫌刊登煽動性文字。同年 5 月，香港最高法院裁定《大公報》的所有人兼督印人費彝民和編輯李宗瀛罪名成立，勒令《大公報》停刊六個月。《大公報》不服上訴，法庭裁定暫緩執行停刊令，最後上訴被駁回，停刊令卻未有落實執行。

回歸前港英政府對左派的防範措施

一般不錄取

一個人或直系親屬有內地政治背景者為官員

對投考政府官員的華人進行 政治審查

秘密調查及監控 愛國團體和左派人士

驅逐 左派活躍份子出境

立法監控打擊

取消灌輸共產主義教師的資格

左派學校

派遣情報人員滲入左派團體 刺探情報

在專上學生聯會和鄉議局等實行 反滲透

7.5 左右兩派在香港的角力

英國在避免中國官方抗議的前提下，容忍台灣右派勢力在香港活動。

1950 年代，台灣當局誓要「反攻大陸」，在港的左派（親中）和右派（親台）力量在此政治因素影響下，形成壁壘分明的兩大對立陣營。

台灣特務製造克什米爾公主號事件

1955 年 4 月，中國政府派新華社香港分社社長黃作梅等人，從香港乘坐包機「克什米爾公主號」前往印尼，出席萬隆會議。飛機在啟德機場被台灣特務裝上炸彈，飛行途中爆炸，乘客悉數罹難。事後港督葛量洪下令拘禁在港的台灣特務統領王新衡，並與台灣方面達成協議，承諾日後處理台灣情治人員時，只會遣送回台而不予判刑，換取台灣方面答允不再在香港進行破壞活動。

九龍暴動：右派搞破壞，黑社會背黑鍋

1956 年 10 月，李鄭屋徙置區和荃灣寶星紗廠員工宿舍的「青天白日滿地紅」旗被人撕去，右派滋事者據此為口實，策動破壞活動。暴徒洗劫店舖，攻擊左派機關及學校，瑞典駐港領事參贊的夫人亦被襲身亡。

最初港府聲稱事件「純屬左右兩派工人內部的鬥爭」，但周恩來指責事件係國民黨特務策劃，抗議港府未能及時制止暴亂，港府隨即逮捕騷亂份子三千多人，聲稱此次暴動是由黑社會組織發動。

調景嶺難民營問題

1949 年後，不少前國民黨軍政人員出於政治恐懼，從內地逃到香港。1950 年 3 月，港府為他們開闢西環摩星嶺作為臨時難民營。同年 6 月，摩星嶺的右派人士與左派工會的職工發生衝突。港府遂把摩星嶺的難民集體調遷到九龍魔鬼山半島的調景嶺，並基於政治考慮，為難民供應膳食。台灣當局也開始援助該區難民，使當地成為左派勢力的主要據點。

隨着香港主權即將移交，加上將軍澳新市鎮的發展，港府於 1995 年正式宣佈清拆調景嶺寮屋區。

殖民時期港府的特殊機關 —— 政治部

政治部架構

逐步解散 ← 情報部

行政分部　行動分部　情報分部　支援分部

下設若干分組，分管政治情報、反間諜情報、內部保安、反恐、要員保護、審查等。

安保部

1995 年 7 月起
管理權移交 →

警隊刑事及安保處

歷　史

1934 年
成立
隸屬英軍情五處

1946 年　被納入香港警隊編制

主要監視左、右兩派在香港的活動
嚴防和偵查中方間諜活動

1950 年代後

內部監控港府官員

1968 年前
充當港府與新華社聯繫的橋樑

1997 年之前　解散或移交管理權

戰後香港經濟的轉型

戰後香港逐漸發展為以出口工業製成品為主的經濟體系。

內地局勢變動打擊香港的轉口貿易

　　戰後初期香港的經濟轉型，與中國內地政局的變動關係密切。1949 年前，香港經濟以進出口貿易為支柱；1945 年英人重佔香港，致力恢復經濟秩序，加上港幣與英鎊掛勾，幣值相對穩定，營商環境較內地為佳，大量資金流入香港。未幾國共內戰爆發，國民黨封鎖部分沿海口岸，打擊了中港之間的轉口貿易。

　　1950 年 10 月，中國介入韓戰，次年聯合國在美國帶領下對中國實施貿易禁運，使香港的轉口貿易受到嚴重打擊。1952 年香港的貿易總額比 1951 年減少近三分之一。

上海資本家與香港的工業發展

　　戰前香港與上海在貿易與金融業務上，已建立密切聯繫。日本投降後不久，上海企業家準備在上海大展拳腳，紛紛向英、美等訂購紡織機器和設備。至 1947 年，國共全面內戰已不可避免，不少上海的企業家遂把紡織器材和設備轉運到香港。上海解放前夕，不少上海企業家逃到香港，隨即在港復業。著名實業家如安子介、唐翔千、查濟民等，均在此時來港創業。

　　戰後香港人口從 1946 年的 60 萬增至 1952 年的 213 萬，源源不斷的資金與勞動力供應，為香港經濟從轉口貿易向工商業型轉化創造了有利條件。1960 年香港本地出口約有 85％為工業製成品，價值達港幣 24 億元。原本在 1950 年代香港發展最快的製造業首推紡織業，及至 1960 年代，製衣業逐漸超越紡織業，成為本地最大的出口項目，1962 年底，製衣業的出口總值佔本地產品出口總值的 35％。

戰後香港工業發展的原因

有利的國際環境
- 西方國家經濟增長 ⟶ 對輕工業日用品需求增加
- 西方國家產業轉型，集中發展高科技產業 ⟶ 利於香港拓展勞動力密集型工業品市場

香港自身因素
- 大量移民湧入 ⟶ 提供了技術人才和勞動力
- 大量內地和東南亞資金流入 ⟶ 為香港工業化提供了動力
- 來港創業企業家有開拓精神 ⟶ 使本地製造業能適應激烈的國際競爭
- 香港勞工工作敬業

港府的政策
- 自由貿易港、法治管理和低稅政策 ⟶ 為工業投資者帶來信心
- 普及教育政策 ⟶ 有利於提高工人質素與知識水平
- 為勞工階層提供廉租住屋的公共房屋政策 ⟶ 有助降低勞工成本，增加工人隊伍的穩定性
- 成立半官方機構 ⟶ 為香港工業企業提供市場調查、生產技術支援、人才培訓等服務

如：香港貿易發展局、香港生產力促進局

1950 至 1970 年代香港工業發展的特點

香港自然資源的匱乏、內部市場的狹小、政府的不干預政策、廉價人力資源的豐富，造就了本地工業發展的特殊經驗。

以出口為導向的輕工業

香港土地有限，缺乏自然資源，內部市場較小；早期香港的中小工廠主多屬技師、技工或學徒出身，資本有限，加上港府不願意直接補貼工業項目的政策，決定了香港不具備大規模發展重工業的條件。而輕工業由於所需資本較少，技術比較簡單，適合本地大多數廠商。香港的工業產品以外銷為主。

中小型本地企業是香港工業發展的骨幹

香港的工業以中小型企業的數量最多，這是由於香港工業生產主要是為了出口，國際市場對產品的需求變化頻繁，中小型企業較易通過減產與轉換生產線以適應訂單要求。同時，本地企業往往採用「承判分包制」運作，即大工廠從外國買家處接受訂單，再判給小廠承擔部分工序，既可減輕工廠本身的固定支出，也可增加生產的靈活性，迎合變幻不定的海外市場需求。

就資本結構而言，1973 年完全本地資本的企業佔 94.9%，完全外資僅佔 2.3%，其餘為合資。據 1973 年及 1978 年的數據，完全本地資本的工業，僱用了 85% 以上的工人，在整個工業的總產值及增值的貢獻上亦分別超過 85% 及 80%。另外，完全外資的工業雖僅佔 2.2% 的企業，卻僱用了 7.5% 的製造業工人，貢獻 8% 至 11% 的產值或增值，這與外資企業的規模較大有關。

勞動密集型成香港製造業主要生產模式

當時因為有大量新移民湧入香港，工人工資低廉，而勞動密集型工廠在轉產時除工人的熟練程度下降外，其他的損失很少，勞動密集型自然成為香港製造業主要的生產模式。1973 年本地勞動密集型工業產值佔製造總產值的比率為 93.5%，資本密集型僅佔 6.5%。

戰後香港工業發展的六個階段（1947－1990）

1947

戰後重建

香港經濟開始復甦

1951

* 戰前的轉口貿易快速恢復及增長
* 轉口市場的重點由歐美轉為東南亞

聯合國對中國實施禁運

過渡期

以內地為市場的香港轉口貿易大受打擊

1954

工業化初始階段

荃灣、觀塘等新工業區開始形成

* 美國和英國成為主要出口市場
* 紡織業成為本地最重要的工業

1962

工業起飛

香港工業成本地經濟發展的火車頭

* 製衣成為本地的最大宗出口
* 美國成為香港產品最重要的出口市場

1970

工業多元化

* 電子業和玩具業成為新興行業
* 紡織和成衣業產品出現高檔化趨向

1981

轉型期

* 西方貿易保護主義
* 韓國和台灣地區的競爭

中國內地改革開放

香港產品出口受打擊

生產線北移

1990

公共房屋政策的起源

寮屋區問題是推動戰後港府公共房屋政策的重要因素。

戰後房屋供應問題日趨嚴重

　　戰後，由於內地政治前景不明朗，大量國內移民湧到香港，造成非法寮屋在市區外圍廣泛擴散。當時港府對房屋市場採取不干預政策，但為紓緩日見惡劣的居住問題，1951 年，政府向香港房屋協會提供 250 萬元的貸款和建築用地，為低收入家庭建造和提供房屋；次年又幫助香港平民屋宇有限公司建造了 1,500 幢平房，為居民提供租金低廉的居所，但仍未能有效解決寮屋問題。

石硤尾大火催生徙置區計劃

　　1953 年聖誕夜，石硤尾寮屋區發生大火，導致 53,000 人無家可歸。港府迅速興建大量低標準、低成本、低租金的徙置大廈安置災民，並開始撥款為寮屋區居民及低收入人士興建徙置區和廉租屋。至 1950 年代末，十二個徙置屋邨陸續建成，當中除了一個位於港島柴灣外，其餘均位於九龍。總計在 1954至 1973 年間，港府共建造了 234,059 個單位，為超過 100 萬人提供居所。

早期徙置房屋的特點：簡陋

　　1950 年代的徙置房屋設計非常簡陋，僅為滿足居民棲身需要，個別單位並無獨立廁所及浴室，也無正式社區和康樂設施規劃，居民只能在配置簡陋的地方或空地進行康樂活動，但各戶的關係十分密切。為滿足大量適齡學童的需要，徙置區頂層還設置不少「天台小學」，校舍亦非常簡陋。

　　由於當時政府並不直接為居民提供社會福利設施，民間慈善組織如救世軍、天主教會多租用大廈底層，甚至利用有篷貨車組成流動服務中心，向居民提供服務。至 1960 年代，港府在規劃慈雲山、油塘和秀茂坪等屋邨時，首次嘗試提供一些基本生活設施（如公共交通總站和標準小學校舍），並把大廈底層預留作為商業和社會福利用途。

香港政府推行大規模徙置計劃的原因

1 解決火災和衞生問題

戰後大量移民湧入香港，在市區邊緣搭建寮屋。

2 政府財政出現盈餘

港府有能力撥出更多資源推行徙置計劃。

3 維持政府財政收入

拍賣土地使用權給政府帶來巨大財政收入，它不可能大量批地讓私人發展商供應房屋。

4 利於小型工業企業發展

清拆寮屋區可增加工業用地。

提供徙置大廈可降低租金和風險，使小型工業經營者易生存。

5 為企業提供穩定勞工

向工人提供廉價住所，可為本地製造業提供廉價穩定的勞工。

6 解決部分衞生問題

政府認為興建符合政府衞生與公共秩序要求的徙置房屋，可培養居民注重公共衞生的習慣，進而解決部分衞生問題。

7.9 戰後初期教育制度的發展

戰後初期的教育改革，使香港教育體制與內地出現明顯差別。

「統一學制計劃」的實施

二戰後，大量內地移民攜眷湧入香港，適齡兒童失學問題異常嚴重，大量以牟利為目的的私校應運而生，但質素良莠不齊，必須予以監管。

香港工業漸次發展，客觀上亦擴大了對接受過基礎教育的勞工的需求，這促使港府擯棄過去低限度承擔教育經費的原則，以普及教育取代「精英教育」，逐步建立以智力投資為主導的新式教育體制。

1951 年，港府發表《菲莎報告》（*Fisher Report*），並開始實施統一學制計劃。

「去國族化」的中文教育政策

1949 年後，內地推行教育改革，藉此宣揚共產主義和民族思想，對英人的殖民統治構成威脅。對此，殖民地掌權者必須要在香港和內地之間劃清界線，亦必須密切關注台灣的活動，否則本地華人可能出現強烈的反共意識，損害英人在港利益。

自開埠以降，港府無意消滅中國文化，只希望把華人文化吸納改造，成為維持殖民統治的助力。戰後港府延續此文化政策，採取「去國族化」的方針改革香港學校的課程，使香港的教育系統跟中國內地和台灣區別開來，避免本地華人對內地或台灣政權產生認同。

1953 年，港府成立專責委員會，強調中文教育應把重點改為培養母語的溝通表達能力，以及訓練年輕人明白和欣賞中國思想、文學和傳統。同時為切斷香港學校與中國內地的聯繫，首次舉辦中文中學會考，並加強對教科書的審查，頒佈准用教科書書目。其後逐漸把中文教科書在地化（localize），鼓勵本地出版社按照政府的標準編寫教材。

《菲莎報告》的主要內容及其影響

1. 增加教育支出，將小學學制改為六年。

2. 政府補貼民眾開設私立學校。　監管私立小學

紓緩小學學額不足

3. 發展工業教育、成人教育與師範教育。　配合社會發展要求

4. 建議政府多建現代化新式校舍和教育設備。

5. 加強學校行政，鼓勵課外活動。

6. 建議教育司署擁有獨立辦公大樓，增加行政人員及重新改組。

建立以治理投資為主的新式教育體制

7. 盡量以中文授課，小學三年級起教英文。

8. 舉行小學會考，由政府發小學畢業文憑。

切斷香港學校與內地的聯繫

香港教育經費及比例（1951－1966）

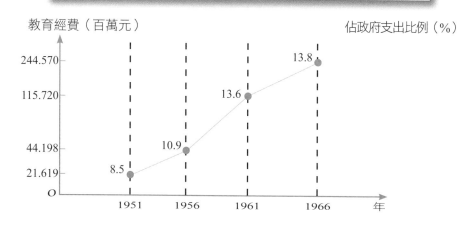

教育經費（百萬元）　　　　　　　　　　佔政府支出比例（%）

244.570	13.8
115.720	13.6
44.198	10.9
21.619	8.5

1951　1956　1961　1966　年

重要人物簡介

莊世平（1911－2007）·····················

香港著名銀行家。廣東普寧人。1930 年考入當時北平中國大學經濟系。1933 至 1941 年，輾轉在東南亞歷任教職、記者，並參與和組織僑界抗日救國活動。1941 年底，獲愛國僑領支持，在老撾創辦「他曲公學」和「合盛商行」及大型雞場，為華僑子弟提供讀書機會，支援國內抗日組織活動。1949 年 12 月，他所創辦的香港南洋商業銀行，率先在香港掛起第一面五星紅旗。自 1959 年起，五次當選全國人大代表。1980 年聯同李嘉誠創辦汕頭大學，並出任校董會副主席。1988 年和 1993 年，當選全國政協常委。1997 年獲香港特區政府授予「大紫荊勳章」。

喬冠華（1913－1983）·····················

新華社香港分社第一任社長。江蘇鹽城人。1929 年入讀清華大學哲學系，畢業後前往日本東京帝國大學進修，因參加救國活動而被日本政府驅逐出境。1935 年前往德國士賓根大學學習，獲哲學博士學位。1937 年回國投身抗日運動。1939 年正式加入中國共產黨。1941 年起出任《華商報》、《大眾生活》編委。1942 年到重慶，從事宣傳工作兼《新華日報》社論委員會委員。1946 年前往香港，出任新華社香港分社首任社長。中華人民共和國成立後，任新聞總署國際新聞局局長。1954 年 4 月，隨同周恩來出席日內瓦會議。在外交部日常工作中，經常起草或

圖解香港史（合訂本）

188

組織領導撰寫重要外交文件。1964 年至 1974 年間出任
外交部副部長。1974 年至 1976 年升任外交部長。後因
受到「四人幫」的牽連而被隔離審查。1983 年擔任中國
人民對外友好協會顧問，同年在北京逝世。

何賢（1908－1983）………

澳門華人領袖。廣東番禺人，兄長何添是香港恆生銀行創
辦人。早年入讀鄉間私塾，做過雜貨店學徒。後前往廣
州發展，擔任紙幣和證券買賣的經紀人。1929 年與何善
衡、馬子登集資開設「匯隆銀號」，被推為銀號的經理。
1938 年到香港經商，1941 年香港淪陷逃到澳門避難，
次年馬萬祺、何善衡、傅老榕等創辦大豐銀號（即今大豐
銀行），聘何賢為經理。1950 年出任澳門中華總商會理
事長；同年美國政府向澳門法院提出凍結兩航在澳門資產
的訴訟，協助中國政府把兩航在澳門的資產運回廣州。韓
戰時期，參與突破聯合國禁運的活動。1955 年被委任為
澳門政務委員會的華人代表，翌年被增補為第二屆政協全
國委員會特邀委員。1966 年「一二・三事件」期間，
成為澳門華人與澳葡政府的交涉代表。1976 年起出任澳
門立法會委任議員，1978 年出任第五屆全國政協常委，
1983 年被選為第六屆全國人大常委。1981 年提議創立
東亞大學（今澳門大學），並出任校董會主席。1983 年
因癌病於香港逝世。

霍英東（1928－2006）

著名愛國商人。祖籍廣東番禺，香港出生的水上居民。幼年父親病逝，得母親劉氏獨力撫養成人。1936年考入皇仁書院，1941年因日軍侵略香港而輟學。戰後經營廢棄軍用物資轉賣業務。韓戰時期，聯合國對中國內地實施禁運，他向內地偷運柴油、藥品、五金用品。同時轉營地產業務，首創編製售樓說明書的方法，向顧客提供物業的詳細資料；又發明「賣樓花」的售樓方法，即在物業興建前收取買家部分訂金，餘款分期支付。

霍氏熱心襄助體育活動，1970年代曾幫助中國加入亞洲足協；內地實施改革開放後，在廣東中山投資首間中外合資的酒店及高爾夫球場。曾出任香港特區基本法起草委員會委員、香港特區籌委會預備工作委員會副主任、香港特區籌備工作委員會副主任等職務。1993年當選為全國政協副主席。

黃作梅（1916－1955）

祖籍廣東番禺。1935年畢業於皇仁書院，後來因參加「九一八」紀念活動而被港府拘捕。抗日時期參加東江縱隊，負責營救盟軍和國際友人，救出了不少英軍。英人成立英軍服務團後，黃作梅為其建立情報網做了大量工作。1941年加入中國共產黨。二戰後，他又籌辦東江縱隊駐港辦事處。1947年2月被派往倫敦，創辦新華社倫敦分社。英國政府為表揚他在抗戰時協助盟軍的功勞，特別向

他頒發 MBE 勳章。同年 8 月，繼喬冠華後，擔任第二任新華社香港分社社長。1951 年中共中央成立「香港工作小組」，由華南分局領導，黃作梅擔任組長，重點負責外事工作。1955 年 4 月，被派往印尼萬隆參加亞非會議報導工作。4 月 11 日，他乘「克什米爾公主號」飛機前往雅加達參加亞非會議報道途中，由於飛機遭到台灣國民黨特務的破壞而殉難。

安子介（1912－2000）

浙江定海人，香港實業家及社會活動家。早年就學於上海聖芳濟學院經濟系，1949 年定居香港，並於 1950 年後相繼參與創建華南染廠、中南紡織廠、永南紡織廠。1965 至 1968 年，任香港棉紡業同業公會主席。1965 年至 1975 年，任香港大學及理工教育資助委員會副主席。1969 年後，任香港南聯實業有限公司董事會主席和香港電視廣播有限公司、上海商業銀行、邵氏兄弟影業有限公司董事，並歷任和記黃埔有限公司、九龍汽車有限公司、海南發展有限公司、恆隆有限公司、東方海外貨櫃航運有限公司董事。1970 至 1975 年，任香港工業總會主席。1970 至 1974 年，任香港立法局非官守議員。1974 至1978 年，任香港行政局非官守議員。歷任第六、七屆全國政協常委，第八、九屆全國政協副主席。在香港回歸祖國的歷程中，先後擔任要職。

唐翔千（1923－2018）

祖籍江蘇無錫，香港實業家。祖父唐驤庭和父親唐君遠都是當地的紡織業巨商。1945 年畢業於上海大同大學。1948 年獲美國伊利諾州立大學經濟學碩士學位。1950 年定居香港，先在中國實業銀行任見習主任，後創辦中南紡織廠，1969 年成立南聯實業公司（當時本港最大的紡織集團）。1973 年，組織香港紡織業代表團訪問內地，與內地經貿部門商量貿易事宜。回港後，成為第一個購買內地棉花的港商。1978 年，於深圳投資開設紡織廠，成為首位在內地開辦合資紡織企業的港商，又在 1979 年率先在新疆投資，利用當地的皮毛作為原料，引入外國機器，建立「天山毛紡織品有限公司」。1980 年任香港工業總會會長。

1980 年代，唐翔千進軍電子業，成立美維集團有限公司，並成為首間香港公司在東莞從事高科技電子產品的製造商。1988 年，當選為第七屆全國政協常委，並曾出任香港特區基本法諮詢委員會執行委員會委員。其子唐英年曾任特區政府政務司司長。

查濟民（1914－2007）

著名實業家。浙江海寧袁花人。1927 年考入第三中山大學（浙江大學前身）附設工業學校染織科學習。1931 年畢業，後歷任常州、重慶、上海等地紡織染廠的工程師、廠長、經理。1947 年秋，在香港創辦「中國染廠」。1959 年，創立「新界紡織廠」。1977 年起，任香港興業公司董事長。1985 年起出任香港特區基本法起草委員會委員。1988 年與查良鏞在草委會聯合推出「雙查方案」，建議首三屆香港特首由選舉委員會選出，立法會最多一半議席由直接選舉產生，直至 2011 年下半年再決定是否由一人一票方式普選行政長官和立法會。後來「雙查方案」經過修訂，被納入《基本法》之內。1992 年起任首屆國務院香港事務顧問。1994 年創立「求是科技基金」，任董事長。1996 年任香港特區籌委會委員。1997 年榮獲香港特區政府頒發的「大紫荊勳章」。

第 7 章　共和國成立初香港之發展

1
9
6
3
●
中大成立

1
9
6
6
●
天星小輪騷亂

第 8 章

二十世紀六十年代的香港
（1960－1969）

　　踏入 1960 年，中港關係步入穩定發展階段。同年 11 月，中港簽訂「深圳水供港協議」，紓緩了香港食水不足的問題。儘管面臨「三年困難時期」的嚴峻考驗，中國政府仍然提供足夠糧食給香港市民，維持了香港的穩定。1950 至 1960 年代，內地及東亞地區的資金持續流入，令香港工業、金融業出現欣欣向榮的現象。可是內地人口的大量湧入，也使香港基本公共設施嚴重不足。在經濟繁榮和社會穩定的表象下，隱伏着勞苦大眾艱難困苦的潛流。港府與普羅民眾之間的巨大隔膜，成為天星小輪騷動爆發的基本背景。隨着「文化大革命」的爆發，香港左派人士反殖民情緒也日漸高昂，發動了「反英抗暴」鬥爭（「六七暴動」），最後鬥爭失控，引起市民反感，使左派在香港的影響力大幅下降。天星小輪騷亂與「六七暴動」，喚醒了港府的危機意識，促使港英官員認識到，必須盡快全面調整統治策略，爭取民眾支持，這成為後來「麥理浩時代」改革的重要背景。

1967

文革爆發　→　澳門「二・三事件」　→　「六七暴動」　→　左派受打擊

8.1 戰後香港的人口與結構

戰後香港人口的迅速增長，使香港社會出現巨大的改變。

戰後香港人口迅速增長

二戰後至 1960 年代末期，大量內地移民前來香港定居，使香港人口從 1945 年的 60 萬增加到 1967 年的 372 萬。從 1947 到 1950 年，約有 200 萬人經深圳逃到香港。1957 年以後，由於內地經歷「大躍進」及「三年困難時期」，大批內地民眾再度偷渡到香港。估計從 1950 到 1970 年的二十年中，內地逃港的民眾達到 90 萬。大量新移民為香港勞動密集型輕工業的發展提供了廉價優質的勞動力，但也造成本地住屋、教育、就業、醫療等問題日益嚴峻。

戰後土生人口比例增加

戰前來港的內地人士，多是隻身前來謀生；而此時期來港的男性移民，則盡量把妻兒遷到香港，令本地男女的人口比例逐漸平衡。

此時期定居香港的移民，大多數是處於生育年齡的青壯人士，定居香港後即組織家庭。當時民眾普遍缺乏節育觀念，加上醫療條件的改善，降低了嬰兒的夭折率，導致戰後本地出生人數比例大幅增長。另一方面，1960 年代香港青少年人口的比例也大大提高。由於 1949 年後中港邊境的封閉，這一代及其後土生土長的香港人，與上一輩相比，與內地的聯繫相對較弱，與內地同輩人士的成長經歷亦有極大差異，這對日後香港人身份認同的建構，起了重要的作用。

職業結構的改變

戰後的工業發展，使新蒲崗和觀塘在 1960 年代成為新興的工業中心，從事製造業的人口也大幅增加。1961 年從事製造業的人口佔在職人口的比例從 1931 年的 23.7% 增至 39.92%；同時期的漁農業人口比例則從 13.7% 降至 7.35%。由於工廠數目的增加，不少婦女外出工作，女性職業人口的比例上升，1961 年女性佔職業人口的 28.67%，1966 年該比例增至 32.89%，逐步打破了過去華人社會「男主外，女主內」的家庭觀念。

1931 年與 1961 年香港人出生地比較

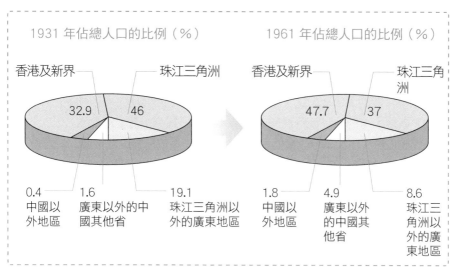

1931 年佔總人口的比例（％）　　　　1961 年佔總人口的比例（％）

香港及新界　　　　珠江三角洲　　　香港及新界　　　　珠江三角洲

32.9　　46　　　　　47.7　　37

0.4　　1.6　　　　19.1　　　1.8　　　4.9　　　　8.6
中國以　廣東以外的中　珠江三角洲以　中國以　廣東以外　珠江三
外地區　國其他省　　外的廣東地區　外地區　的中國其　角洲以
　　　　　　　　　　　　　　　　　　他省　　外的廣東
　　　　　　　　　　　　　　　　　　　　　　地區

* 香港本地出生人口比例上升。

香港人口穩步增長（1947－1967）

年份	總人口數	年份	總人口數
1945	約 600,000	1960	3,128,200
1947	1,800,000	1965	3,722,600
1949	1,860,000	1967	3,877,700
1950	2,060,000		

香港中文大學的成立

中文大學的成立，是戰後香港專上教育發展的里程碑。

戰後初期的專上教育需求大、供應少

香港早期的大學教育，主要以培養大英帝國所需的人才和傳播西方文化為目標。戰後大量內地年輕難民湧入香港，擴大了對專上教育的需求。1952年，港府成立委員會研究本地大學的發展，其後發表「凱瑟克（賈士域）報告書」，提出大學的發展必須照顧香港社會的需要；香港是一個靠近中國內地的華人社會，高等教育應培養精通中西文化的人才，為鞏固香港在遠東的地位而服務。報告書建議香港大學開設以中文為授課語言的文理課程，但卻遭到港大拒絕。

1949年內地政局轉變，不少知名的知識份子寓居香港，在港開辦各類專上院校，協助從內地來港的青年繼續學業。據調查，這類學校共有三十多所，質素良莠不齊，大多只開辦三個月至兩年的短期商科課程。至於開設四年制文商專上課程的則有九所，日後成立的香港中文大學，其三所成員書院 —— 崇基、新亞、聯合，即為此時期成立的專上院校。當時不少專上院校已多次要求港府承認其合法地位，但都遭拒。

中大成立經過

1956年10月九龍暴動事件後，港府意識到英國在亞洲的勢力隨着非殖民化而日益減退，傳統殖民地大學政策不易維持，若繼續拒絕給予大專院校正式地位，可能會觸發強烈的民族情緒及政治影響，不利於殖民統治。1959年6月，港府宣佈資助崇基、新亞、聯合三所書院，作為籌辦中文大學的開端。1960年5月，港府制定《專上學院條例》，使三所書院可以在課程、教學等方面自由發展；又聘請海外專家與學術顧問來港，協助三校改進行政及學術。

1963年初，港府接納《富爾敦報告書》的建議，同意成立「香港中文大學」。同年9月，立法局通過《香港中文大學條例》，次月由港督柏立基主持成立典禮。

中文大學成立初期，校方設有入學試，直到1979年入學試移交香港考試局辦理，成為公開考試，並改稱為「香港高等程度會考」。

香港中文大學建立初期的三間成員書院

新亞書院

創辦	1949 年 10 月由錢穆、崔書琴等學者創辦。
目標	保存及發揚中國傳統的人文主義精神。
課程	較注重文史科目
發展	1953 年獲耶魯大學中國雅禮協會資助。 1954 年再得美國福特基金會的捐助， 向政府申請撥地，興建農圃道校舍。

崇基學院

創辦	1951 年，由教會領袖倡辦。
目標	繼承西方基督教會在華的辦學精神。
課程	初只設外國語文、經濟及工商管理、社會及教育三系，1953 年增設中文系。
發展	1952 年改為日校；1954 年獲政府撥出馬料水地段興建新校舍。

聯合書院

創辦	成立於 1956 年。
課程	初期只設文、商兩學院。 ＊ 較注重應用科目
發展	早期學校本部設於租來的港島校舍；只在夜間上課。

左派力量的發展

「六七暴動」前，香港的左派陣營擁有深厚的群眾基礎。

中華人民共和國成立後，對香港採取特殊政策，盡量在香港「團結一切可能團結的人」支持新中國的建設。此外，中共建政初年的成就，激起了港人的愛國熱情，加上港英政府的種族歧視政策，以及貪污風氣的盛行，促成 1950 至 1960 年代左派力量的迅速發展。

左派報刊的黃金時代

共和國建立初期，左派報人按照周恩來的指示，為《文匯報》、《大公報》、《新晚報》等報刊向港府申請商業登記，每日遞交華民政務司審查，為左派報刊爭取生存空間。當時負責港澳工作的廖承志提出辦報必須迎合港人的需要，達到團結愛國人士的目標。左派報人遂創辦《香港商報》，首次在頭版刊登本地新聞，又增設「小說」、「馬經」、「社會服務版」等。《新晚報》則邀請陳文統（梁羽生）、查良鏞（金庸）撰寫新派武俠小說刺激銷路。據 1967 年 10 月港府政治部的報告，當時九份左派報紙每日的流通量合共超過 40 萬份，佔全港報紙流通量的四分之一。

愛國學校的蓬勃發展

戰後香港中、小學學額嚴重不足，促成了愛國學校的蓬勃發展。本地傳統的愛國學校，以培僑、香島、漢華、勞工子弟學校、中華中學（1968 年因發生學生製造炸彈事件而被港府下令取銷註冊）為首，全盛期達三十多家。愛國學校一般教學嚴謹、校風良好、學費低廉，吸引不少家長為子女報讀。學生大多來自社會低下家庭，飽歷洋人欺侮華人和港英官僚貪污腐化等事情，在愛國主義教育的熏陶下，對殖民統治深感憤慨，成為左派陣營的支持者。

左派工會力量的壯大

戰後香港物價飛漲，工人生計窘乏。由於當時港府並未積極立法保障勞工福利，勞資糾紛無日無之，成為工會活動復興的溫牀。左派工會積極維護工人權益，組織各種文教及康樂活動，深受工人階層擁戴；而右派工會不時被指責在談判中偏袒資方，並傳出貪污醜聞，在工人階級中的影響力遠不及左派工會。

早期香港四大愛國學校

培僑中學

創辦時間　1946 年

首任校長　葉廷英

招收對象
最初主要是東南亞的華僑子弟，後以本地生和僑鄉學生為主。

經歷風波
1958 年校長杜伯奎被港府以從事政治活動為由遞解出境。

辦學規模
學生由創校近 400 人增至 1966 年的 1,700 人。

旺角勞工子弟學校

創辦時間　1946 年

創辦經過
由 21 間工會在灣仔首次設立；次年成立「旺角勞工子弟學校」（後擴展至 12 間）。

招收對象
多來自社會低下階層。

經歷風波
險被港府勒令停辦 7 間勞校。

辦學規模
1959 年有日、夜校各五間，學生 5,000 餘人；1980 年代合併為旺角勞校（日校）和香港專業進修學校（夜校）。

辦學特點
教學嚴謹
校風良好
學費低廉

創辦時間　1945 年

首任校長　李鴻子

經歷風波
險被撤銷註冊。

辦學規模
1949 年有學生 800 人，1965 年增至 1,600 人。

創辦時間　1946 年

首任校長　盧動

經歷風波
1950 年，盧動因校內掛國旗唱國歌而被港英政府遞解出境；校舍曾被右派暴徒焚毀。

辦學規模
1957 年學生增至 2,000 人。

漢華中學

香島中學

8.4 天星小輪騷亂（九龍騷動）

戰後香港社會的不穩定是導致騷亂的基本原因。

香港長期潛伏的社會矛盾

1950 和 1960 年代，在經濟繁榮和社會穩定的表象下，香港隱伏着勞苦大眾的艱難困苦。工商界擔心勞工成本上漲會導致香港競爭力下降，港府遂沒有積極立法保障工人權益；民眾亦與政府缺乏溝通，不少政府官員貪污成風，加深了居民對現狀的不滿。

步入 1960 年代，物價飛漲，平民百姓深感生活壓力巨大。1965 年初本地銀行出現擠提風潮，廣東信託銀行倒閉。銀行收緊銀根，對工商業帶來打擊。同年英國宣佈進一步限制香港紡織品輸往英國，本地紡織業出現收縮現象。

騷亂的爆發

1965 年 11 月，天星小輪申請加價，引起社會輿論反對。市政局民選議員葉錫恩發起民眾反加價簽名運動。1966 年 4 月 4 日，青年蘇守忠在港島天星碼頭以絕食方式抗議渡輪加價，次日蘇氏繼續抗議時被警察拘捕，引發其他抗議者舉行示威，吸引沿途不少市民加入。4 月 6 日上午蘇氏被控「阻街」提堂，晚上九龍市區發生暴動，警方施放催淚彈鎮壓，凌晨在九龍實行宵禁。次日晚上暴動持續，警方開槍射殺一名參與破壞的民眾。宵禁延續至 9 日晚上結束，其間警方共拘捕 1,465 人，被控告者共 905 人。12 日葉錫恩向政府遞送一份十一萬餘人簽名反對加價的呈文，但政府置之不理，批准加價。

學者張家偉指出，當時香港左派報章在天星小輪騷亂事件中保持中立，更在評論中站在支持港英政府的立場，強調維持社會秩序的重要性。

事後港府組織四人調查委員會，探究騷亂起因。天星碼頭抗議事件的參與者盧騏在調查委員會作證時，指稱他在拘留期間被警方毆打，又迫他捏造葉錫恩收買他發動遊行的口供。1967 年 3 月，盧騏被發現吊死於徙置區寓所內，不少人都不相信他是死於自殺。

1966 年九龍騷動調查委員會報告書

九龍騷動調查委員會報告書

總體立場 警方採取「持重」的措施，有效遏止暴動。

重要原因 政治、經濟及社會方面的不滿情緒

外部原因 輿論流於偏激 ✚ 葉錫恩的反加價行動

根本原因
* 政府與民眾隔閡
* 政府職權過於集中 ⟶ 對市民的真正問題漠不關心

建　議
* 廣闊政府與民眾的傳達路線
  增進公務員與民眾之間更多的個人接觸
* 注意青少年問題
  增加青年福利和康樂設施

評價
* 偏袒港英政府
* 建議加強官民溝通
* 提醒關注青少年問題，具遠見。

8.5 「六七暴動」（上）

香港社會的內部矛盾和內地文革思潮的影響，是事件爆發的主要原因。

1966 年內地爆發「文化大革命」，官方大力宣傳毛澤東思想和世界革命，引發群眾盲目排外。香港左派由於長期受到港英政府的壓迫，在內地「極左」思潮影響下，掀起濃烈的抗爭意識。

澳門「一二．三事件」

1966 年末，澳門氹仔坊眾因辦學需要而擴充校舍，卻因未賄賂官員不獲批准，唯有先行搭棚施工，澳葡警察到場阻止，遂引發衝突。12 月 3 日，華人舉行大規模示威活動，澳葡警察開槍鎮壓，造成 8 人死亡。廣東省主要領導人在集會上作出講話，表示堅決支持澳門華人的抗爭。葡國政府最終決定完全接受澳門華人的要求，承擔事件的一切責任，將肇事者撤職查辦。事件大大打擊了澳葡政府的管治威信，鼓舞了香港左派人士對港英政府的鬥爭情緒，而港英政府則決定採取強硬態度對抗左派的抗爭活動。

香港新蒲崗人造花廠事件

1967 年 4 月，九龍新蒲崗人造花廠發生勞資糾紛，勞工署試圖介入調停未果。5 月 6 日，工人強行阻撓資方把貨物搬離工廠，廠方報警處理，導致工人與警方發生衝突。左派工會指責事件是「有計劃」的迫害。左派社團發動民眾和學生慰問工人，並在工廠外牆張貼大字報，高舉《毛主席語錄》抗議。11 日雙方再次發生衝突，導致一名少年喪生。隨後中國外交部就事件向北京的英國代辦處遞交抗議聲明，《人民日報》亦發表評論支持左派人士的抗爭。左派人士組成「香港各界同胞反英抗暴鬥爭委員會」（簡稱「鬥委會」）。自 5 月中旬起，內地各城市紛紛舉行聲援香港左派的群眾集會。

「花園道血案」

新華社發動左派人士到港督府遊行示威，數千名左派民眾包圍港督府。5 月 22 日，左派民眾與警方在中區花園道口發生衝突，港府隨即宣佈在港島實施戒嚴令，並頒佈《緊急法令》，禁止「非法廣播」及散發「煽動性傳單」。

「六七暴動」的原因和左派人士的詮釋

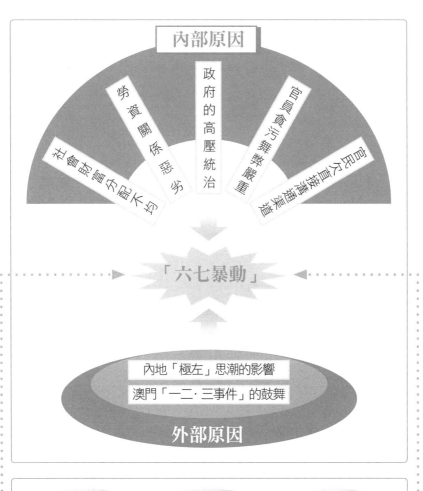

內部原因

社會財富分配不均
勞資關係惡劣
政府的高壓統治
官員貪污舞弊嚴重
官民少實際溝通渠道

「六七暴動」

內地「極左」思潮的影響

澳門「一二．三事件」的鼓舞

外部原因

定　性	原　因	結　果
應正名為「反英抗暴」	港英政府的高壓政策	推動了香港社會的變化

香港左派人士的詮釋

　　左派人士的激進行為，最終令他們的抗英鬥爭失去廣大市民的同情和支持。

大罷工與大罷市

　　「花園道血案」後，周恩來召見港澳工委負責人，強調「在香港問題的鬥爭」要「有理、有利、有節」，可是始終未能緩和香港左派民眾的抗爭情緒。左派人士為迫使港英政府屈服，號召舉行罷工與罷市。港府隨即解僱參與罷工的 1,650 多名政府工人。其他私營機構相繼仿效，1967 年 6 月底，罷工逐漸平息。警方多次圍攻各個左派工會，搜捕工會人士，對被捕者施以嚴刑虐打，其後更突擊其他左派社團據點，拘禁左派陣營具有影響力的人物。

沙頭角事件及反英鬥爭的持續升級

　　「花園道血案」後，中英邊界氣氛漸趨緊張。6 月，沙頭角港方居民數百人開會悼念反英死難者，警方予以鎮壓。7 月 8 日上午，沙頭角港方居民到中方境內參加集會，會後分路遊行，途經沙頭角警署時，向警署投擲石塊及魚炮。警察向群眾開槍，中方民兵跨過邊界，開火掩護民眾撤離，造成 4 名港英軍警死亡。8 月，文錦渡左派運輸工人包圍警局，奪去部分軍械，後由港英官員簽署「認罪保證書」領回。

　　自 7 月起，部分激進的左派人士在未得到北京方面支持的情況下，到處放置炸彈，惹起一般市民的反感，後來更燒死對左派極盡挖苦能事的商業電台播音員林彬。8 月，港府查封《田豐》、《香港夜報》、《正午報》三家左派報紙，並逮捕數名新聞記者。中國外交部立即要求英國必須在 48 小時內撤銷對三報的停刊令，並無罪釋放 19 名左派記者，但為英方拒絕。

抗爭的結束

　　8 月 22 日，紅衛兵不顧周恩來和中央文革小組的勸阻，搗毀在京的英國代辦處，又放火焚燒汽車。事後周恩來向英國政府道歉，指示外交部負責修復代辦處，港英政府則繼續以強硬政策鎮壓左派人士，關閉左派學校中華中學。1967 年底，在周恩來的施壓下，左派偃旗息鼓，持續數月的事件始告結束。

「六七暴動」中各方關係及港英政府的對策

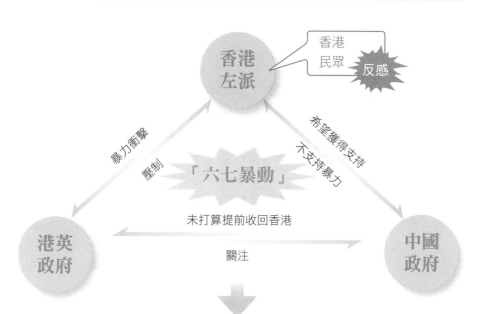

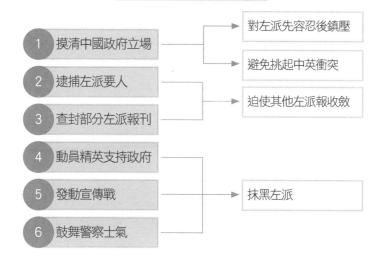

「六七暴動」的影響

「六七暴動」加速了香港社會的改革。

港府落實改革緩和社會矛盾

早在1950年代，不少居港的英國人已對香港的勞工、住屋等問題予以批評，但港府對這些批評反應遲緩，不少改革建議有待落實。天星小輪騷亂與「六七暴動」，喚醒了港府的危機意識，促使港英官員認識到必須盡快全面調整統治策略，爭取民眾支持。正如姬達指出：「暴動後被證實是香港社會發展的轉捩點，它使香港政府關注本地人的需要，它也是70年代發生的巨大變化的催化劑。」

1968年起，港府開始全面改革勞工法例，訂立新的僱傭條例，縮短工人的工作時間；又訂立勞工賠償新例，擴大保障範圍並提高賠償金額（1970），女工並得享有產假（1971）。

此外，港府亦主動改變過去的福利政策，擴大財政支出，改善市民生活。1972年港督麥理浩宣佈推行「十年建屋計劃」，1971年實行免費小學教育，1978年開始推行九年免費教育。同時，港府亦建立新機制加強官民溝通，於1968年在港島和九龍設立十個民政主任辦事處，負責向市民解釋政策，組織青年活動；又於1970年擴大兩局非官守議員辦事處，方便議員處理市民的申訴；更在1974年成立廉政公署打擊貪污。

左派力量受到嚴重打擊

學者張家偉指出，「六七暴動」爆發初期，華人普遍同情左派人士的抗爭，至1967年7月後，部分激進的左派人士放置炸彈，終引起市民反感。事後港英政府加緊實行宣傳與歧視政策，徹底「妖魔化」左派，使左派形象進一步受損，左派報刊銷路逐漸萎縮。

另一方面，左派陣營在1970年代採取「閉關自守」政策，不積極參與社會事務。左派工會抵制勞工顧問委員會等港府所組織的勞工諮詢架構，使無政治背景的獨立工會（如基督教工業委員會）得到發展機會。

省港大罷工與「六七暴動」的比較

省港大罷工 (1925－1926)

「六七暴動」 (1967)

爆發原因

省港大罷工：
- 主要為政治因素
- 五卅運動、沙基慘案

「六七暴動」：
1. 工人生活壓力大
2. 文革思潮、澳門「一二‧三事件」的刺激

與內地關係

省港大罷工：
- 中共黨員直接領導組織

「六七暴動」：
1. 新華社直接指揮
2. 內地「文革派」聲援

港英政府的態度

省港大罷工：
1. 利用國共矛盾
2. 爭取本地精英支持
3. 嚴厲打擊罷工

「六七暴動」：
1. 關注中國政府的態度
2. 爭取香港社會輿論支持
3. 防止中港邊境衝突擴大
4. 通過宣傳抹黑左派人士

結果

省港大罷工：
- 國民黨決定出兵北伐
- 工會主動結束罷工

「六七暴動」：
- 紅衛兵搗毀北京英國代辦處
- 周恩來施壓停止左派抗爭活動

戰後金融業的發展

> 1960 年代的銀行擠提風潮，迫使港府加強對本地銀行業的監管。

戰後香港金融市場的繁榮

1945 年香港重光後，華資及外資銀行陸續復業。從 1946 年起，由於大戰期間積壓下來的僑匯以香港為轉遞的總樞紐，加上因國共內戰，內地出現惡性通貨膨脹，以及東南亞部分地區出現政局動盪和排華風潮，這些地區的資金大量流入香港，導致香港金銀炒賣、證券及地產市場空前興旺。

銀行業的發展

戰後，香港銀行數量急速增長，不少自稱「銀行」的機構，其實只是一些獨資或合伙的公司，專門從事投機活動，促使港府決定對銀行業進行管制。1948 年 1 月，港府頒佈《銀行業條例》，規定金融機構必須持有政府發出的銀行牌照，才能使用「銀行」名稱並經營業務。

隨着製造業與地產業的興盛，外資銀行及華資銀行紛紛調整經營方針，增加對製造業及房地產業的貸款，並開拓服務一般市民的零售銀行業務。1950 年代後期，銀行為爭取業務，不惜以提高存款利率和降低貸款利率的手段來吸引客戶，導致支出利息成本上漲，誘使銀行把貸款投向風險高但收益大的股票及地產投資項目上。

1960 年代的銀行擠提風潮

1961 年 6 月，廖創興銀行出現擠提風潮，經滙豐、渣打兩家發鈔銀行援助才獲解決。1964 年，港府修訂《銀行業條例》，立法規定銀行的最低資本額、流動資產對存款比率等項目。1965 年初，明德銀號因擠提而宣佈破產，風潮蔓延到恆生銀行等華資銀行。恆生銀行與滙豐銀行達成協議，出售 51% 股權予後者，始能渡過難關，滙豐銀行在香港銀行零售的壟斷優勢由此奠定。

1965 年銀行危機後，港府停發銀行牌照，結果外資銀行要進入香港市場，只有通過入股或者兼併本地銀行；另一方面，實力不足的本地銀行也歡迎外資加入。結果令不少香港銀行被外資銀行控制或兼併。

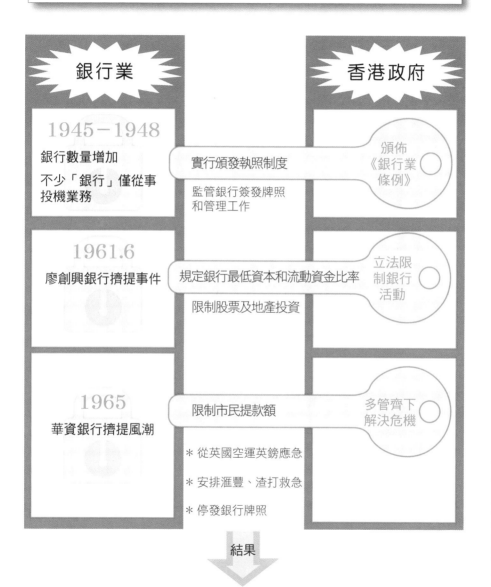

戰後港府對銀行業的監管（1948－1965）

銀行業

1945－1948
銀行數量增加
不少「銀行」僅從事投機業務

1961.6
廖創興銀行擠提事件

1965
華資銀行擠提風潮

香港政府

實行頒發執照制度

監管銀行簽發牌照和管理工作

頒佈《銀行業條例》

規定銀行最低資本和流動資金比率

限制股票及地產投資

立法限制銀行活動

限制市民提款額

＊從英國空運英鎊應急

＊安排滙豐、渣打救急

＊停發銀行牌照

多管齊下解決危機

結果

＊滙豐銀行奠定香港銀行零售的壟斷地位
＊香港不少銀行被外資銀行控制或兼併

重要人物簡介

錢穆（1895－1990）⋯⋯⋯⋯⋯⋯⋯

國學大師。字賓四，江蘇無錫人。曾入讀南京鍾英中學，辛亥革命後因學校停辦而輟學，任小學教員，靠自修國學成為一代大儒。1927 年任教江蘇省蘇州中學，開始撰寫《先秦諸子繫年》一書。1930 年後先後任教於燕京大學與北京大學。抗戰時期寓居昆明，任教西南聯大，撰寫《國史大綱》。1949 年應張其昀之邀赴港創辦亞洲文商學院，次年該校易名為新亞書院。1960 年獲耶魯大學頒授名譽博士學位。香港中文大學成立後，因與校方意見不合，辭去新亞書院校長職務。1967 年定居台北士林外雙溪，次年當選台灣「中央研究院」院士。1990 年 8 月於台北逝世，終年 96 歲。

查良鏞（1924－　）⋯⋯⋯⋯⋯⋯⋯

筆名「金庸」，香港報業家及文學家。浙江海寧人。抗戰後期入讀重慶的中央政治學校外交系，因發表大字報批評校方領導被迫退學。抗戰結束後，擔任杭州《東南日報》的記者。次年被派來港，參與《大公報》香港版的籌辦工作，從此與香港報業結緣。查氏早期以「林歡」為筆名，創作電影劇本。1955 年開始以「金庸」為筆名，為《新晚報》撰寫他的首部武俠小說《書劍恩仇錄》，隨後再創作《雪山飛狐》、《射鵰英雄傳》、《神雕俠侶》等武俠小說，奠定了在當代文壇上武俠小說宗師的地位。1959 年與沈寶生、潘粵生合辦《明報》，因該報能準確預見內地

政局發展而聲名日噪。1970 至 1980 年代，金庸曾出任廉政公署市民諮詢委員會召集人和法律改革委員會委員，自 1985 年起，歷任香港基本法起草委員會委員、香港基本法諮詢委員會執行委員會委員，以及全國人大香港籌委會委員等公職。1993 年將明報集團出售，宣佈全面退休。

葉錫恩（Elsie Hume，1913－2015 ）⋯⋯⋯⋯⋯⋯⋯⋯
社會運動家及教育工作者。英國人，生於英國紐卡素，父親為電車售票員，於貧民區長大，1937 年畢業於杜倫大學岩士唐學院（University of Durham, Armstrong College）。曾在英國任教小學和中學。1948 年前往江西南昌傳教。1951 年以傳教士的身份來到香港，後因不滿教會的保守作風而脫離教會。1954 年創立慕光英文書院。1963 至 1995 年，出任市政局議員。她以英國人的特殊身份，通過傳媒的壓力，逼使殖民政府正視貪污問題，為社會基層爭取權益。1988 至 1995 年，出任立法局議員。她反對港督彭定康推出的政改方案。1995 年參選立法局九龍東選區議席失敗（對手為司徒華）。1997 至 1998 年擔任臨時立法會議員。1997 年獲特區政府頒授大紫荊勳章。回歸後她經常發表言論，提出民主自由的真正意義是要包容不同的聲音和政見，並不認同對泛民主派有關民主的立場，對他們向外國發表對特區政府的不滿表示反感。

楊光（1926－2015）.....................

香港左派工會領袖，工人出身。1962 至 1980 年間出任工聯會理事長。「六七暴動」時期，左派人士組成「鬥委會」，楊光是該會的負責人。1980 至 1988 年出任工聯會會長；1973 至 1987 年間當選第四至六屆全國人大代表；1988 年至今擔任全國政協委員。1996 至 1997 年以勞工界身份，出任香港特區第一屆政府推選委員會推選委員。2001 年獲特區政府頒授大紫荊勳章，部分市民因對「六七暴動」時左派的激烈行為反感而有非議。現為工聯會會務顧問。

曾德成（1949－　）.....................

祖籍廣東順德，生於廣州，父親曾照勤曾任香港中華總商會文員，兄長為前任立法會主席曾鈺成。「六七暴動」期間就讀聖保羅書院中學七年級，因同情左派群眾，在校內派發反英傳單，被校長報警逮捕，判處入獄兩年。出獄後獲邀加入《新晚報》工作，1988 年升任《大公報》總編輯。1990 至 2008 年出任第七至十屆全國人大香港區代表。1994 至 1995 年擔任哈佛大學「尼曼」訪問學人。自 1998 年起出任特區政府中央政策組全職顧問，2007至 2015 年出任民政事務局局長，成為香港史上首位有刑事記錄的局長級官員。他後來接受訪問時，強調對當年自己的抗英行為「一點也不後悔」，獄中的生活令他重新認識人生目標。但他也承認「左派放炸彈是非常愚蠢的行

為」，左派陣營採取過激行動，使他們失去市民支持，策略嚴重錯誤，但「六七事件是愛國抗爭，歷史應該作出這樣的評價」。

姬達（Jack Cater，1922－2006）

生於英國，二戰期間曾任英國空軍飛行員，1945年來港參加香港軍政府的民政工作。次年加入漁務處，後升任漁農處處長。1966年被保送到英國帝國國防學院（Imperial Defence College）深造。次年回港升任防衞司。「六七暴動」期間擔任港督私人助理，後調任副布政司，專責處理騷亂。1970至1972年出任工商署署長；1972至1973年出任新聞司，後升任民政司；1974年出任首任廉政專員，接管警方反貪污部工作，打擊公務員隊伍內的貪污風氣；1978年升任布政司；1982年調任港府駐倫敦專員；1984年退休。退休後在港先後出任多間公司董事。2006年於英國根西島（Guernsey）病逝。

何善衡（1900－1997）

恆生銀行創辦人。祖籍廣東番禺，早年家境寒微。14歲時在廣州一間鹽館當雜工，後來成為金舖學徒，22歲擔任金舖司理，後轉任金融經紀。1933年與林炳炎、何添等人在香港創辦恆生銀號（1959年改稱恆生銀行）。1941年日軍佔領香港，遷往澳門暫住，1945年始返回香港。1946年與何添等人創立恆昌公司（即今日的大昌

貿易行）。1965 年 4 月，香港發生銀行擠提風潮，被迫把恆生銀行 51% 的股權售予滙豐銀行，由於滙豐銀行認為恆生銀行的成功奠基於其華人管理層，故只派 4 位人員進入董事局。何善衡仍然長期擔任恆生銀行董事長，到 1983 年因年老而改任名譽董事長。

何氏熱心慈善公益，1970 年設立何善衡慈善基金會，資助國內外慈善事業。1978 年創辦恆生商學書院，免費提供教學，為香港造就不少商界人才。1971 年獲香港中文大學頒發榮譽社會科學博士學位，1983 年獲香港大學頒發榮譽法律博士學位。

戴麟趾（David Clive Crosbie Trench，1915 －1988)
香港第二十四任總督，亦是最後一位出身英國殖民地部官員的總督，生於英屬印度。1925 年入讀湯布里奇公學（Tonbridge School），後來入讀劍橋大學的耶穌學院，取得文學碩士學位。隨後加入英國殖民地部，被派往英屬所羅門群島工作。二戰期間參加英屬所羅門群島防衛軍（British Solomon Islands Defense Force）。1949 年被保送到英國聯合參謀學院（Joint Services Staff College）深造，次年被派往香港工作，1956 年出任副財政司。1958 年再次被保送到英國帝國國防學院（Imperial Defence College）深造。1959 至 1960 年間出任副輔政司，1961 年至 1964 出任西太平洋高級專員。1964 年 4 月出任香

港總督。「六七暴動」期間，他一方面游説倫敦方面支持武力鎮壓本地左派人士的方針，另一方面盡量避免挑起中英邊界的直接衝突，在沙頭角、文錦渡等事件中採取克制態度。在他任內，香港開展多項大規模的基建項目，如獅子山隧道（1967 年通車）、香港海底隧道（1969 年動工、1972 年竣工），並大量興建公共房屋。1971 年 10 月離任。1988 年病逝於英國多實郡（Dorset）家中。

1971

7月
免費小學教育實施

提出積極不干預主義
夏鼎基出任財政司

11月
麥理浩出任港督

1972

3月
中英正式建交

十年建屋計劃

第 9 章

香港本土意識的成長
（1970－1979）

　　1960 年代天星小輪騷亂與「六七暴動」，喚醒了港英政府的危機意識。1971 年麥理浩成為首任出身外交部的香港總督，投入更多公帑進行民生建設，大大改善了本地居民的生活。必須注意的是，麥理浩推行改革，除了基於他個人關懷民生的思想因素外，英國本土政治氣氛的改變，以及他主觀地認為把香港改造成模範城市，可以延遲甚至打消中國政府收回香港的念頭，也是他推行改革的隱秘動機。

　　「麥理浩時代」所推行的改革，固然有效提高了華人社會對本地公共事務的參與，強化了港人「家在香港」的感覺；同時亦逐漸使土生土長的港人，在與中國內地長期分隔的形勢下，既對國家產生疏離感，亦漸次在西方文化和意識形態的影響下，形成一套有異於內地的生活模式及價值觀，構成 1970 年代以後香港「本土意識」的主要內容。這種意識在中英談判和過渡期繼續發展，構成回歸後中港矛盾的根源。

1973
「反貪污捉葛柏」運動

1974
前英國首相希思訪華
中英關係邁向新階段

1977
金禧中學事件

1970年代港府改革的背景

　　英國政策的改變、中港關係的改善，以及香港社會的發展需要，為改革營造了有利的外部環境。

英國殖民帝國的終結令港府自主權增強

　　二戰後大英帝國逐步解體。1956年英國與法國合謀重新佔領蘇彝士運河，因受到美國反對而告吹。此後英國陸續放棄非洲的殖民地。1968年英國政府將原來負責殖民地事務的殖民地部（Colonial Office）併入外交部，標誌着英國殖民帝國的終結。戰後香港事務漸趨複雜，倫敦方面無暇事事兼顧，港府的自主程度得以提高。至1960年代末期，港府更得到財政自主權，得以自行分配財政支出。

　　二戰後英國工黨執政，實施全民保健、中小學免費教育及向失業者發放救濟金等福利政策。1964年工黨再度成為執政黨，引入新的反種族歧視、反性別歧視法律。英國本土的改變，也對港府重視民生的改革方針構成影響。

中英及中港關係的改善

　　「六七暴動」後，中國政府恢復文革前維持香港穩定的做法，令香港部分左派人士收斂激進行徑。步入1970年代，中英關係持續改善。1971年英國委派出身外交部的麥理浩出任港督，顯然有改善中英關係的意圖。次年中英兩國建立大使級外交關係。1974年前英國首相希思（Edward Heath）訪華，標誌着中英關係的發展邁向新階段。次年麥理浩獲邀出席新華社香港分社主辦的國慶酒會，後來更在毛澤東逝世後參加弔唁。在中英及中港關係不斷改善的前提下，英國相信在香港的管治可以維持較長的時間，更有信心因應本地發展的需求，在香港進行改革，作為未來與中國政府就香港前途談判的籌碼。

香港社會發展呼喚公共服務

　　戰後香港人口大幅增加，經濟不斷發展，對公共服務需求龐大。戰後普及教育推行，提高了市民的知識水平及對自身權益的認知，增加了他們對政府施政質素的要求，迫使政府在維持管治的前提下，投入更多資源改善民生。

麥理浩在任時的主要改革

施政重點		主要改革內容

施政重點

政治
增加華人政治參與機會

經濟
保障香港經濟利益
加強監管金融

社會
改善市民生活
提升港人生活質素

文化教育
推行普及教育
支持文化及康樂活動

主要改革內容

1972	增加立法局議席。
1973	取消市政局的官守議席，改由委任議員及民選議員組成。
1973	推行香港公務員本地化。
1974	規定中文為法定語文。
1972	港元終止與英鎊掛鉤。（後改與美元訂立固定匯率）
1973	加強監管證券業；興建新市鎮及大型基建項目。
1972	宣佈「十年建屋計劃」。
1972	推行「清潔香港運動」。
1973	推行「撲滅罪行運動」。
1974	增加公共援助與傷殘津貼；增加社會福利開支。
1974	成立廉政公署。
1978	推行「居者有其屋計劃」。
1976	撥款興建文娛設施，制定《郊野公園條例》。
1978	實施「九年免費教育」。
1978	擴充高等教育，發表《高等教育白皮書》，資助浸會、嶺南、理工三家認可專上學院。

1970 年代的行政改革

> 加強政府與基層民眾的直接聯繫，是港府實施行政改革的目標。

「行政吸納政治」模式的局限

自開埠以降，港英政府在本地社會形勢出現轉變，或在統治遇到危機時，往往會主動把社會精英份子吸納到政府決策過程中，消解社會上抗衡性政治勢力的出現與成長。學者金耀基稱這種過程為「行政吸納政治」。其作用有二：一是可加強與華人社會的溝通，二是擴大了政府施政的認受性。

「行政吸納政治」有「形式的」和「非形式的」兩個面向：「形式的」是指香港的議會和半議會組織（如行政局、立法局、市政局等），政府通過委任社會精英出任議員，讓他們有限度地參與政府決策過程；「非形式的」是指政府所建立的行政諮詢架構（如各部門的諮詢委員會），政府透過各諮詢委員會搜集民意。但在 1970 年代以前，政府各議會所委任的議員大多是本地世家大族或新興的經濟精英，未能完全代表香港市民。

「草根層」的行政改革

「六七暴動」後，港府意識到過去的體制未能兼顧社會中下層的聲音和意見，因此設立「民政署」（今民政事務處）和「民政主任制度」（今民政事務專員），加強與基層民眾的接觸。「民政主任制度」負責為各社區提供資源，解決地方問題，為港府搜集民意。民政署亦舉辦各種聚會，邀集區內的民間領袖（如街坊會、互助委員會主席）與行政官員討論區內事務；又確立在推行重大改革措施前，發表「綠皮書」和「白皮書」徵詢民意的諮詢模式。

麥理浩時代港府更大量委任各階層華人出任立法局非官守議員。立法局的華人議員人數由 1950 年的不足 50％ 增至 1982 年的接近 80％。1973 年麥理浩宣佈終止過去太平紳士和香港總商會必然有代表進入立法局的慣例，委任張有興兼任立法局議員，開市政局民選議員進入立法局的先例。

1970 年代港府的行政改革，客觀上卻喚醒了普羅市民對地區事務的關注，也使港英政府逐步淡化了殖民統治的色彩，營造出「開明」與「關注民生」的新形象。

開埠以來港府如何漸次吸納社會精英？

香港政府

立法局設委任
與非官守議席

開埠初

本地外籍商界精英

*任伍廷芳為立法局議員
*在立法局設華人委任議席

1870 至 1920 年代

*接受高等教育的
 華人精英
*華人商界精英

*任周壽臣為行政局議員
*增設華人行政局議席

1920 至 1930 年代

大罷工時擁護港府
的華人商界精英

二戰後至 1960 年代

*增立法局華人非官守議員席位
*擴市政局的委任及民選議席

華人的工商界精英

1970 年代

華人專業人士與
社區領袖

*擴大立法局席位
*設各區民政主任辦事處
*擴大兩局非官守議員辦事處
*大量增加諮詢委員會

房屋政策的發展

香港政府是本地房屋市場的最大供應者。

十年建屋計劃：150 萬人有屋住

戰後香港人口持續劇增，公共房屋供不應求。「六七暴動」後，港府對社會問題更為關注。麥理浩上任時提出：「房屋的質素欠佳及供應短缺，及其所帶來的含意和由此而來的惡劣後果，是政府與市民矛盾和不快的主要源頭。」1970 年代，香港經濟平均每年增長 10%，使政府能夠負擔龐大的公屋項目。1972 年麥理浩提出「十年建屋計劃」，旨在為 180 萬香港居民（即接近總人口的 40%）提供公共房屋單位。次年港府重組原有的公營房屋組織，把徙置事務處及市政事務署轄下的屋宇建設處，合併成為房屋署，負責管理現有公屋及規劃未來公共屋邨發展，又統稱所有政府廉租屋邨為「公共屋邨」。為加速發展新市鎮，港府決定在較偏遠的地點興建公共屋邨，把市區人口分散至新界各區。可惜直到 1982 年，實際建屋量仍距離目標甚遠，港府決定將計劃延長至 1987 年。這個計劃完結後，共建成可供 150 萬人居住的單位。

居者有其屋計劃：低收入家庭得到置業的機會

隨着香港經濟的發展，市民經濟狀況得到改善，不少公屋居民均有自置物業的意願，加上輪候公屋的居民增加，政府為讓更多有需要的家庭獲得公屋單位，於 1976 年推出「居者有其屋計劃」（居屋計劃），旨在協助中低收入家庭和公屋租戶擁有自己的物業。到 1978 年，首期居屋計劃推出六個屋苑，售價約為市價的一半。為加快興建居屋的速度，政府更與部分私人機構合建居屋。及至 1980 年代，全港有 240 萬人居於各類公屋，約佔總人口的 44%。

富戶政策：救窮不救富

公屋單位是由政府資助的福利項目，因此租金與私人樓宇出現極大距離，以致供不應求。政府於 1986 年推行公屋住戶資助政策，削減向經濟條件較佳住戶的資助。同年香港房屋委員會實施「富戶政策」，規定居於公共房屋十年以上，因收入超出限額而被界定為「富戶」的住戶，繳交雙倍租金。

回歸前香港公共房屋的發展

形成期

1951　香港房屋協會為中下收入家庭建屋（非牟利）

1952　政府資助成立香港平民屋宇有限公司
　　　↓
　　　為低收入人士提供租金低廉的住所

1953　**石硤尾大火**　→　政府直接介入房屋的供應

發展期

1954　香港屋宇建設委員會成立 → 提供廉租的獨立式居所

1959　推出政府廉租屋計劃

1964　推出臨時房屋計劃

1965　平房區及徙置屋邨人口達 100 萬

1971　華富邨落成 → 首個運用新市鎮概念設計的公共屋邨

成熟期

1972　宣佈十年建屋計劃；成立香港房屋委員會

1973　徙置事務處＋市政事務署屋宇建設處 —合併為→ 房屋署

1976　推行「居者有其屋計劃」

1978　推出私人機構參建居屋計劃

1987　推出房屋資助政策（富戶政策）

1990　推出物業代管計劃 → 居屋屋苑管理私營化

1991　推出出售租住公屋予現居租戶計劃

1994　推出夾心階層住屋貸款計劃

廉政公署的成立

廉政公署的成立，是 1970 年代港英政府自我改造的產物。

戰後香港貪污風氣盛行

開埠以來，香港貪污風氣盛行。早期港英政府高層誤認貪污為華人的傳統風氣，對貪污行為防範不力，肅貪往往流於危機回應處理，把肇事者撤職了事。此外，殖民政府與市民存有很大的隔膜，廣大市民不理解政府的運作機制，又因不懂英語而要找中間人辦事，為中下層公務員的貪污提供了機會。戰後港府雖在警隊內設立反貪污部，但由於警務署及反貪污部均屬政府行政機關和公務員序列，反貪力度有限。當時警隊內部更出現有組織的貪污行為。

葛柏案催生廉政公署的成立

「六七暴動」後，港府關注香港的貪污問題。1971 年港府訂立《防止賄賂條例》，規定任何公職人員因索取或接受任何利益，而作出不當行為者即屬犯罪。英籍警司葛柏（Perter Fitzroy Godber）於 1973 年涉嫌貪污，被警方調查期間潛返英國。民間發起「反貪污、捉葛柏」的大遊行，要求政府緝捕葛柏歸案。麥理浩委任高級副按察司百里渠（Alastair Blair-Kerr）成立調查委員會，徹查葛柏逃脫原因及檢討當時的反貪工作。百里渠的報告提出政府必需設立獨立的反貪污部門，才能有效打擊貪污。1974 年 2 月，港府成立「總督特派廉政專員公署」（回歸後改稱為「廉政公署」），委任姬達為首任廉政專員，全力打擊貪污活動。

警廉大衝突

1977 年，廉署破獲警員包庇販毒集團的「油麻地果欄販毒案」，逮捕 87 名涉案警員，引起部分警員的不滿。同年 10 月 28 日，2,000 多名警員在警察總部集會，要求港府特赦所有涉貪警員，更有警員衝擊廉署的執行處辦公室。麥理浩在維持港英統治穩定的大前提下，發出「局部特赦令」，指令廉署除已經進入起訴程序或涉及特別嚴重的罪行外，停止調查 1977 年元旦以前發生的貪污案。事後港府迫令 118 名警務人員提前退休，徹底粉碎警隊內部有組織的貪污集團。

廉政公署「三管齊下」打擊貪污

執 行 處
負責調查

* 接受及審閱貪污指控
* 調查罪行

  任何被指控或涉嫌觸犯《廉政公署條例》、《防止賄賂條例》及《選舉（舞弊及非法行為）條例》的罪行
* 調查涉嫌濫用職權而犯的勒索罪
* 調查任何可能導致貪污的行為

打擊貪污

防止貪污處
負責提供建議

* 審查各政府部門及公共機構的工作常規及程序

  建議修訂容易導致貪污的工作方法及程序
* 為私營機構和個別人士提供防貪建議
* 為各機構及公司的管理層擔當顧問

防範貪污

反貪

社區關係處
負責宣傳

* 教育公眾認識貪污的禍害
* 爭取公眾支持肅貪倡廉
* 製作肅貪倡廉的宣傳節目

打擊貪污

目標

肅貪倡廉

9.5 普及教育的發展

1970 年代是香港初中普及教育的擴張期。

戰後初期中學學額嚴重不足

戰後由於政府資助的中學學額嚴重不足,政府於 1949 年推行小學會考制度(1962 年改稱「中學入學考試」,即「升中試」),小學會考主要考核中、英、數及社會四科的成績,甄選優秀的小學畢業生升讀官立中學或津貼小學。1955 年參加會考的小學畢業生 3,000 人,獲得分配學員額者不足 1,000 人;1967 年考生 34,000 人,分配學額 12,000 人;1971 年考生 70,000 人,分配學額 25,000 人。未能分配學額的小學畢業生,家境清貧者只得投身社會工作。據統計,1961 年全港中學生不到 100,000 萬人,但 12 至 16 歲的青年有 270,000 萬;1971 年 500,000 適齡人口中,中學生只有 230,000,可見當時學童升入中學的比率不足 50%。

初中普及教育的推行

1971 年 7 月,教育司署宣佈實施免費小學教育,同年 9 月,立法局通過《1971 年教育法案》,授權教育司強迫適齡學童入學。為解決中學學額不足問題,港府除資助教會及志願團體辦學外,更向私立中學購買初中學位。1974 年 10 月,港府發表《香港未來十年內之中等教育》白皮書,強調港府未來的教育發展重點將轉移至中等教育,特別是與職業掛勾的工業中學。

1977 年麥理浩在歐洲參加關稅會議,香港因法定最低勞工年齡(14 歲)低於國際慣例(15 歲)而受到不利待遇,麥理浩決定推行九年免費教育,把普及教育擴展至中學三年級,並把法定勞工年齡提高至 15 歲。1970 年代小學生升讀中學,必須參加「升中試」,考試內容分中、英、數三科,注重死記硬背,不但令學生面對巨大的升學壓力,也扭曲了正常的學習生活,備受社會輿論批評。1978 年港府廢除「升中試」,推行以校內評核為主的「學能測驗」,評定小學畢業生選擇中學的優先次序,減輕學童的升學壓力。同年更規定 15 歲或中三以下學童必須接受初中教育。隨後港府不斷發展接受政府資助的津貼中學,減少向私立中學購買學位,收窄了私校與左派學校的生存空間(因港府不會向後者購買學位),令兩者的數目大幅減少。

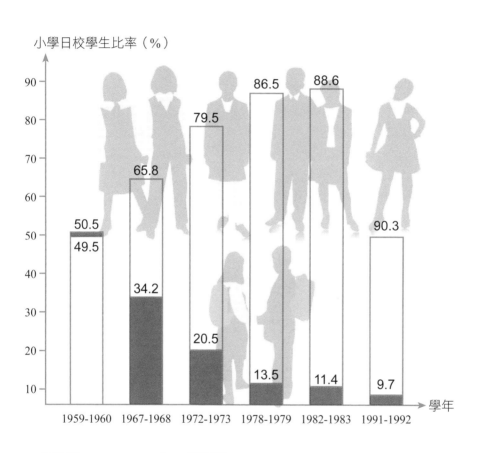

官津補與私立學校學生數目比率變化

小學日校學生比率（％）

學年	官津補學校	私立學校
1959-1960	50.5	49.5
1967-1968	65.8	34.2
1972-1973	79.5	20.5
1978-1979	86.5	13.5
1982-1983	88.6	11.4
1991-1992	90.3	9.7

 官津補學校　　　■ 私立學校

* 資料出自曾榮光（1998）《香港教育政策分析：社會學的視域》（香港：三聯書店），頁7。

* 從上表我們可以發現，普及教育導致官立及津貼小學在本地教育所佔比重日漸增多，私立小學則日漸減少。

社會福利服務的發展

1970 年代港府政策的改變，為本地福利服務帶來了重大的轉機。

民間志願機構是戰後本地社會服務的主要承擔者

二戰前本地的社會福利服務，基本上完全由民間志願機構承擔。東華三院的工作，成為以後福利機構的典範，實物救濟成為福利工作的主流。除少數本地組織如保良局、東華三院、同鄉會及宗親會外，福利服務主要由天主教或基督教的差會包辦，服務經費也是由這些差會的母會支持，服務宗旨均與傳道工作有關。

二戰後不少國際福利基機構如信義宗世界服務處（1952）、美國援外合作社（1953）紛紛在港展開工作，從歐美各國募集物資，救濟本地貧民。這些機構來港服務的原因有二：一來因為本港難民問題相當嚴重；二為內地政權的改變，使不少西方志願機構退出中國，將服務重點轉移到香港。政府在福利方面所扮演的角色，僅限於少量的實物救濟而已。1958 年，港府成立社會福利署，可是由於人手與經費有限，工作僅限於感化、領養及保護婦孺服務。

1965 年港府發表題為《香港社會福利工作之目標與政策》白皮書，肯定社會福利的重要性，但港府只願承擔一些對香港經濟最有直接貢獻的社會福利工作，如幫助傷殘人士恢復生產能力，或使家庭保持完整，以及培育青年建立良好品格的服務。

「六七暴動」後港府政策的改變

「六七暴動」後，港府加快福利服務的改革步伐，於 1971 年 4 月全面推行現金公共援助計劃。麥理浩於 1973 年 6 月發表白皮書，提出了「夥伴」的概念，表明社會福利署應與志願機構合作提供服務，並承認政府應承擔人部分福利的開支。1964 年政府用於福利的開支只有 1,336 萬元，至 1976 年增至 3.65 億元。由於公共援助制度保障了市民的基本生活需要，志願機構亦開始改變服務內容。部分以家庭服務為主的機構，轉而關注家庭成員間的人際關係與適應問題；部分熱心推動志願服務的人士，由於不用太注意募捐款項，也可投入更多精力拓展新服務，使本地的社會服務更趨多元化。

回歸前港府如何促進福利發展？

1965 年香港社會福利工作之目標與政策白皮書

承認社會福利事業是必需品

肯定志願機構的價值
＊有助爭取海內外捐款及資源
＊減少公款支出

提出政府的主要責任
＊援助貧困人士
＊使家庭和社區發揮自助能力

承認社會福利重要，
但只願承擔直接拉動
經濟的福利工作

1973 年香港社會福利白皮書

提出「夥伴」概念
＊社會福利署應與志願機構合作
＊政府應承擔大部分福利的開支

劃分政府與志願機構的任務
＊與法例有關的工作、社會保障，及涉及多個政府部門的服務，
　　應由政府負責
＊其他一般服務是志願機構的工作範疇

鼓勵市民參與福利服務

全面推進
公共援助

回歸前港府對福利發展的原則

＊甚少制定民生政策上的長遠規劃
＊堅持「量入為出」
　　只願用經濟發展的剩餘增加福利開支
＊回應民間疾苦有選擇性

積極不干預主義

1970 年代，港府改變過去絕對「自由放任」的經濟政策，開始有限度地干預市場運作。

「自由放任」的經濟政策

自開埠以降，港府奉行自由貿易港政策。二戰後港府規定只對煙草、酒類、不含酒精飲料、甲醇、碳氫油類（汽油、柴油）和化妝品六類商品徵收關稅，其他商品免稅進口。1960 年代出任財政司的郭伯偉（John James Cowperthwaite），正是「自由放任」經濟政策的忠實支持者。他曾經說：「我們（指香港）是一個經濟極度開放的地區，『無形之手』是我們經濟的最佳指引者。」這種自由經濟政策，對戰後初期香港恢復轉口港地位，並迅速躋身新興工業城市行列，起了重要的作用。但在金融領域實行自由經濟政策，效果卻不大理想。由於對銀行業缺乏監管，1960 年代連串銀行擠提事件爆發，迫使政府不得不立法監管。

夏鼎基與「積極不干預主義」

1971 年夏鼎基（Charles Philip Haddon-Cave）出任財政司，逐步嘗試改變過去「自由放任」的經濟政策，主張在維持市場經濟的原則下，遇到對整體經濟有重大不利影響的問題時，應該採取積極措施進行必要的干預（「積極不干預主義」一詞，其實並非由夏鼎基首先提出，而是由當時的立法局議員鄧蓮如所創造，用以形容夏鼎基的經濟政策）。學者鄧樹雄認為所謂「積極」，是指政府在決策前要以積極的態度去考慮政策的代價與利益，且要從短期到長期、從私人到整體各方面去衡量。

1977 年，夏鼎基提出政府應承擔四個責任：一是適度干預外匯市場，推行無損整體利益的金融政策；二是制定相關的法律條例及監管架構；三是設立一個廣泛的諮詢網絡；四是提供各種社會服務。

1982 年，夏鼎基再度對「積極不干預主義」作出補充，他認為由於市場的不完善而引致壟斷出現；市場增長過速，以致常規無法加以抑制；為了公眾利益而須訂立法例和監管架構以維護公眾利益（如金融市場）；在個人行為對總體經濟和總體金融產生不良影響等情況下，政府應該干預市場運作。「積極不干預」政策從此成為回歸前港英政府經濟政策的主導思想。

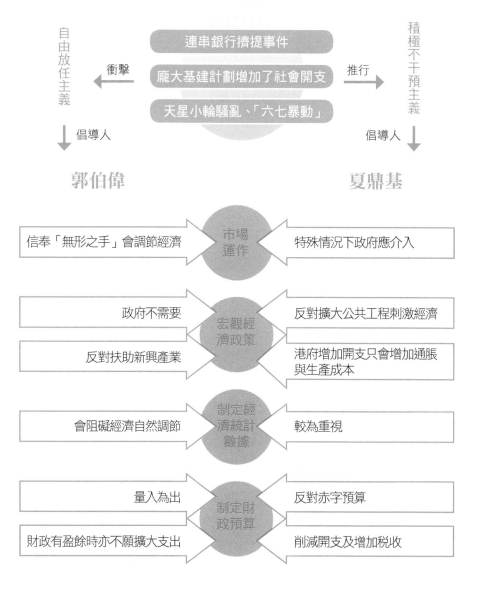

積極不干預主義與自由放任政策比較

社會背景

自由放任主義 ← 衝擊 ← 連串銀行擠提事件

龐大基建計劃增加了社會開支

天星小輪騷亂、「六七暴動」

推行 → 積極不干預主義

倡導人 ↓ 郭伯偉

倡導人 ↓ 夏鼎基

市場運作

信奉「無形之手」會調節經濟 ｜ 特殊情況下政府應介入

宏觀經濟政策

政府不需要 ｜ 反對擴大公共工程刺激經濟

反對扶助新興產業 ｜ 港府增加開支只會增加通脹與生產成本

制定經濟統計數據

會阻礙經濟自然調節 ｜ 較為重視

制定財政預算

量入為出 ｜ 反對赤字預算

財政有盈餘時亦不願擴大支出 ｜ 削減開支及增加稅收

華資財團的崛興

地產業是 1960 年代華資財團崛興的主要憑藉。

戰後華資財團在製造業與航運業的崛興

　　二戰前香港經濟主要由英資財團所壟斷，華資處於從屬地位。1949 年前後，上海資本家從內地攜大量資本、機器、技術以及與海外市場的聯繫來港發展，促成本地華資製造業的急速發展。1970 年，製造業在本地生產總值（GDP）中所佔比重達 30.9%，成為本地經濟的支柱。1950 年代以後，香港從日本進口的機器設備、原材料及香港銷往歐美市場的產品大幅增加，刺激了航運業的發展，包玉剛的環球航運，董浩雲的金山輪船、東方海外，趙從衍的華光航業等華資航運集團乘勢崛興，打破了英資長期壟斷亞洲航運的局面。

華資財團與戰後地產業的發展

　　戰後大量資金流入香港，造就了香港地產業的興盛。1960 年代以後，不少華商紛紛將投資重點轉移至地產業務。「六七暴動」時期，英資財團及富戶擔心中國政府用武力收回香港，賤價拋售本地物業，李嘉誠、郭得勝、李兆基、王德輝等華資地產商趁機低價吸納優質地皮物業，奠定了他們日後在地產市場的霸權地位。1969 年李福兆創辦遠東交易所，扭轉了過去英資壟斷本地證券業的形勢。華資地產財團紛紛趁機上市集資，利用所得資本進行併購。

華資財團併購英資財團

　　1970 年代末，由於本地華資財團盈利豐厚，加上英資財團多採取保守策略，中英就香港前途談判期間，無心拓展在港投資。滙豐銀行為爭取盈利，轉而支持華資財團進行併購戰。1979 年 9 月，李嘉誠得到滙豐的支持，鯨吞英資和記黃埔公司，後來李氏重新發展黃埔的物業及地皮，奠定了李氏地產王國的基礎。次年船王包玉剛亦因取得滙豐貸款的承諾，擊敗怡和公司，取得九龍倉的控制權，其後又吞併會德豐公司。上述事件標誌着華資財團逐步壓倒英資財團，成為香港經濟的主導力量。1978 年香港 30 家市值最大的上市公司中，華資公司佔 12 家，到 1981 年已增至 19 家。

華資家族財團的經營模式特點及利弊

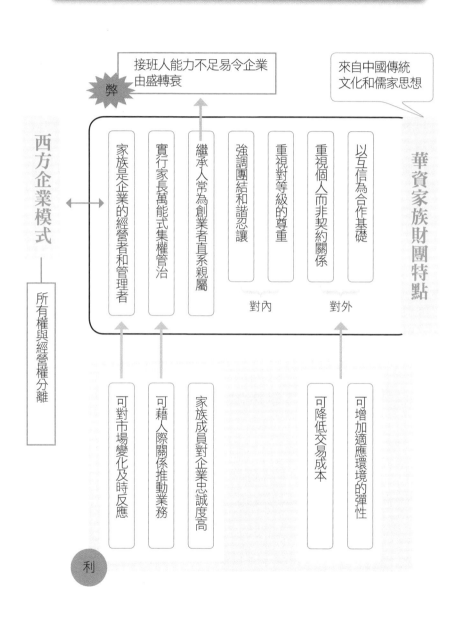

接班人能力不足易令企業由盛轉衰

弊

來自中國傳統文化和儒家思想

西方企業模式

所有權與經營權分離

華資家族財團特點

家族是企業的經營者和管理者

實行家長萬能式集權管治

繼承人常為創業者直系親屬

強調團結和諧忍讓

重視對等級的尊重

重視個人而非契約關係

以互信為合作基礎

對內

對外

可對市場變化及時反應

可藉人際關係推動業務

家族成員對企業忠誠度高

可降低交易成本

可增加適應環境的彈性

利

9.9 1970年代香港的社會運動

1970年代的社會運動，見證着本土意識的逐步形成。

戰後香港的群眾運動，基本上是由國共兩黨所主導。「六七暴動」後，部分左派人士的激烈行徑引致市民的反感，加上中國政府要求維持香港的穩定，左派陣營對香港社會問題開始緘默。另一方面，1971年台灣被逐出聯合國，從此採取「革新保台」政策，專注島內事務，不再參與或支持海外團體和社會活動，使香港本土社會力量得到活動空間，以爭取香港人權益為目標的社運亦相繼湧現。大學和大專的學生會由於會員人數較多，受到當時西方學潮的影響，傾向理想主義，成為民間抗爭運動的重要力量。

文憑教師薪酬事件和「反貪污捉葛柏」運動

1972年，港府降低了文憑教師入職薪點，並試圖將教師薪級脫離公務員總薪級表，激起了全港官津補中小學教師的憤慨。司徒華領導的「香港教育專業人員協會」籌備委員會組織全港官津補教師進行大請願和全港首次教師大罷課，迫使港府作出讓步。

1973年，前警司葛柏因涉嫌貪污潛逃英國，香港大專學生發起「捉葛柏」運動。8月學生及各團體在維多利亞公園舉行「反貪污，捉葛柏」大會，參加集會的市民有千餘人，迫使港府設法引渡葛柏回港受審，並成立廉政公署平息民憤。

金禧中學事件和油麻地避風塘艇戶事件

1977年，天主教教會屬下的金禧中學教師發現校方有斂財之嫌，師生要求校方解釋不遂，其後部分學生遭停課處分。1978年5月，教育司署宣佈封閉金禧中學。

1979年，油麻地避風塘的艇戶被政府迫遷，社會工作者與大學及大專學生協助艇戶抗爭，爭取合理安置。多名社工和學生前往港督府請願途中被捕，並被警方以《公安條例》（「六七暴動」時制定的法例，規定三人以上的集會須先向警方申請）予以檢控。

1970 年代香港社會運動的原因和發展

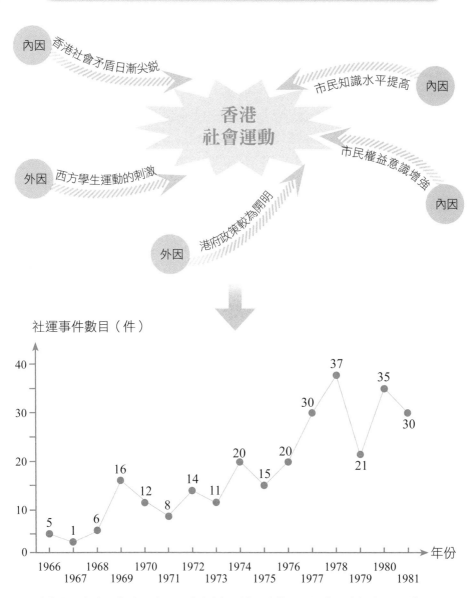

社運事件數目（件）

資料出自呂大樂、龔啟聖（1985）《城市縱橫：香港居民運動及城市政治研究》，頁 62。

香港本土意識的形成

中港長期分隔是香港本土意識成長的根源。

戰後香港本地人對中國內地感到疏離

香港本土意識是指戰後土生土長的市民，因經歷共同成長歷程和共享一些相同的生活方式而形成的集體意識。二戰以前，香港文化基本上是中國華南社會的延伸。1949 年以後，由於中港邊界的分隔，內地與香港踏上不同的社會發展路向，戰後本地成長的一代因與內地缺乏接觸而產生疏離感，1950 年至 1970 年代內地不斷推行政治運動，也使部分本地居民對中國政府產生抗拒。港英政府的殖民教育體制強調「重英輕中」，刻意迴避任何國家或民族感情，歧視非英聯邦國家的學歷，造成本地人對內地文化的負面觀感。

1960 年代以後，香港經濟發展迅速，市民生活水平遠超於內地。1970 年代政府進行公共房屋及基建工程，打擊貪污及提高公共服務質素，改善了市民的生活環境，使他們產生了自豪感和歸屬感。香港急速的都市化過程，使中國傳統價值觀受到衝擊，在西方思想影響下，努力爭取個人權利，以及改善個人的生活環境，成為本地市民的主流觀念。

「香港人」與「大陸人」二分法的形成

1962 年起港府推行「抵壘政策」，凡內地偷渡來港者，只須抵達市區登記，即可取得身份證。1970 年代大量內地移民湧入香港，令本地居民擔心自身所享受到的資源會被攤薄，加上新移民在思想、語言及習慣上都與本地人有差距，本地人逐漸形成一種自衛意識，有意識地界定誰是自己人及「外人」。

港府移民政策的改變亦強化了港人的自我認同。1972 年以前香港法例規定任何非香港出生的居民，均不可享有永久居留權；1972 年港府修訂法例，規定只要在香港連續居留滿七年，便有資格申請成為香港的永久居民，有正式資格享受各種社會福利。到了 1980 年，港府取消「抵壘政策」，實施「即捕即解」政策，有否擁有身份證，便成為辨認是否「香港人」身份的重要憑藉了。

香港本土意識形成的因素

 1 1949 年以後
中港邊界分隔
→ 兩地缺乏接觸而產生疏離感

 2 建國初期
內地政治運動不斷
→ 部分港人對中國政府產生抗拒

3 內地推行簡體字和
普通話
→ 中港文化差異拉大

 4 1970 年代
香港公共服務質素提高
→ 港人對港產生自豪感和歸屬感

 5 1970 年以後
香港經濟發展迅速
→ 香港市民生活水平遠超內地

 6 1970 年代以後
香港福利措施增加
→ ＊部分港人擔心資源被攤薄
＊港人形成自衛意識

 7 港府移民政策改變
→ 香港居民身份獲法律形式確認

 8 大眾傳媒興起
→ ＊港人形成共同話題和集體回憶
＊有助香港本土身份認同

重要人物簡介

麥理浩（Murray MacLehose，1917－2000）
香港第二十五任總督。生於英國蘇格蘭格拉斯哥市。
1936 年入讀牛津大學修讀歷史。1939 年加入殖民地部
工作，後被派駐馬來亞為官學生，1940 年被派往廈門
學習當地方言，1943 年在汕頭從事情報工作。1944 年
至 1946 年間擔任英國駐福州署理領事。1947 年 5 月轉
職外交部，出任漢口署理領事，次年出任署理總領事。
1950 年調到英國駐捷克大使館，出任一等秘書（商務）
兼領事。1954 年出任英國駐紐西蘭高級專員公署辦事處
主管。1959 年出任港府政治顧問。1963 年任外交部遠
東司司長。1967 年任駐越南大使。1969 年任駐丹麥大
使。1971 年 11 月出任港督，直到 1982 年卸任，成為殖
民地時代任期最長的總督。麥理浩在其任內推行地方行政
改革、「十年建屋計劃」，成立廉政專員公署，改革社會福
利制度，實施九年免費教育等措施，見證了香港經濟的起
飛。卸任後成為英國上議院議員，經常就香港事務發表意
見，對彭定康的政改方案持否定態度。晚年定居蘇格蘭。

葛柏（Peter Fitzroy Godber，1922－？）
英國人，生於倫敦。1946 年在英國任職警員。1952 年
出任香港警隊副督察。1971 年 12 月調任九龍區副指揮
官，曾於 1968 年至 1972 年獲得殖民地警察服務獎章及
英女皇警察服務勳章。1971 年警隊反貪污部展開對葛柏
財產的調查。次年 1 月，葛柏申請提早退休。1973 年港

府調查發現，葛柏由 1952 年 8 月至 1973 年 5 月的薪金總數為 89.19 萬港元，但他的財產竟達 437 萬港元。同年 6 月，警隊根據《防止賄賂條例》要求他解釋收入來源，但他竟然從啟德機場乘飛機逃回英國。葛柏的潛逃導致市民發起「反貪污、捉葛柏」大遊行。為平息民憤，港督麥理浩委任高級副按察司百里渠成立調查委員會，徹查葛柏逃脱原因及檢討當時的反貪污工作。葛柏於 1975 年被引渡返港受審，判處入獄四年，出獄後隱居西班牙。

郭伯偉（John James Cowperthwaite，1915 − 2006）

前港府財政司，放任自由經濟政策的代表。生於英國愛丁堡。1933 年入讀聖安德魯斯大學（University of St Andrews），主修古典文學。畢業後又升讀劍橋大學基督學院，取得文學碩士學位，1941 年加入港府任官學生。到任前因香港已淪陷，被派到西非塞拉利昂（Sierra Leone）任民政專員。1945 年初加入倫敦的香港規劃工作小組，參與訂定重新接收香港的計劃。同年 11 月加入港府工作，1952 年升任助理財政司。1961 年出任財政司。任內設法維持低稅率政策。他拒絕對市場給予任何資助或補貼，反對政府對經濟狀況作出詳細統計，揚言貧窮國家要脱貧，必先「廢除國家統計部門」。1971 年退休。1972 至 1981 年擔任怡和富林明公司的國際顧問。2006 年於蘇格蘭逝世，終年 90 歲。

夏鼎基（Charles Philip Haddon-Cave，1925－1999）

前港府財政司。英國人，生於澳大利亞，畢業於牛津大學。1952 年起在英國東非殖民地負責統計工作。1963 年調到香港加入工商署；1965 年任工商署署長，與本地工商界建立密切關係。1967 年出任副經濟司；1969 年任副財政司；1971 至 1981 年間任財政司。任內相當重視工業家的利益，提出積極不干預主義政策，主張在維持市場經濟的原則下，遇到對整體經濟有重大不利影響的問題時，應該採取積極措施進行必要的干預，又訂立公營部門開支增長應與經濟增長同步的原則。1980 年在工業總會發表演說：「即使在奉行積極不干預政策的大前提下，我們必須承認有時候干預是實事求是的做法，能保持香經濟穩定。」1981 年升任布政司，1985 年退休返回英國，拒絕擔任任何公司的董事職務，並拒絕評論港府的施政。1999 年於倫敦因心臟病發逝世。

包玉剛（1918－1991）

香港航運業巨擘，浙江寧波市人。父親包兆龍早年在上海開設錢莊，後任衡陽工礦銀行、重慶工礦銀行經理。1931 年中學畢業至漢口跟父親學做生意。後在到英商安利洋行保險部工作。1938 年在上海加入中央信託局。1945 年就任上海市銀行營業部經理和副總經理。1948 年移居香港，從事與內地的進出口貿易。1955 年購入舊

船「金安號」，創建「環球航運公司」。其後因埃及收回蘇彝士運河，造成航運費用上漲，包玉剛乘機增購船隻拓展業務，獲得「船王」的稱號。1978年有感航運業前景欠佳，實行「棄舟（賣船）登陸（收購九倉）」投資策略。同年獲英女王授予爵士稱號。1980年在滙豐銀行的支持下，成功收購英資洋行九龍倉。1985年又成功收購另一英資集團會德豐。1986年收購香港另一家發鈔銀行渣打銀行14.5%的股份，成為該行最大的個人股東。他熱心支援內地的文教事業，1985年捐款2,000萬美元興建寧波大學。同年擔任香港特區基本法起草委員會副主任委員。

董浩雲（1912－1982）

香港航運業巨擘，本名「董兆榮」，祖籍浙江定海，出生於上海。小學三年級時因體弱輟學，憑自修成材。1928年考入金城銀行，派往天津航業公司服務。由於才幹出眾，被華北航業界公推為天津航業公會副會長。1940年成立「中國航運信託公司」。1945年日本投降後，被派到上海，協助解決復員初期的海上運輸問題。1946年成立「中國航運公司」。1950年中國航運公司遷到台灣繼續營業。在台灣政府指示下，開拓台灣與中南美洲航線。他認為油輪容積愈大，愈符合經濟原則，熱衷於投資建造巨型油輪，租予世界各石油公司使用。1979年更建造56萬噸的「海上巨人」號油輪；又投資建造貨櫃船隊和貨櫃

碼頭，在 1973 年成立「東方海外貨櫃航業公司」。全盛時期擁有巨輪 150 艘，載重量達 1,200 萬噸。他熱心教育事業，1970 年購入「伊麗莎白女王號」，改裝為「海上學府」，為學生提供國際高等教育。次年該船在港失火沉沒，他再購入「大西洋號」完成計劃，並提供獎學金予各地清貧子弟在船上學習。

李嘉誠（1928－　）

當代香港首富，生於廣東潮州。1940 年為逃避戰亂，隨父遷居香港。1943 年父親病逝，年僅 14 歲的李嘉誠即挑起家庭重擔。戰後曾任職五金廠的推銷員。1950 年在港島筲箕灣創辦長江塑膠廠。1957 年該廠開始生產塑膠花，成為暢銷世界的產品。1971 年成立長江地產有限公司。次年將長江地產易名為「長江實業（集團）有限公司」在香港股票市場上市，成為當時「華資地產五虎將」的一員（其他四虎將包括新鴻基地產、新世界、合和、恆隆）。1974 年地產業低潮時期，長江實業趁機收購物業，逐步擴展成為香港地產界的龍頭企業。1979 年在滙豐銀行支持下，取得老牌英資洋行和記黃埔的控制權。憑着和記黃埔在市區擁有的優質地皮，大量發展私人屋苑而成為巨富。李氏熱心公益，捐出巨款興辦汕頭大學。1985 年出任基本法起草委員；1995 年至 1997 年出任特區籌備委員會委員。2008 年 5 月四川汶川發生大地震，捐出人民幣 1 億元，為災區學生設立特別教育基金。

司徒華（1931－2011）

香港民主派元老。祖籍廣東開平。生於香港，家境清貧，日軍佔領香港時返回開平生活。1950 年畢業於皇仁書院。1952 年畢業於葛量洪師範學院，為該校首屆畢業生。1973 年領導非學位教師罷課成功爭取合理薪酬，次年獲選為「香港教育專業人員協會」首任會長。1985 年至 1991 年出任立法局功能組別議員，1991 至 2004 被選為香港立法會地區直選議員（九龍東）。1985 年獲委任為基本法起草委員會成員。1989 年「六四事件」後，退出基本法起草委員會，成立「香港市民支援愛國民主運動聯合會」（簡稱「支聯會」），1989 至 2011 年間出任該會主席。1990 年與李柱銘等人創立香港民主同盟（即今日的民主黨前身）。2004 年 7 月宣佈不再參選香港立法會選舉。2010 年公開表態反對「五區公投」。次年 1 月因癌症逝世。

1979 ○─── 麥理浩訪華

1982 ○─── 戴卓爾夫人訪華

1983 ○─── 前途談判
中英正式開始香港

第 10 章

中英談判及過渡期
(1979－1989)

　　1979年麥理浩訪問北京，鄧小平向他表明中國收回香港的決心，揭開了中英就香港問題談判的序幕。談判期間，英國企圖以「以主權換治權」延續對香港的統治；中國則基於民族尊嚴與維護國家主權的原則堅決拒絕。經多次談判後，英方同意1997年後完全放棄香港的主權和治權，並簽署《中英聯合聲明》。

　　中英談判期間，鄧小平提出以「一國兩制、港人治港」的原則成立特別行政區，香港保持資本主義制度五十年不變，實行「港人治港」。另一方面，1979年英方得悉中國收回香港的意圖後，港府隨即主動加速推行代議政制，於1982年舉行區議會選舉。中英草簽《中英聯合聲明》後，港府於1985年舉行立法局首次選舉，啟動了過渡期香港的政制改革。「六四事件」的爆發，給予香港極大的震撼，部分市民對香港前途失去信心而移居外國，隨後港府加快推行政政方案，惹起中方對改革動機的懷疑，這對香港主權的平穩過渡，造成不少困擾。

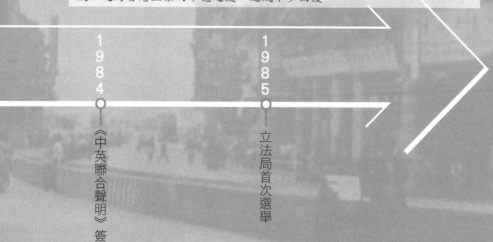

1984
《中英聯合聲明》簽署

1985
立法局首次選舉

中產階級的冒升

中產階級的形成，是戰後二十年本地經濟發展轉型的成果。

中產階級出現與「香港精神」的形成

簡單來說，中產階級主要是指一些在當代資本主義社會中擔任行政、管理和專業工作的僱員。步入 1970 年代，香港經濟轉型帶來了職業結構的轉變，創造了大量服務業與管理階層的崗位，給工人階層帶來向上流動的機會。隨着本地企業規模的擴大與股份制的普及，企業主不得不僱用專業經理人負責各部門的日常運作。公私機構亦愈來愈重視僱員的學歷或專業資格，社會分工日趨複雜，各行業專業化的趨向加強，為高學歷及專業人士帶來更多經濟機會。不少戰後伴隨父母移居香港或在港出身的寒門子弟，憑着個人的努力，在香港高度競爭的教育體系下脫穎而出，取得高等學歷或專業資格，得以晉身中產階級行列。

伴隨着中產階級冒升的社會轉變，香港社會出現一種樂觀情緒，認為只要憑着個人的努力，發展的機會會比上一代為佳，形成所謂「同舟共濟，奮鬥向上」的「香港精神」。這種對社會流動的樂觀憧憬，使民眾面對不公平的情況時，較少選擇採用集體行動（如上街抗議）表達不滿，緩和了香港社會因貧富不均產生的矛盾。可是正如學者呂大樂指出的，對工人階級而言，長程的上向社會流動（即躋身上流社會）仍極不容易。

中產階級傾向「求穩」

在政治上，中產階級是現實的既得利益者，傾向於追求安穩的生活，認同現存的社會制度，願意與當政者合作，維持社會的公平和秩序。學者張炳良指出，中產階級從自身利益出發，固然關心香港經濟及社會發展，但因他們已享有相當的職業保障及較高收入，不會傾向要求太多的社會福利，相對而言，他們更為擔心本身的稅項承擔及生活質素提升等問題（如環保和教育質素），願意擁有自己的物業，改善自身的居住環境。基於自身的成長經歷，不少中產階級的家長認為學歷與專業資格是保障下一代向上流動的主要途徑，因此非常注意子女的行為與教育，願意投入更多資源培育子女入讀名校。

香港中產階級的特徵

出身 ── 父母是內地解放前後的新移民

多來自中下家庭

教育

香港西式教育的產物

受過高等教育或到西方國家升學

意識形態

關心社會公義

認同民主、自由、平等等原則

我們是中產階級，香港的中堅力量！

香港中產階級

思想

有理想主義傾向

是戰後出生的一代，對內地無偏見

意識形態

抗拒激進的社會改革

香港前途談判

香港前途問題談判期間，英國企圖「以主權換治權」延續對港統治。

中英談判的揭幕

1971 年中國重返聯合國後，申明香港是英國佔領的中國領土，促使聯合國把香港剔出殖民地名單外。1970 年代末，由於距離《展拓香港界址專條》失效的時間愈來愈近，香港商界擔心新界地契的有效性能否延續，香港前途問題因而備受關注。1979 年 3 月，港督麥理浩到訪北京，鄧小平向他表明了中國收回香港的決心。其後英方多次要求與中國政府簽訂新約，讓英國於 1997 年後繼續治理香港，迫使中國政府考慮收回香港的問題。

中英談判經過

1982 年 9 月，英國首相戴卓爾夫人（Margaret Thatcher）訪華，與鄧小平討論香港前途問題。中國領導人正式通知英方，決定在 1997 年收回整個香港地區；戴卓爾夫人堅持英國在 1997 年後繼續管治香港，雙方無法達成共識。翌年英國大選後，中英兩國開始正式的香港前途談判。

英國起初提出「以主權換治權」（即英國接受中國對整個香港的主權，換取後者同意英國繼續治理香港），但中國堅持要在 1997 年收回香港的主權及治權，談判陷入僵局。同年 9 月，謠傳中英談判破裂，投機者炒賣美元，導致港元匯率大幅下滑，香港市民恐慌，四出搶購物資。英方希望趁機迫使中方接受「以主權換治權」的建議，戴卓爾夫人在接受美國記者訪問時，聲稱英方談判是為了港人的利益，英國從未拿走香港的一個便士。可是 1984 年 4 月鍾士元等行政、立法兩局議員前往倫敦爭取如何建立港人治港及民主化時，卻遭英國政府高層的冷待。

經多次談判，1984 年初，英方終於同意在 1997 年後完全放棄香港的主權和治權，當年 9 月 26 日，雙方簽署《中英聯合聲明》，結束香港前途談判，決定香港於 1997 年回歸中國，以「一國兩制、港人治港」的原則成立特別行政區，保持資本主義制度五十年不變。次年 5 月「中英聯合聯絡小組」成立，負責就《聯合聲明》實施進行磋商，並討論政權交接事宜。

鄧小平與戴卓爾夫人在中英會談時的交鋒

英國人真的
保不住香港
了嗎?

主權問題不
可談判!

戴卓爾夫人

鋒芒
畢露

鄧小平

綿裏
藏針

	香港的主權	
中國政府必須遵守有關香港問題的三個條約		主權問題不是一個可以討論的問題,中國必須在 1997 年收回香港。

	香港的繁榮	
香港只有在英國管轄下才能保持繁榮		香港能否保持繁榮,根本上取決於中國收回香港後,實行適合於香港的政策。

	香港的穩定	
如果中國宣佈收回香港,香港可能發生波動。		假如在過渡期內香港發生嚴重的波動,中國政府將被迫對收回的時間和方式另作考慮。

10.3 「一國兩制」的構想

　　一國兩制就是在一個國家內，容許兩個不同的社會制度（社會主義制度和資本主義制度）同時存在，這也是中國政府對台灣回歸祖國問題的主要方針。

歷史淵源

　　早於 1950 年代，中國政府就曾設想以和平方式解決台灣問題。1955 年 5 月，周恩來在全國人大上提出：中國人民解決台灣問題有兩種可能的方式，即戰爭的方式與和平的方式，中國人民願意在可能的條件下，爭取和平的方式解決問題。

　　1979 年 1 月底至 2 月初，鄧小平應邀訪美期間，強調只要台灣回歸祖國，中國將尊重那裏的現實和現行制度。1981 年 8 月 26 日，鄧小平在會見港台人士時指出：「我們要力求通過和平方式解決台灣問題，實現祖國統一，但是也不能排除在某種情況下被迫使用武力。即使使用武力方式解決台灣問題，台灣的現狀也可以不變。它作為中華人民共和國的一個省，一個區，還保持原有的制度和生活方式。」上述兩次談話，表明了鄧小平關於「一國兩制」方針的最初構想。

港台問題與「一國兩制」構想的形成

　　1982 年 1 月，鄧小平在談到台灣問題時，首次使用「一個國家，兩種制度」的概念。9 月，鄧小平會見戴卓爾夫人時，承諾中國在收回香港後，香港現行的政治、經濟制度，甚至大部分法律都可以保留。1984 年 6 月，鄧小平會見香港工商界訪京團時，進一步明確提出要用「一國兩制」的辦法解決香港和台灣問題。《中英聯合聲明》簽訂後，中國政府邀請香港各界代表，組成「香港特別行政區基本法起草委員會」，起草《香港特別行政區基本法》。

　　「一國兩制」承諾香港的社會和經濟制度在回歸後長時間內大致保持不變，讓香港人接受回歸祖國的現實。但不少香港人在解讀「一國兩制」時，往往把「兩制」提升至與「一國」等同或超出「一國」的高度。回歸後眾多有關《基本法》的爭論，其實主要都圍繞着如何看待「一國」和「兩制」之間的主次關係。

聽鄧小平解釋「一國兩制」

香港人 ?

鄧小平

「兩制」只是權宜之計嗎？

社會主義國家裏允許一些特殊地區搞資本主義，不是搞一段時間，而是搞幾十年，成百年。

「兩制」可長久

「一國」與「兩制」誰為主？

另一方面，也要確定整個國家的主體是社會主義。

「一國」是主體

港人可否全權治港？

切不要以為香港的事情全由香港人來管，中央一點都不管，……這是不行的，……中央確實是不干預特別行政區的具體事務的，也不需要干預。但是，特別行政區是不是也會發生危害國家根本利益的事情呢？

中央干預亦有界限

中央會軍事干預香港嗎？

但是（香港有人）……要把香港變成一個在「民主」的幌子下反對大陸的基地，怎麼辦？那就非干預不可。干預首先是香港行政機構要干預，……只有發生動亂、大動亂，駐軍才會出動。

中央干預亦有界限

10.4 代議政制的發展

中英談判時期，港英政府加快了香港代議政制的發展步伐。

區議會制及區域市政局的建立

　　1979 年港督麥理浩訪問北京返港後，港英政府隨即加速在香港推行代議政制。1980 年，港府公佈《香港地方行政的模式綠皮書》，建議在香港 18 個行政區分別設立地區管理委員會和區議會，推行全民投票選舉制度。1982 年 3 月，新界舉行區議會選舉，選出 56 名非官守區議員；9 月港九市區舉行區議會選舉，選出 76 名區議員。市政局是香港在 1980 年代以前唯一有民選代表的議會，但選民資格卻有嚴格限制。1983 年市政局首次實行分區選舉，改變過去不分選區的舊制，規定各民選議員必須分別由個別選區選出，並放寬選民資格。次年，政府宣佈在新界成立一個功能類似市政局的區域組織。1986 年，區域市政局正式成立，並實行分區選舉。

立法局引入選舉制度

　　1983 年 9 月，港督首次委任兩名民選區議員為立法局非官守議員。中英草簽《聯合聲明》後，港府於 1984 年 11 月發表《代議政制白皮書》，宣佈於次年舉行立法局首次選舉，以由兩個市政局和各區區議會議員組成選舉團，及功能組別（指社會上某些職業能在特定選舉中擁有投票權的類別）方式選舉產生 24 名非官守議員，使民選議員佔當時立法局總議席的 42％。1988 年港府再次發表《代議政制今後的發展白皮書》，決定於 1991 年採用直接選舉方式，選出 10 名立法局議員。1989 年，行政及立法局非官守議員就香港民主改革的步伐達成共識，要求立法局的議席在 1991 年增至全局議席的三分之一（即 20 個），1995 年增至一半，2003 年所有議席均由直選產生。

　　1990 年初，中英雙方就香港政制發展問題進行磋商，英方同意將 1991 年的立法局直選議席限定為 18 個，中方則同意在 1997 年將香港特區第一屆立法會的直選議席增到 20 個。至 1991 年 9 月，香港舉行立法局首次直接選舉，18 名議員由地方選區選出，21 名議員由功能組別間接選出，其餘 21 名議員，則包括 3 名當然官守議員及 18 名委任議員。

區議會的職權和選民資格

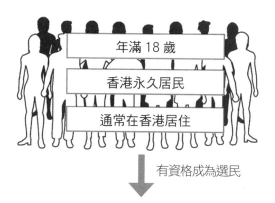

年滿 18 歲

香港永久居民

通常在香港居住

有資格成為選民

負責公共設施及服務問題

向政府提供意見

負責影響區內人士福利的問題

促進區內康樂文娛活動

區議會

負責區內小規模的環境改善計劃

負責小型工程及社區活動

只屬諮詢機構

無資格成為選民

被裁斷為因精神上無行為能力而無力處理和管理其財產及事務

任何武裝部隊成員

10.5 壓力團體與香港政治

　　壓力團體的興起，某種程度上是 1970 年代中產階級崛興與社會運動賡續和深化的結果。

　　所謂「壓力團體」，是指那些非政黨組織而企圖藉着行動，影響政府政策的團體。1980 年代壓力團體的成員和領導，大都是當年學生運動和社會運動的骨幹。不少壓力團體其實也是由當時的社運組織發展而來（如「香港專業教育人員協會」）。社運參與者漸漸理解到民生及社會問題，涉及政治體制能否反映和顧及大多數人意願這一根本問題，故此他們希望透過改變殖民體制來達成改革社會的理想。此外，1970 年代香港經濟的發展，培養了一批對香港具有歸屬感的本土中產階級，他們因應本身條件和社會關係而組織各種團體，藉此實現理想或保證自身利益，也是導致當時壓力團體興盛的原因。

本地壓力團體的特點

　　楊森認為本地壓力團體的特色，是針對個別團體或群體的實際問題，以社會行動向政府提出要求。通常採用的行動包括宣傳（記者招待會、傳單、簽名運動等）、集體談判、靜坐、遊行和請願等。本地壓力團體有兩個特點：一是政治意識形態的色彩相對淡薄；二是主要集中於討論本地民生與政治改革問題。在 1970 至 1980 年代初期，政府通常通過「行政吸納」（委任壓力團體成員加入政府諮詢委員會）和撥款資助壓力團體，減輕團體的對抗性。

九七回歸與政治性壓力團體的蓬勃發展

　　1980 年代本地媒體對香港前途問題的廣泛報道，以及政府就政制改革問題向民間諮詢意見，形成民間議政風氣日趨蓬勃。不少關注前途問題的社會人士，相繼組織各類論政團體表達自身立場，形成政治性壓力團體的蓬勃發展。隨着代議政制直選議席的出現，不少論政團體為通過參選擴大自身影響力，相繼通過合併形成政黨。以民主黨為例，其前身香港民主同盟（簡稱「港同盟」）即主要由「太平山學會」成員所組成，「匯點」則與港同盟合併成為民主黨。

圖解香港史（合訂本）

256

1980 年代香港壓力團體的四種主要類型

1　工會

組成：從事某些職業的人士

任務：保障會員利益

特點：會員教育水平和利益相近，動員能力強。

> 參與社會事務，維持公義。

香港教育專業人員協會
香港社會工作者總工會

2　社區組織

組成：基層民眾

任務：爭取基層民眾的利益

特點：建立鄰舍精神，發揮集體行動的力量。

> 人多力量大！

香港社區組織協會

3　政策倡議形式

任務：鼓吹相關政策的改革

特點：作出政策評論和社會行動

> 勞工、環保、教育政策，不能不關心！

基督教工業委員會
長春社

4　社會事務評論形式

任務：評論社會事務及政府政策

> 炮轟世情，把脈時政！

香港觀察社
匯點
太平山學會
民主民生協進會

聯繫匯率制度為香港提供了穩定的貨幣支柱。

從「銀本位制」到浮動匯率制

開埠初期，香港貨幣制度跟隨內地，實行「銀本位制」（以白銀為本位貨幣的貨幣制度），1866 年香港開始發行自己的銀元。1935 年中國放棄銀本位制，港元改與英鎊掛勾。二戰前英國是世界上的經濟強國，英鎊是主要國際貿易支付手段和儲備貨幣，港元與英鎊掛勾，有助保持港元穩定。二戰後英國的經濟地位大為衰弱，英鎊幣值極不穩定，港元亦需跟隨英鎊貶值，對香港經濟構成負面影響。

1967 年，英鎊再度貶值，港元亦同時貶值，給香港經濟帶來衝擊。隨後港府修改固定匯率，宣佈港幣升值。1972 年，英國政府宣佈任由英鎊浮動，英鎊區成員以後只限於英國本土及愛爾蘭共和國，由是香港放棄了英鎊匯兌本位制。同年港府宣佈把港幣與美元按 1 美元等於 5.65 港元的匯率掛勾，至1974 年底，因美元處於弱勢，港府宣佈港元實行自由浮動匯率制度。

自 1977 年起，由於本地貨幣及信貸過度增長，港元持續貶值，通脹率處於雙位數字水平。1983 年 9 月，由於中英兩國有關香港前途的談判陷於僵局，國際市場對港元失去信心，港元兌美元的匯價跌至 9.6，本地金融市場出現恐慌。港府一方面取消港元存款利息稅，另一方面推出聯繫匯率制度，以圖穩定港元匯率。

聯繫匯率制度的運作

香港的聯繫匯率制度屬於「貨幣發行局制度」，貨幣基礎的流量與存量必須得到外匯儲備的十足支持。香港發鈔銀行若增發港元鈔票，須先向外匯基金繳交等值的美元，以換取港幣的負債證明書。外匯基金保證以 1 美元兌換 7.8 港元的固定匯率向發鈔銀行發出或贖回負債證明書。港元與美元的兌換率雖然在市場上可自由浮動，但外匯基金和發鈔銀行在市場匯率偏離 7.8 港元的固定匯率時，會對市場進行干預，藉此穩定匯率。

聯繫匯率的優劣對比

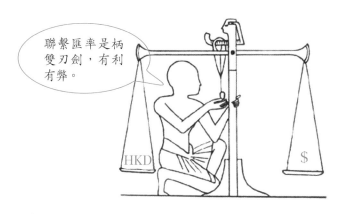

聯繫匯率是柄雙刃劍，有利有弊。

好　處

1　**有助港幣維穩**
港幣與美元掛勾，有助維持其穩定，為商業活動提供穩定的經濟環境。

2　**簡單、透明**
使市場清楚掌握其運作機制，增加海外投資者對香港的信心。

3　**維持經濟穩定**
使香港經濟能因應外來衝擊進行調整，卻又能避免貨幣突然崩潰，造成破壞與波動。

局　限

1　**利率調節經濟受限**
香港利率須跟隨美國，港府不能以利率遏抑通脹或刺激經濟增長。

2　**影響香港產品出口**
妨礙香港利用貨幣貶值，調整產品出口價格。

3　**導致通貨膨脹**
美元貶值可能導致港元購買力下降，加上人民幣升值，引致通貨膨脹。

1970年代香港證券交易日趨興旺，掀起了本地企業上市集資的熱潮。

二戰前本地證券市場的發展

早在1852年以前，外資公司已在港招股集資。至1865年，港府頒佈《公司條例》，規範了「有限公司」的運作。1891年由於市場出現造市活動，港府收緊股票買賣的手續，股票從業員為保障自身利益，組織「香港股票經紀會」，成為本地首個證券交易所。至1921年，另有經紀組成「香港股票經紀協會」。1947年兩會合併，易名「香港證券交易所」（俗稱「香港會」）。

四會時代

戰後大量資金湧入香港，催生了證券市場的繁榮。「香港會」為英商壟斷，引起華商不滿。1969年12月，李福兆創立「遠東證券交易所」（遠東會），採用中文作為交易語言，首次接納女性成為會員，降低華資公司的上市門檻；又主動向電台和電視台發放資訊，吸引華人投資證券市場。隨後金銀證券交易所（金銀會）、九龍證券交易所（九龍會）相繼成立，形成「四會鼎立」的局面。交易所的增加，刺激了本地企業上市尤其是華資企業集資的熱潮。

香港聯合交易所的成立

1973年港府頒令限制新交易所的成立後，為規範市場運作，積極推動四會合併。1984年，四會宣佈合併成為香港聯合交易所（簡稱「聯交所」），1986年正式投入運作。1985年香港期貨交易所有限公司正式開業，進行恆生指數期貨合約買賣。聯交所實施電腦自動對盤系統，減少經紀在買賣過程中舞弊的可能性。1987年，因外圍因素，股票市場出現股災，交易所宣佈停市四天，重新開市後市場出現恐慌性拋售。港府宣佈貸款支持香港期貨保證公司，並大幅減息維持市場穩定。事後港府成立調查委員會，發表《戴維森報告書》，並按照報告書的建議，於1989年成立中央結算有限公司和證券及期貨事務監察委員會（簡稱「證監會」）。前者負責集中所有證券交收及結算事宜；後者則負責監管聯交所和期貨交易所。

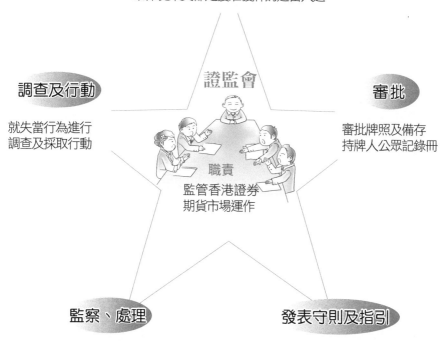

證監會是幹什麼的？

制定發牌準則
確保從業員都是獲准發牌的適當人選

調查及行動
就失當行為進行
調查及採取行動

證監會

職責
監管香港證券
期貨市場運作

審批
審批牌照及備存
持牌人公眾記錄冊

監察、處理
* 監察持牌人的財政穩健性及遵守
  相關法例、規則的情況
* 處理針對持牌人失當行為的投訴

發表守則及指引
使業界知悉證監會所要求的操守水平

香港製造業的北移

製造業北移促成本地產業模式的轉型。

「前店後廠」的運作模式

1980 年代,內地實施改革開放,在廣東省的深圳、珠海和汕頭,福建省的廈門建立「經濟特區」,實行優惠政策吸引外資。當時香港廠商正受工資和地價上漲問題困擾,為降低生產成本,逐漸將生產線北移到珠江三角洲地區(主要是深圳、東莞及中山)。

初期香港廠商和內地的關係是「三來一補」(即來料加工、來件製配、來樣製作和補償貿易),後來由於內地工廠的機器設備和技術水平的提高,加上內地投資環境的改善,不少工廠由「三來一補」轉為「三資企業」(外商獨資、中外合資、中外合作)。

香港製造商將工廠北遷後,通常採取「前店後廠」的運作模式,即把本地的辦事處轉為區域總部,負責從事獲取材料、銷售及市場推廣、研究與開發、財政管理、資訊技術管理及物流等活動。

北移對香港的影響

製造業北移,令香港工業生產出現萎縮。1970 年製造業佔本地生產總值的比例約 30.9%,1989 年下降到 19.3%,1996 年跌至 7.2%,香港出現了「去工業化」現象,服務業逐漸成為本地經濟支柱。本地就業市場亦受到負面影響。

由於生產工序北移,香港在整個生產體系中逐漸發展成為珠江三角洲地區的商業總部,內地的原料輸入與產品輸出令香港成為重要轉口港,香港的中外轉口貿易得以重新發展。

由於製作工序北移,可利用中港工資及地價差距降低成本,不少香港廠商開始安於現狀,不再重視改進生產技術的重要性及迫切性,為香港製造業的未來持續發展帶來隱憂。

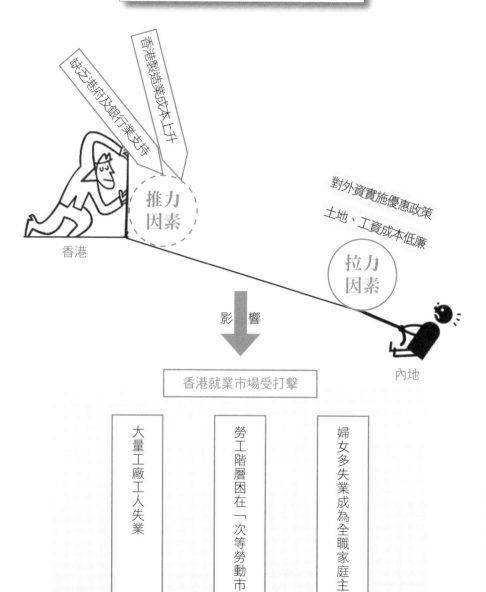

香港製造業北移的原因

缺乏港府及銀行業支持

香港製造業成本上升

推力因素

香港

對外資實施優惠政策

土地、工資成本低廉

拉力因素

內地

影響

香港就業市場受打擊

大量工廠工人失業

勞工階層困在「次等勞動市場」

婦女多失業成為全職家庭主婦

10.9 港產電影事業的發展

> 高度商業化與華人市場的開拓，是香港電影發展的主要因素。

戰後初期電影業的復興

香港第一部電影是梁少坡自導自演的《偷燒鴨》（1909），第一套本土導演拍攝的故事短片是黎民偉的《莊子試妻》（1913）。國共內戰時期大量內地電影工作者寓居香港，促成本地電影事業的興盛。國民政府禁止方言電影在內地發行的禁令，使本地的國語電影迅速復興。1949 年後在兩岸對峙的政治局勢影響下，本地國語電影界形成左右兩派對立的局面。1950 年左派影人成立「長城電影製片公司」；1956 年右派影人成立「港九電影從業人員自由總會」（次年易名為「港九電影戲劇事業自由總會」），規定香港電影必須取得該會的證明書，方可在台灣發行。

東南亞市場的開拓，使粵語片的發展出現生機。當時流行「賣片花」制度（即製片人在電影開拍前先向本地院商或海外發行商收取訂金，用作電影初期的製作費），製作人只需投資製作成本的 30－40%，便可開拍新片。

1950 年代港產電影沿襲中國主流電影的傳統，表現傳統道德倫理觀，反映社會問題和矛盾。武俠片則改以「真功實打」代替過去的神怪特技電影。

邵氏與嘉禾電影王國的興起

1957 年來自東南亞的邵逸夫在港創辦「邵氏兄弟（香港）有限公司」，此為華語電影圈中，唯一採取荷里活黃金時期片廠制的大公司。1970 年代中期，邵氏的前度大員鄒文懷創辦的嘉禾公司，成為邵氏的主要競爭對手。1971 年嘉禾禮聘李小龍回港開拍《唐山大兄》，創造「李小龍神話」；又實行外判製作，引入分紅制度，以「出品人」名義擔任投資者的角色，支持衛星公司獨立製作，影片交由嘉禾院線上映。

步入 1980 年代，由於台灣資金的大量投入，以及內地實施改革開放，港產片得以在內地上映，令本地電影事業再度踏入黃金時期。此時期電影的本土意識日漸增強，除香港式廣州話壓倒國語成為電影的主流外，導演與題材的日趨本地化，對港人本土意識的構成，帶來重要的影響。

1990 年代中期港產電影為何難現昔日榮光？

曾經
輝煌

如今為何低迷？

競爭對手眾多	不少戲院被迫結業	片商投資減少	院線商製作金萎縮

亞洲各政府鼓勵本地電影發展，製作更多合本區觀眾口味的電影

本地租金上漲，戲院無法應付昂貴租金

VCD、DVD 和網絡興起改變了市民的消閒模式。

盜版電影打擊了電影票房收入。

本地電影拍攝成本高漲。

港產片票房收入下跌。

本地與海外片商對港產片的需求下降。

香港電影的好日子一去不返了？

「六四事件」對香港的影響

「六四事件」為後過渡期及回歸後的中港關係帶來深遠影響。

「六四事件」的爆發

1989 年 4 月，前中共總書記胡耀邦因病逝世。北京高校學生在人民大會堂外靜坐請願，提出重新評價胡耀邦的功過、反對貪污腐敗、改善知識份子的待遇等要求。部分激進學生在天安門廣場絕食，企圖迫使政府接受學生所有要求。大批外地學生前來響應，局勢逐漸失控。6 月 4 日凌晨，政府動用武力驅趕天安門廣場上的學生。

港人對「六四事件」的反應

「六四事件」期間，部分港人組織「香港市民支援愛國民主運動聯合會」（簡稱「支聯會」），發動大規模的抗議活動支持北京學生。「六四事件」後，市面傳出流言，呼籲市民提走中資銀行存款。港府立即從外匯基金抽調現金支援中資銀行。行政局議員鄧蓮如與立法局議員李鵬飛前往倫敦活動，要求英國政府給予港人居英權。不少港人因對香港前途失去信心而移居國外。據統計，1990 年約有 62,000 人移居國外，約佔香港人口的 1％，大部分是年輕、受過高等教育、中產階層的專業人士。

英國政府對香港政策的改變

「六四」後中國的民主和人權問題突然成為後冷戰時代西方國家的批評對象。港府一改過去的做法，容許反共人士在港公開活動。港督衞奕信（David Clive Wilson）向立法局提出人權法案，使《公民權利和政治權利國際公約》的有關條文在本港法律中生效。英國政府亦趁機將香港問題國際化。10 月戴卓爾夫人要求英聯邦國家發表聲明，表明關注香港問題；衞奕信亦出訪美國，游說美國插手香港事務。12 月英國突然推出「港人居英權方案」，選擇性地給予五萬個香港專業人士、工商業、公務員等家庭，無需離開香港而取得擁有全面公民權的英國護照。中國政府批評此舉將把《中英聯合聲明》所規定的「港人治港」變成「英人治港」。隨後港府主動加速香港民主政制的步伐，惹起中方對改革背後動機的懷疑。

「六四事件」對香港政治生態的影響

中英爭拗成香港民主發展的變數

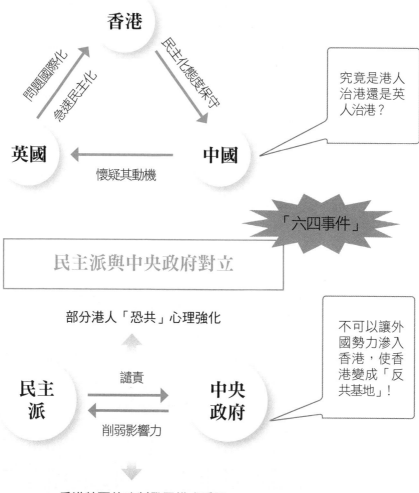

香港

問題國際化
急速民主化

民主化態度保守

究竟是港人治港還是英人治港？

英國

懷疑其動機

中國

「六四事件」

民主派與中央政府對立

部分港人「恐共」心理強化

民主派

譴責

削弱影響力

中央政府

不可以讓外國勢力滲入香港，使香港變成「反共基地」！

香港特區的政制發展模式受限

10.11 《基本法》的制定與頒佈

《基本法》的制定，體現了「一國兩制」的特點。

基本法起草委員會的成立

1984 年《中英聯合聲明》簽署後，確定香港會於 1997 年回歸中國。在回歸後的香港，代表英國統治的《英皇制誥》及《皇室訓令》必然隨英國的撤出而失效，香港特別行政區需要一部新的憲制性文件，用於確立回歸後的政府組織、政府權責、與中央關係。為此，全國人大在 1985 年成立基本法起草委員會，以起草香港的《基本法》。這部香港的最高法律為何稱為「基本法」？基本法研究專家黃江天指出：「基本法」之名原本來自二戰後的西德。當時西德為滿足樹立法律標準的要求，又為避免德國分裂成為永久事實，故稱西德的憲法為「基本法」。全國人大決定成立基本法起草委員會。「基本法」之名首次出現在中國法律的語境內。

從草擬到頒佈

草委會成立後，由 180 名來自香港的委員組成基本法諮詢委員會，負責在香港收集意見。草擬期間，鄧小平曾於 1987 年 4 月會見草委會成員，強調香港的制度「五十年不變」，甚至是在五十年過去後也不需要變的。鄧小平亦提到，香港回歸後的制度不能太西化，不能照搬西式的制度，強調「管理香港事務的人應該是愛祖國、愛香港的香港人」，「即使搞普選，也要有一個逐步的過渡，要一步一步來」。最後又指出香港不能成為危害國家利益的基地，中央在香港出現此種傾向時一定會「管」。

《基本法》第一份草案於 1988 年公佈，並進行第一次公眾諮詢，其中分別提供了五個行政長官及四個立法會產生的辦法，交予公眾討論，以便 1989 年初提交人大，再作第二次公眾諮詢。

第二次的公眾諮詢，重點是立法會的組成，由於公眾長期未有共識，直至年底仍有多個政制方案在討論當中。1989 年「六四事件」後，查良鏞、香港聖公會主教鄺廣傑退出草委，而司徒華、李柱銘被全國人大常委會撤職。直至 1990 年 1 月，草委會在各種方案中求得一折衷方案，並於當年提交全國人大審議通過，最後在當年 4 月 4 日正式頒佈。

《基本法》是如何制定、頒佈的？

 1984
《中英聯合聲明》簽訂
香港將成立特區，需要《基本法》

> 主席委員：姬鵬飛
> 秘書長：李後
> 成員：包玉剛、查良鏞、司徒華、李柱銘、李嘉誠等香港政界、商界、文化界人士

 1985
基本法草委會成立
成員：內地人士＋香港社會賢達
另組諮詢委員會在港收集意見

 1987
鄧小平會見草委

> 香港制度五十年不變！
> 香港政制不照抄西方！

 1988
第一草案公佈
第一次公眾諮詢
討論政制，解決行政長官產生辦法

 1989
第二草案公佈
討論立法會的組成
草委退出或被撤

「六四事件」爆發

 1990
1月
形成折衷方案

1990 年 4 月 4 日
香港特區《基本法》正式頒佈

重要人物簡介

鍾士元（1917－　）

前香港行政局首席非官守議員。祖籍廣東南海，生於香港，在聖保羅書院肄業。1936 年考入上海聖約翰大學，抗戰爆發後，轉到香港大學工程系重讀一年級。1941 年畢業，隨即進入黃埔船廠工作，成為該企業中僅有的兩位華人工程師之一。日佔時期逃往江西國民黨統治地區工作，兼任中正大學副教授。1946 年返港，1948 年取得英國文化協會的獎學金，在昔菲路大學（Sheffield University）取得博士學位。1951 年返港工作，1953 年開設崇佳實業公司，該公司成為當時世界最大的電筒廠。1958 年港府籌備成立「香港工業總會」，鍾士元被委任為工作委員會成員，開始公職生涯。1965 年被委為香港立法局非官守議員；次年出任香港工業總會主席；1972 年被委為香港行政局非官守議員。1980 年至 1988 年獲委任為首席議員。先後出任理工學院、城市理工學院、科技大學管治委員會創校主席。1995 年被聘為香港特區籌備委員會委員。回歸後出任行政會議首席非官守成員及行政會議召集人。1999 年任滿後退休。

圖解香港史（合訂本）

李福兆（1929－2014）

香港聯交所前主席。祖籍廣東鶴山。父親李冠春為東亞銀行創辦人。畢業於美國賓夕凡尼亞大學，回港後取得會計師資格。1969 年準備發展證券業務，申請牌照時卻遭到香港會拒絕，遂創立遠東交易所，打破香港會壟斷證券市場的局面，也成為英聯邦第一所有女會員的交易所，開業首年成交額達 29.96 億元，佔 1970 年股市總成交額的 49.5%。1986 年聯交所正式運作後擔任主席。1987 年 10 月 19 日，香港股票市場出現「黑色星期一」股災，交易所宣佈停市 4 天，重新開市後市場出現恐慌性拋售，復市當天恆生指數暴跌 43%。事後社會輿論對聯交所的管理層有否涉及私人利益表示極大關注。次年 1 月被廉政公署逮捕，被控以貪污受賄罪，後被法庭判入獄 4 年。

邵逸夫（1907－2014）

香港娛樂業大亨與慈善家。生於浙江寧波，原名邵仁楞。因在兄弟姐妹中排行第六，故人稱「六叔」。中學畢業後隨兄長邵仁枚到新加坡開拓電影市場，從此對電影製作產生興趣。1925 年邵仁枚在上海成立「天一影片公司」，曾與粵劇名伶薛覺先合作，拍攝全中國首部有聲電影《白金龍》（粵語）。1958 年在香港創辦「邵氏兄弟（香港）有限公司」。1965 年與余經緯、利孝和投資創辦電視廣播有限公司（即「無綫電視」）。1980 年起出任該公司主席，至 2011 年退任董事局主席，改任榮譽主席。

邵逸夫熱心公益，長期向中國內地捐助巨額慈善資金。多年來為中國內地和香港的教育、醫療捐助金額超過數十億港元。2003 年創立邵逸夫獎，每年選出世界上在數學、生命科學與醫學及天文學三方面卓有成就的科學家，各頒授 100 萬美元獎金。

李小龍（1940－1973）

當代武打電影演員，原名李振藩，祖籍廣東佛山，生於美國三藩市，父親為粵劇名伶李海泉。二戰後隨父母定居香港，起用「李小龍」作為藝名。1949 年入讀德信學校，後轉讀喇沙書院，因犯事被逐出校，轉到聖芳濟書院繼續學業。1959 年因得罪流氓，被父母送到美國升學。後入讀西雅圖華盛頓大學主修哲學。1966 年 4 月參與美國電視劇《青蜂俠》的演出，飾演配角「加藤」（Kato）。李小龍武術精湛，創立「截拳道」搏擊術。1970 年獲嘉禾公司的鄒文懷高薪招攬回港發展，先後拍攝《唐山大兄》、《精武門》、《猛龍過江》、《龍爭虎鬥》等五部電影和一套電視劇，掀起香港功夫電影的熱潮，也奠定了其國際武打巨星的地位。其電影《精武門》中的名句「中國人不是東亞病夫！」更為華人世界所傳誦。1973 年 7 月 20 日暴斃於台灣女星丁佩位於九龍塘的寓所內。

鄧蓮如（1940－）

前香港行政局議員。祖籍廣東番禺，生於香港。幼年時曾在上海居住，1948年舉家遷港。早年入讀聖保祿學校，畢業後負笈美國，後畢業於美國加州大學柏克萊分校。1964年加入英資太古集團工作；1976年獲委任為立法局非官守議員；1978年成為太古集團董事；次年出任地下鐵路公司董事；1982年出任九廣鐵路主席；同年獲委任為行政局非官守議員；1985年出任立法局首席非官守議員；1992年成為滙豐銀行有限公司首位女性副主席。中英就香港問題談判時期，鄧蓮如等行政局議員曾多番前往倫敦，就香港前途發表意見，當中包括希望港人可以參與談判，又多番游説英國政府，給予香港居民居英權。1990年獲英國政府冊封為首位華人終身貴族。彭定康推行政改方案時，鄧蓮如曾表明反對增加直選議席。1995年辭退首席非官守議員職務，次年與夫婿前律政司唐明治（Michael David Thomas）定居英國。2005年公開發表言論，支持曾蔭權的政改方案。

李鵬飛（1940－　）

前香港行政局及立法局議員，自由黨創黨主席。生於山東煙台市，幼年在上海長大，1954年定居香港。畢業於美國密歇根大學，1966年加入洛歇公司成為測試工程主管。1972年返港發展。1978年被港督麥理浩委任為立法局議員；1985年被委任為行政局議員；1988年晉升立

法局首席議員。1991 年與張鑑泉和周梁淑怡等人創立啟
聯資源中心，抗衡港同盟在立法局的影響。1993 年創立
自由黨，成為創黨主席。同年 4 月出任港事顧問。1994
年因不滿彭定康的政改方案，提出與港英政府對抗的修正
案「九四方案」，雖然得到中方支持，卻依然未能在立法
局表決中通過。在 1995 年香港立法局選舉中，贏得新界
東北選區的議席。回歸後出任臨時立法會議員。1998 年
自由黨在立法會選戰中大敗後，李鵬飛辭去黨主席一職，
淡出香港政壇，改為擔任媒體時事評論員與論政節目主持
人。曾任第九、十屆全國人大代表。

衞奕信（David Clive Wilson，1935－ ）

第二十七任香港總督。生於蘇格蘭，父親為一名牧師。
1953 至 1955 年參軍，退役後入讀牛津大學主修歷史。
1958 年加入英國外交部東南亞司工作。1960 年至 1962
年間在香港學習中文。1968 至 1974 年間擔任英國《中
國季刊》（*The China Quarterly*）主編。1977 至 1981 年
擔任港督麥理浩的政治顧問，其間陪同麥理浩到北京會見
鄧小平。1981 年調任為外交部南歐洲司總管。1984 年
出任外交部亞太區助理次官。1984 年被派到北京，曾於
1980 年代負責與中方起草《中英聯合聲明》，其後擔任
「中英聯合聯絡小組」首任英方首席代表。1986 年 12 月
接任港督。「六四事件」後，為恢復港人信心，在未向中
方諮詢的情況下，在 1989 年 10 月的施政報告中宣佈在

大嶼山的赤鱲角興建新機場。任內常被媒體批評對中國過於退讓。1992 年在未公佈繼任人的情況下被召返倫敦，其後改由彭定康出任港督。1993 年至 2002 年擔任英國文化協會理事會成員並出任蘇格蘭委員會主席；1997 年起出任阿伯丁大學（University of Aberdeen）校監。

李柱銘（1938－　）

香港資深大律師和民主黨創黨主席。祖籍廣東惠州，父親李彥和為國民黨將領。早年入讀華仁書院，在香港大學獲取學士學位，後於倫敦林肯律師學院修讀法律。早年曾為親中的左派工人辯護。1980 至 1983 年間出任香港大律師公會主席。1985 年起獲委任為香港基本法起草委員會委員。「六四事件」後與司徒華退出草委會，公開呼籲制裁中國。隨後與司徒華等民主派人士創立港同盟，並出任主席，其後亦擔任民主黨創黨主席，至 2000 年辭職。回歸前前往美國，爭取把香港問題國際化，揚言給予中國壓力，以保證香港政權移交後得以享有高度自治。1985 至 1997 年間擔任立法局議員；1997 至 2008 年循直選出任立法會議員。由於積極關注內地人權及民主議題，並和美國官方交往甚密，李柱銘與中國政府的關係一直緊張。2008 年宣佈不再參選立法會選舉。

THE HONGKONG
PHOTOGRAPHIC ROOMS

1992　1993　1994

1月　彭定康出任港督

10月　彭定康提出憲政改革方案

→ 中國政府激烈反對

自由黨改組成立

金融管理局成立

民建聯成立

民主黨成立

後過渡期的香港
（1990－1997）

　　《基本法》頒佈後，香港正式踏入「後過渡期」。「六四事件」令本地市民一時對中國前途失去信心，部分市民甘願放棄香港事業移民外國；部分市民則認為民主政制可保障香港的自由與經濟繁榮，要求港府盡快推動民主改革。英國政府亦改變香港政策，撤換被輿論視為對華處處妥協的港督衞奕信，改派前保守黨主席彭定康出任末代港督。彭定康履新後，致力建立親民形象，在未與中國協商的情況下，提出急進的民主改革方案，造成後過渡期中英雙方的對立，也使香港的政治生態出現巨大變化。

1
9
9
6

董建華獲選為首任特首

1
9
9
7

香港特區成立

彭定康的政改方案

英國執政黨的高層人物出任港督，標誌着英國對港政策的重大調整。

彭定康出任末代港督

　　1992 年 1 月，英國政府宣佈召港督衛奕信回國，其後委派保守黨前主席彭定康（Christopher Francis Patten）出任港督，打破了自麥理浩以來由外交部官員出任港督的慣例，這標誌着英國對港政策的重大調整。港同盟主席李柱銘會見英國首相馬卓安（John Major）後，公開批評衛奕信時代使香港民主發展受到「災難性」打擊。5 月，英國外交部次官顧立德訪港，表示英國會在適當時候跟中方商討 1995 年立法局直選議席問題。7 月，彭定康抵港後，經常穿着便服出巡各區，展示親民形象，成為傳媒的焦點；又拉攏民主派議員，大幅增加公務員薪酬，並出席立法局會議，接受民選議員的提問。

政改方案的內容

　　1992 年 10 月，彭定康獲英國政府同意，在立法局發表施政報告，在未與中方協商的情況下，提出憲政改革方案。方案盡量利用《基本法》無法具體規定的「灰色地帶」，在 1997 年前推行急進的民主改革：一是改革立法與行政關係，徹底取消港英政治體制中強化行政主導的「雙重委任」（即立法局議員兼任行政局議員），行政與立法徹底分家，強化立法局主導的「代議政制」。二是改革選舉制度，把選民年齡從 21 歲降到 18 歲；採取有利於「民主派」的「單議席單票制」；改革功能組別，除了取消原有功能界別的團體票，又在新設立的九個功能組別中，實現所有從業人員每人一票，從而將功能界別的選民基礎擴大到 270 多萬人。三是擴大區議會的管理職能，取消委任議員，所有區議員經直選產生。施政報告發表後，彭定康舉行公眾答問大會，直接回答市民的提問，其後彭定康出訪日本、加拿大、美國，游說西方國家支持政改方案。

　　1994 年彭定康將其政改方案提交立法局審議時，自由黨主席李鵬飛率領部分議員提出修訂方案，雖然獲中方支持和協助，最後仍以一票之微落敗；其後為了保證立法局通過方案，英國首相馬卓安向怡和洋行的高層施壓，要求兼任立法局的怡和僱員鮑磊投棄權票。

中英對香港民主化態度有分歧

順便給中國找點麻煩，嘿嘿……

民主改革是保障香港繁榮的基石！

我表示擔心……

你這是黃鼠狼給雞拜年！

英國 PK **中國**

英國		中國
保存英國顏面	改革動機	**懷疑英國動機**
把民主改革視為光榮撤出香港的重大部署。		願在港有限改革，但不信任英單方面民主改革。
安撫港人	香港穩定	**恐改革引致反華**
認為民主改革有助安撫對前途惶恐不安的港人。		擔心急進的民主改革會把政權給予反共人士，出現反華的群眾活動。
打擊中國	改革後果	**擔心影響香港平穩過渡**
一旦中國推翻彭定康的改革方案，令港人心目中理想的政改方案跟《基本法》制定的政改方案出現落差，便可使《基本法》與中國治港的認受性受到打擊。		擔心民主化會影響香港的放任資本主義，削弱投資者對香港的信心。

中英過渡期安排爭拗不斷

> 彭定康的政改方案，使中方放棄與英方的合作而「另起爐灶」。

政改方案引起中國的強烈反響

彭定康的改革方案引起中國的激烈反對。港澳辦發言人強調在香港發展民主是中方的一貫主張，但民主的發展應循序漸進；英方事前沒有跟中方磋商，蓄意挑起論爭。中方表示雙方在彭定康提出政改方案時，已就回歸前直選議席的安排達成諒解，英方則否定有此協議。

其後中英爭議逐漸升級，新華社香港分社社長周南接受雜誌訪問時，指出彭定康的政改方案反映出英國對港政策的改變。英國認為蘇聯解體後，中國也將出現類似變化，因此準備在必要時推翻中英協議，在 1997 年後通過他們扶植的代理人變相延長英國的殖民統治，把香港變成半獨立的政治實體，進而影響中國的政治發展。

1993 年 3 月，彭定康宣佈把政改方案條例刊登憲報，提交立法局討論，企圖造成既成事實，迫使中方接受。國務院港澳辦公室主任魯平譴責彭定康為香港的「千古罪人」，提出如果彭定康堅持跟中國政府對抗，中國政府將不得不「另起爐灶」，按《基本法》的規定，籌組香港特區政府。港英政府則對中方組成的「香港特別行政區籌備委員會預備工作委員會」持敵視態度，布政司陳方安生發出通知，限制公務人員與「預委會」成員接觸。

新機場的爭議

「六四事件」後，港督衞奕信為恢復港人信心，宣佈興建赤鱲角機場。中英爭拗使雙方有關興建新機場財務問題的談判陷入僵局。中方反對英方在未得到中方同意前興建新機場，但港英政府不顧中方反對，向多間英資公司批出工程合約。至 11 月，港澳辦公室發表聲明，表示除非得到中國政府的認可，不然中國將不承認港府所簽訂跨越 1997 年的合約或協議。1994 年初英方提出第四個新機場財務方案，承諾注資總額不少於 603 億港元，工程完成時，新機場和機場鐵路的舉債總額不超過 230 億元。幾經磋商後，中方才接受方案。可是中英雙方的爭議，造成赤鱲角機場延遲至 1998 年 7 月始能全面啟用。

回歸前，是什麼制約了香港政制的發展？

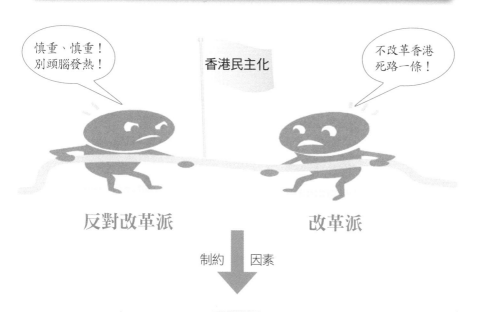

慎重、慎重！
別頭腦發熱！

香港民主化

不改革香港
死路一條！

反對改革派

改革派

制約 ⬇ 因素

香港政制發展
「由上而下」

由港英政府主
導，本地精英對
改革影響有限

香港處於中英
衝突的夾縫

外部
因素

香港政制

內部
因素

香港民眾願保
持現狀

香港缺乏領導
改革的領袖

既得利益者擔
心利益受損

回歸前
香港民主政制
發展緩慢

政黨的形成

1990 年代本地各級議會的直選催生了政黨。

1980 年代前香港人「政治冷感」的成因

香港政黨的形成，可追溯至 1950 年代。1949 年英人貝納祺（Brook A. Bernacchi）創立「革新會」，該會以敢於批評港英政府著稱；至 1954 年，公民協會亦告成立。兩者均有成員參選市政局選舉，但只能視為政黨的雛形。1980 年代以前，港府鼓勵本地華人發展經濟，盡量壓制港人的政治意識，對政治異見者施以不同程度的排擠甚至打壓；加上戰後香港經濟急速發展，減少了社會階級之間因資源分配而產生的矛盾，港人「政治冷感」由此形成。

香港前途談判刺激了論政團體的發展

及至 1980 年代，香港的政治氣候出現巨大改變。中產階級的成長、普及教育的推行，提高了本地社會精英的參政意識。中英就香港前途進行談判期間，香港掀起民間成立論政團體的熱潮。這些團體通過區議會和市政局選舉培育人才，積累了選舉經驗，逐步具備向政黨轉化的條件。

民主政制的發展催生了政黨的出現

「六四事件」後，港英政府擴大各級議會的民選議席，為政黨活動提供生存空間。李柱銘、司徒華、李永達、陳偉業、何俊仁、楊森等人為爭取在各級議會選舉中取得議席，於 1990 年 4 月組成香港民主同盟（簡稱「港同盟」）。港同盟的成立，刺激了其他保守人士結黨抗衡。同年 11 月，胡法光、譚惠珠、鄔維庸等人組成自由民主聯盟（簡稱「自民聯」）。在 1991 年各級議會直選中，港同盟大獲全勝，刺激了李鵬飛、周梁淑怡、張鑑泉等工商界人士成立「啟聯資源中心」，1993 年 7 月中心正式改組為「自由黨」。

親中力量因受到「六四事件」的影響，在 1991 年立法局選戰中大敗，曾鈺成、譚耀宗、程介南等親中人士為團結力量，亦於次年 7 月組成「民主建港聯盟」（簡稱「民建聯」）。1994 年港同盟與論政團體「匯點」合併，組成民主黨，形成民主黨、自由黨、民建聯三黨在回歸前夕立法局內鼎足而立的形勢。

回歸前香港政黨組織的三足鼎立

支持普選！

政治改革要以經濟繁榮為前提！

愛港也愛國！

民主黨

自由黨

民建聯

成立時間：1994.10

首任主席：李柱銘

組成：港同盟 + 匯點

政綱：支持推動普選 推動環保及監察政府

發展：回歸前立法局第一大政黨

現屆立法會只保留 7 席

原因：回歸後因成員政見不同而出現分裂

創立時間：1993.6

創黨主席：李鵬飛

前身：啟聯資源中心

組成：商人 + 企業家 + 專業人士

政綱：* 提倡自由市場經濟
* 嚴控政府收支
* 香港政改應循序漸進

發展：現屆立法會只保留 4 席

原因：忽視基層工作而在立法會地區直選中失利

成立時間：1992.7

首任主席：曾鈺成

組成：親中人士

政綱：* 重改善民生
* 重組織建設
* 愛國愛港
* 擁護中央政府對港政策

發展：現屆立法會第一大政黨

原因：重視地區工作，在親中人士支持下有較多資源。

立法局直選議席的引入及其影響

直選議席的引入，給傳統「行政主導」的管治模式帶來極大衝擊。

港英政府統治時期「行政主導」的管治模式

所謂「行政主導」，是指政治架構內行政部門（政府）主導政治議題和立法的情況，也是港英殖民政制的特點。港督為立法局的當然主席，以港督為首的行政機關，通過官守及委任議員的機制，確保政府能在立法局內保有穩定多數的支持。自 1991 年立法局設立直接民選議席後，民主派議員循直選途徑成為立法局議員，加上官守及委任議員的遞減，新增的功能組別議員亦只須向選民負責，不須事事聽命於政府，使政府逐漸失去對立法局的絕對控制權。

1991 年，政府雖在會議期間全力游說議員改變投票意向，但反對就有關終審庭達成的中英協議的提案仍以 34 票對 11 票通過，成為殖民地史上的創舉。

學者張炳良指出，自 1990 年代以後，港府在制定財政預算案的最後階段，也需要與政黨及立法局議員討論，到預算案發佈當天，由副財政司向各大政黨和獨立議員發出信件，列出他們在預算案能成功爭取到的事項，作為向媒體展示的成績表。

彭定康時代行政與立法關係的演變

彭定康的政改方案，對行政與立法的關係帶來三個影響：其一是取消立法局內的官守與委任議席，使政府在推動或反對草案時更加需要得到民選議員的支持。其二是徹底取消港英政治體制中強化行政主導的「雙重委任」，行政與立法徹底分家（即行政局議員不能兼任立法局議員），降低了由港督委任的行政局議員對立法局的影響力。最後，1993 年以後，立法局主席一職，由議員互選產生，加上兩局議員辦事處的取消，使行政、立法兩局失去有效的溝通渠道，容易導致行政與立法的對立，兩者關係從過去的秘密協商而變得公開化。

此外，民選立法局議員要向選民交代，自然也提高了對政府問責的要求，使後過渡期及回歸後香港政治的「行政主導」運作模式面臨極大的挑戰。

立法局的構成（1984－1995）

1980 年代：行政主導

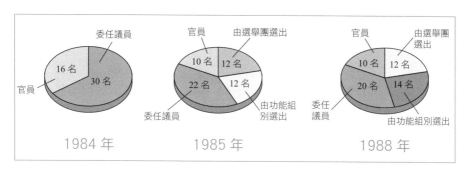

1984 年

官員 16 名　委任議員 30 名

1985 年

官員 10 名　由選舉團選出 12 名　委任議員 22 名　由功能組別選出 12 名

1988 年

官員 10 名　由選舉團選出 12 名　委任議員 20 名　由功能組別選出 14 名

注：行政機關通過官守、委任議員的機制，確保政府在立法局內有穩定多數的支持。

1990 年代：行政與立法分家

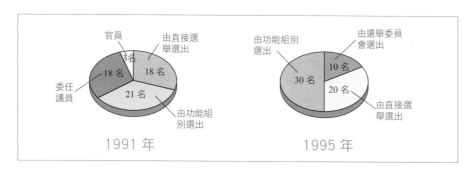

1991 年

官員 3 名　由直接選舉選出 18 名　委任議員 18 名　由功能組別選出 21 名

1995 年

由功能組別選出 30 名　由選舉委員會選出 10 名　由直接選舉選出 20 名

注：民主派議員循直選成為立法局議員，加上官守及委任議員的遞減，新增的功能組別議員亦只須向選民負責，不須事事聽命於政府，政府逐漸失去對立法局的絕對控制權。

注：資料出自劉騏嘉、余倩蕊（1996）《八十年代以來香港的政治發展》，香港：立法局秘書處，頁 8。

回歸前公務員體制的發展

直到回歸前夕，港英政府才將高級職位開放予華人擔任。

戰後公務員隊伍不斷擴大

香港的公務員制度，主要是仿效英國的文官制度而建立。管治香港的高級公務員，主要來自英國殖民地公務員（1954 年以後改稱「英國海外公務員」），由英國殖民地部負責招聘與調配。戰後香港社會與經濟事務日趨繁重，自 1950 年代起，政府逐步投入大量資源到公共服務範疇，新的政府部門相繼成立，如 1961 年人民入境事務處及消防事務處從警務處獨立，成為新的部門，也迫使政府擴大公務員體制。

公務員的「本地化」

1936 年港府開始推行公務員「本地化」政策，但僅限於低級職位。二戰後港英政府為了爭取華人的支特，於 1948 年任命徐家祥為首位華人官學生。1959 年港府將「官學生」改稱「政務官」，同年委任歐露芙成為首位女政務官，1961 年聘用周雪瑩、方安生及羅兆貞為首批華人女政務官。1972 年港府聘請麥健時管理顧問公司（McKinsey & Company），檢討現行公務員體制。港府根據該顧問公司的建議，加快實行有秩序的文官「本地化」，由中下層開始，透過中層本地官員的升遷而改變上層結構的比例，同時也重視部門的專業人才，對決策也有較闊的參與空間，但整體來說，屬於「通才」的政務官仍然在公務員體系內佔有主導地位。

1988 年香港公務員有 182,843 人，98% 以上為本地僱員，外籍人士所佔比例不到 2%；但直至 1980 年代末，警察、律政司署、海關部門首長等敏感職位，仍然由英國人出任。直到回歸前夕，港府才將高級職位開放予華人。如1989 年李君夏出任警務處長，1993 年陳方安生出任布政司，1995 年曾蔭權出任財政司。

學者李彭廣指出，這些華裔官員是英國撤離香港最後一刻才被委以重任，晉身管治核心，但在英國官員長期領導及缺乏政策視野和管治意志的情況下，要突破政策執行者的角色實有相當的難度。

港英政府時代香港公務員制度的特點

有限的開放
對希望加入公務員隊伍及無政治背景的人士,提供平等的機會。

可惜易產生官僚主義,影響行政效率。

連貫性
＊重視人力規劃和領導層接替規劃
＊採用「高薪養廉」

公平性
制定完整的詮敘規例,適合全體公務員,並收集對政策的反應。

香港公務員制度

專業化
堅持所有職位由最有資格的人擔任,並提供各種專業培訓。

法制化
制定各種法規、條例和規定,規範公務員的行為與待遇。

中資財團的崛興

回歸前夕中資取代英資，成為香港經濟的主導力量。

改革開放前：中資的業務發展有限

中資是指來自中國內地的資本。1950 年代，中國進行資本主義改造，留在香港的中資企業均被納入社會主義計劃經濟體系內。在中國實行計劃經濟的年代，香港中資機構的核心業務是開展中國內地與海外的貿易代理及中轉業務。香港中資銀行負責吸收僑匯，開展本地存貸業務，支持內地對香港的出口和轉口貿易；招商局主要承擔中國輪船在港的代理及中轉業務；華潤公司是中國內地在港澳及東南亞的貿易總代理；香港中國旅行社則是辦理港澳台同胞和海外僑胞等來往內地等業務的接待機構，以及香港與內地的鐵路貨運總代理。

改革開放時期：中資在香港發展迅猛

1978 年內地實施改革開放，中央政府將權力下放，內地各部委、省市相繼在香港直接設立貿易「窗口公司」，負責進出口貿易、招商引資、內外聯絡及接待等工作。1978 年香港中資企業總數只有 122 家，至 1989 年總數超過 2,500 家，出現管理失控情況。1989 至 1991 年間中央政府對駐港中資機構進行整頓，保留了約 1500 家企業。在眾多「窗口公司」中，尤以榮智健主政的中信集團發展最為觸目。1986 年中信收購香港嘉華銀行 92% 股權，次年收購國泰航空 12.5% 的股權。其後通過收購香港上市公司泰富發展實現買殼上市。至 1996 年底，中信泰富總市值達 900 億港元，營業額達 127 億港元。

中資財團成香港經濟支柱

1983 年，香港中國銀行將港澳地區 13 間成員銀行及附屬公司共 14 間機構合組成為「港澳中銀（集團）有限公司」，引領了香港中資企業集團化浪潮，隨後華潤、光大、中旅、招商局等集團相繼成立。據估計，至 1993 年底，中資在香港的直接投資累計約 200 億美元，中資已超過美、日等國際資本，成為本地最大的外來投資者。1994 年，中國銀行正式成為滙豐及渣打銀行以外的第三間發鈔銀行。

戰後香港中資企業的發展

1949－1978：政府嚴密控制期

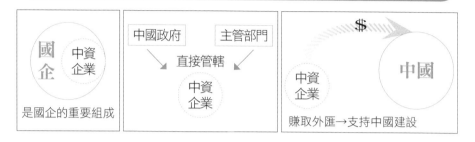

國企 中資企業

是國企的重要組成

中國政府　主管部門

直接管轄

中資企業

中資企業　$　中國

賺取外匯→支持中國建設

1979－1991：初步發展期

負責進出口貿易、招商引資、內外聯絡及接待等

因無適當監管，易造成國有資產流失。

貿易「窗口公司」

設立

中國政府　改革開放

權力下放

主管部門　省市鄉鎮

1992－1997：多元化、實業化發展期

母公司　分離出　貿易「窗口公司」

由於擴張過快、管理不善、盲目投資而出現隱憂。

依賴內地政府和母公司的政策性扶持　→　面向市場

1997－現在：加強監管期

金融風暴 ──→ 大多數中資企業陷入債務危機 ──→ 內地政府注資解困 ──→
中央政府立法加強監管 ──→ 持續發展

第11章 後過渡期的香港

289

1990年代的金融發展

「背靠祖國，面向國際」是 1990 年代香港金融業繁榮的主要因素。

內地改革開放為香港經濟帶來機遇

　　1980 年代中國推行改革開放政策，本地製造業北移，形成跨境生產體系，使香港恢復成為內地的重要轉口港。1983 至 2001 年間，內地經香港的轉口由佔所有有關貿易的 34.9% 升至 60.9%。內地消費市場的急速擴張，使不少外商都希望進軍內地市場。香港靠近中國內地，加上具有較為完善的法治制度以及基本設施，成為外商設立地區總部投資內地的一個首選地。1990 年，在港設立地區總部的外資公司共有 572 間，1996 年增至 816 間，至 2001 年更增至 944 間。

　　以外資來源地來分類，美國、日本及英國是在港設立地區總部的頭三名。內地企業在香港證券市場以 H 股的形式上市集資，大量外國資金流入香港，使資本市場出現國際化的趨向。1996 年，香港股市各類投資者佔總交易額的比重，來自歐洲的佔 42%，來自美國的佔 30%，內地的佔 0.6%。

金融管理局的成立

　　回歸前滙豐銀行對香港前景出現戒心，實施集團國際化策略，宣佈將控股公司和註冊地遷到倫敦（1990），逐步淡出香港「準中央銀行」的角色。學者馮邦彥認為滙豐的變相遷冊，一方面增強了中銀集團在香港金融體系所扮演的角色；另一方面港府為了不讓中銀集團坐大，唯有改變過去堅持不設立中央銀行的做法，將外匯基金升格，取代滙豐「準中央銀行」的地位。1991 年 2 月，港府成立外匯基金管理局；次年設立「流動資金調節機制」，由外匯基金向有需要的銀行提供隔夜流動資金，拆息率由外匯基金決定，加強外匯基金控制銀行體系流動資金水平的能力。1993 年 4 月，港府按照《外匯基金（修訂）條例》，合併外匯基金管理局和銀行監理處，成立金融管理局，由任志剛出任總裁，直接向財政司負責。1996 年金融管理局建立即時支付結算系統，滙豐銀行失去中央票據結算系統管理銀行的職能。從此金融管理局除了沒有發鈔及政府銀行兩項功能外，實際上已成為香港的中央銀行。

金融管理局實際是香港的中央銀行

維持貨幣穩定
前提：在聯繫匯
率制度的架構
內

除了沒有發鈔及
政府銀行兩項功
能外，實際上已
成為香港的中央
銀行。

**金融
管理局
職責**

促進金融體系
健全

也是銀行業的
發牌機關

協助鞏固香港的
國際金融中心
地位

管理外匯基金

運作

1　總裁 1 人，副總裁 3 人。

2　須向財政司司長負責，所有員工均屬政府僱員。

3　職員薪酬及營運費用直接由外匯基金支付。

4　就外匯基金的投資政策與策略及以外匯基金撥款的項目，向
　財政司司長提供意見。

高等教育的擴張

1990 年代，香港高等教育從「精英制」邁向「普及化」。

大學學額的增加

　　1990 年代以前，本地的高等教育具有精英制的特點。1981 年大學學位數量僅能滿足 2% 的升學需求。1970 年代香港經濟全面起飛，對高學歷人才需求日漸增加，加上中英談判時期，大量專業人士移居外地，高中畢業生也隨着普及教育的推行而不斷增加，令高等教育學額不足的問題漸趨嚴重。

　　1989 年港督衞奕信提出大幅增加大專學位的計劃，把適齡青年的大學入學率從 1989 年的 7% 增至 1995 年的 18%。為加強本地的科研力量，香港科技大學於 1991 年正式開學，成為香港第三所政府承認的大學。1994 年港府批准浸會學院、理工學院、城市理工學院升格為大學，又將羅富國、柏立基、葛量洪、工商師範及語文教育五家師範學院，合併為香港教育學院；回歸前夕，香港公開進修學院亦獲准升格為香港公開大學；嶺南學院亦於 1999 年復名嶺南大學。加上以培養演藝人才為主的演藝學院，在二十世紀結束時，香港共有八家法定大學及兩家法定學院，由獨立法例規管的高等教育機構，除公開大學外，均接受香港大學教育資助委員會或公帑資助。

大學教育三年制與四年制之爭

　　中大實行美國的四年制模式，與港大的英式三年制不同。1984 年中大推行「暫取生」招生制度，凡就讀兩年預科的中六學生，可憑中學會考成績申請，毋須升讀中七即可入學。「暫取生」制度幾乎將中學優異生囊括一空，港大為爭回優秀生源，作出了將三年學制擴展為四年的決定。1988 年 6 月，因港府不願大幅增加高等教育的財政支出，教育統籌委員會發表《第三號報告書》，提出所有受資助的大專機構以完成兩年預科後的中七為收生點，變相將本地大專的學制統一為三年，引起四年制大學及大專的抗議，其中尤以中文大學和樹仁學院師生的反對最為激烈。中大因港府壓力而改為三年制，胡鴻烈及其夫人鍾期榮所創辦的樹仁學院則拒絕接受政府資助，維持四年學制。

回歸前夕香港高校的分類

大學教育資助委員會撥款資助 — 7所

- 香港大學 成立於 1911 年
- 香港中文大學 成立於 1963 年
- 香港科技大學 1988 年創立，1991 年正式開學
- 香港浸會大學 原名香港浸會書院，成立於 1956 年，1994 年升格為大學
- 香港理工大學 原名香港理工學院，成立於 1972 年，1994 年升格為大學
- 香港城市大學 原名城市理工學院，成立於 1984 年，1994 年升格為大學
- 嶺南學院 1967 年在港復校，1999 年升格為大學

香港職業訓練局管理 — 9所

- 柴灣的科技學院 ┐
- 青衣的科技學院 ┘ 成立於 1993 年
- 摩利臣山工業學院 ┐
- 葵涌工業學院
- 觀塘工業學院
- 黃克競工業學院 ├ 1982 年從教育署接管
- 李惠利工業學院 ┘
- 沙田工業學院 ┐
- 屯門工業學院 ┘ 成立於 1986 年

政府撥款或資助 — 2所

- 香港公開大學 原名香港公開進修學院，成立於 1989 年，1997 年升格為大學
- 香港演藝學院 成立於 1984 年

私立大專院校 — 16所

- 香港樹仁學院 成立於 1971 年，2006 年升格為首家政府承認的私立大學
- 香港珠海書院 原名私立珠海大學，成立於 1947 年
- 恆生商學書院 成立於 1980 年
- 另尚有 13 所規模較小的私立大專

家庭結構及女性地位演變

「核心家庭」的普及化和高學歷女性的增加，是香港社會變遷的主流現象。

家庭結構的改變

據學者黃暉明的分析，二戰前香港的家庭結構，具有「短暫而不完整的擴大式家庭」特點。家庭成員基於謀生或避難等因素寄居香港，被迫暫時與內地的擴大式家庭分開，家庭的中心和主要居住地還在內地。

二戰以後，大量移民扶老攜幼定居香港，這些家庭的長子結婚後通常與父母同住，形成三代同戶的「主幹式家庭」。隨着工業化的發展，工人階層為方便工作，往往遷到工廠鄰近地區居住，減少了與其他親屬交往的機會。香港居民的居住環境狹窄，經濟能力較佳的兒子結婚後通常會遷到外面居住，加上港府的公屋政策，鼓勵已婚的住戶子女婚後調遷到新單位居住，令以夫婦為主的「核心家庭」的結構愈來愈普遍。由於不少婦女結婚後仍然擁有經濟收入，母親在家庭事務的決定權增加，內部關係亦較為民主和重視協商，使傳統父權主導的家庭結構出現改變。

女性地位的提升

在當代社會中，教育是個人提升社會地位的一個有效途徑。戰後初期在傳統「重男輕女」及勞動市場性別歧視等因素影響下，不少低下階層的家庭，只注重兒子的教育，女兒提早輟學到工廠工作養家的情況相當普遍。自 1970 年代起，港府推廣普及教育，擴大了女性接受教育的機會。婦女團體亦組織各種聯盟，成功為女性爭取同工同酬及有薪產假等權益。同時港府立法廢除「一夫多妻制」，確定已婚女性享有獨立的法律人格，提高了女性的地位。

1980 年代社會逐步出現「少子化」現象，父母願意投入更多資源培育女兒成材，加上大學教育的普及化，大大提高了女性接受專上教育的機會。2003 年修讀學位課程的女生比例更較男生為多。由於香港經濟逐漸從工業社會轉為商業社會，勞動市場為應付服務性及文職性行業的高速增長，對具有相當教育程度的女性需求遞增，也使不少女性憑着自身努力，得以躋身管理階層。

戰後香港家庭結構的演變

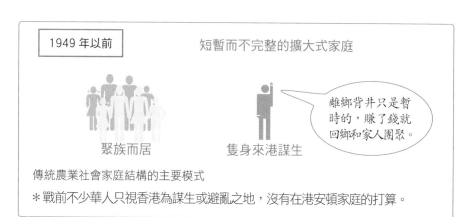

1949 年以前　　　短暫而不完整的擴大式家庭

聚族而居　　　　隻身來港謀生

> 離鄉背井只是暫時的，賺了錢就回鄉和家人團聚。

傳統農業社會家庭結構的主要模式

＊戰前不少華人只視香港為謀生或避亂之地，沒有在港安頓家庭的打算。

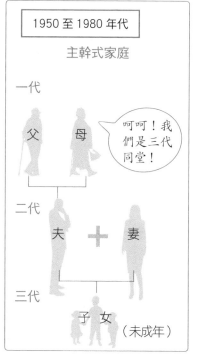

1950 至 1980 年代

主幹式家庭

一代

父　　母

> 呵呵！我們是三代同堂！

二代

夫　＋　妻

三代

子　女

（未成年）

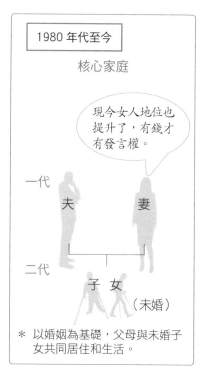

1980 年代至今

核心家庭

> 現今女人地位也提升了，有錢才有發言權。

一代

夫　　　妻

二代

子　女

（未婚）

＊ 以婚姻為基礎，父母與未婚子女共同居住和生活。

11.10 籌建特區政府與香港回歸

中央政府以「一國兩制、港人治港、高度自治」為原則籌建特區政府。

香港特別行政區籌備委員會的成立

為保證香港的平穩過渡，中國政府成立隸屬於全國人大常委會的香港特別行政區籌備委員會預備工作委員會（簡稱「預委會」），負責籌備設立香港特別行政區籌備委員會的工作。1993 年 7 月，預委會召開第一次全體會議，由副總理兼外交部長錢其琛出任主任委員。

1994 年 7 月，國家主席江澤民在會見預委會成員時，提出實現平穩過渡要堅持「以我為主」方針。8 月全國人大常委會通過議案，決定賦予香港特區籌委會負責籌備特區政府成立等有關事宜。次年 9 月，港澳辦發言人表示港英最後一屆立法局議員，將不能坐「直通車」過渡成為第一屆立法會的議員。

1996 年 1 月，香港特別行政區籌備委員會（簡稱「籌委會」）在北京正式成立，由錢其琛擔任主任。籌委會共有委員 150 名，由人大常委會任命內地和香港人士組成，其中來自香港的委員有 94 名，內地委員有 56 名，職責為組建香港特區第一屆政府推選委員會、籌辦香港特區成立暨特區政府宣誓就職儀式，以及統籌和推動慶祝香港主權移交的相關活動。

董建華獲選為首任特區行政長官

按照《基本法》的規定，行政長官由推選委員會選舉產生。特首參選資格有四：香港特別行政區永久性居民中的中國公民，在外國無居留權；年滿 40 周歲；在香港通常居住連續滿 20 年；獲得若干名選舉委員會委員提名。1996 年 11 月，籌委會以不記名和差額選舉方式選出 340 名特區第一屆政府推選委員會委員，連同港區全國政協委員推舉的 34 名成員，以及 26 名擁有香港永久居民身份的全國人大代表，組成 400 人的推選委員會，負責選出首任特首。港英政府則發佈指令，禁止首長級公務員、政務主任及警務人員等加入推選委員會。最後董建華以 320 票當選首任行政長官。1997 年 6 月 30 日午夜至 7 月 1 日凌晨，中英兩國政府在灣仔香港會議展覽中心舉行交接儀式，宣告中國對香港恢復行使主權。中華人民共和國香港特別行政區正式成立。

回歸前後香港政治體制的主要變遷

	回歸前	回歸後
最高首長	**港督** ＊香港最高行政長官。 ＊英皇在港的代表，僅對英國女王負責，無須對香港市民負責。 ＊權力來自英國政府的授權，由英國政府委任產生。 ＊除末代總督彭定康外，歷任港督享有行政、立法、司法等各個領域的大權。	**行政長官** ＊香港最高行政長官及特區政府的首長。 ＊對中央人民政府負責，對香港特區負責。 ＊權力來自中央政府通過《基本法》的形式授予，由當地居民選舉產生，然後上報中央人民政府任命。 ＊權力受到較多限制，立法會擁有對其的彈劾權。 **權力縮水**
行政機構	**行政局** ＊協助港督決策的最高諮詢機關。 ＊實行「集體負責制」及「保密制」。 ＊港督委任的行政局議員須得到英國外交及聯邦事務大臣批准。	**行政會議** ＊協助特首決策的最高諮詢機關。 ＊實行「集體負責制」及「保密制」。 ＊所有成員均由特首任免。 ＊行政長官在解散立法會前必須徵詢行政會議的意見。 **權力擴大**
	布政司 統領布政司署和全體政府公務員，執行香港總督會同行政局的決定。	**行政總部** 布政司署改稱「行政總部」，原來的科改為局，其他部門亦因應情況而變。
司法體制	**香港法院** 沒有終審權，如上訴人不服香港法院的判決，可向英國樞密院司法委員會提出上訴。	**終審法院** 成為香港的最高審級的法院。 **權力擴大**
立法機關	**立法局** ＊僅是港督的立法諮詢機關。 ＊只能對政府的財政預算提出接受、不接受或減少支出的建議。	**立法會議** ＊可據特區的實際情況自行立法（除了國防、外交等事項外）。 ＊根據政府的提案，審核、通過財政預算，批准稅收和公共開支。 ＊對特首提出彈劾案。 **權力擴大**

重要人物簡介

彭定康（Christopher Francis Patten，1944 —）

末代香港總督。英國人，生於英格蘭蘭開夏郡波爾頓（Bolton），畢業於牛津大學貝利奧爾學院（Balliol College）。1966 年入保守黨的研究部門工作。1972 年成為保守黨主席卡靈頓（Peter Carington）的私人秘書。1979 年 5 月當選巴斯選區（Bath）的下議院議員。1986 年至 1989 年服務於外交部，主管海外發展事務。1989 年 7 月首次晉身內閣，出任環境大臣，任內負責推行廣受批評的人頭稅。1990 年出任保守黨主席。在他的籌劃下，保守黨得以在 1992 年大選中取得勝利，但他本人卻喪失了巴斯選區的下議院議席。在首相馬卓安的建議下，於同年 7 月抵港出任末代港督，到任後處處表現出親民作風。1992 年 10 月發表首份施政報告，逕自提出憲政改革方案，加快香港的民主改革步代，引起中方的嚴重抗議。1997 年 7 月離港出任北愛爾蘭治安獨立委員會主席。1999 至 2004 年擔任歐盟外交事務專員。2003 年起出任牛津大學校監。

周南（1927—）

前中國外交部副部長及新華社香港分社社長。祖籍山東曲阜，生於吉林省長春市。1948 年肄業於燕京大學文學系。1948 年任教中央外事學校。1949 年後歷任駐巴基斯坦大使館二等秘書、外交部西亞非洲司科長、常駐聯合國副代表、外交部部長助理。1984 年 2 月，代表中國

政府簽署中荷兩國外交關係由代辦級恢復為大使級的聯合公報。1984 年 1 月至 9 月，以中國政府代表團團長身份和英國政府代表團團長就解決香港問題舉行了第八輪至第二十二輪的會談。1984 年 9 月任外交部副部長，草簽中英兩國政府關於香港問題的聯合聲明。1990 年 1 月出任新華社香港分社社長。1993 年 7 月至 1995 年 12 月任香港特別行政區籌備委員會預備工作委員會副主任。1995 年 12 月至 1997 年 7 月任香港特別行政區籌委會副主任委員。

魯平（1927－2015）

前中國國務院港澳事務辦公室主任。祖籍四川閬中，生於上海。曾入讀上海雷士德工學院，抗戰時期轉入聖約翰大學農學院就讀，其間加入中國共產黨，從事地下黨工作。1949 年後擔任中國建設雜誌社副總編。文革時期被打成「走資派」，下放到農村勞動。文革結束後加入港澳事務辦公室工作，並參與中英有關香港前途問題的談判。1985 年出任香港基本法起草委員會副秘書長；1990 年升任港澳辦公室主任；1993 年出任香港特別行政區籌備委員會預備工作委員會副主任委員、秘書長。「六四事件」後港督衞奕信宣佈興建新機場，中方認為英方此舉可能會把香港的儲備花光，高調表達不滿。當時魯平曾對着鏡頭一連質問了三次「你說怎麼辦？」，被香港傳媒送上「魯怎辦」的外號。1997 年退休後出任浙江大學教授。

楊森（1947－）

香港民主黨創黨元老。祖籍廣東增城，1947 年生於廣州，1950 年代初隨父母移居香港。1974 年取得香港大學社會科學系學士學位。1974 至 1977 年任基督教家庭服務中心全職社工。1979 年取得英國約克大學社會行政學系碩士學位。1984 年獲聘任為香港大學社工系講師。1983 年參與成立論政團體「匯點」，先後出任副主席和主席；1985 至 1989 年出任民主政制促進聯委會召集人；1989 至 2002 年擔任支聯會常委。1990 年取得香港大學博士學位，同年擔任「港同盟」副主席。1991 至 1997 年為立法局民選議員。1998 至 2008 年再度經地區直選晉身立法會。1994 年匯點與港同盟合併成為「民主黨」，楊森出任副主席。2002 至 2004 年出任主席。

周梁淑怡（1945－　）

自由黨主席，前行政會議成員。祖籍廣州番禺，生於香港，畢業於香港大學英文系。後赴英取得英國皇家音樂學院戲劇院院士（教師及演員）資格。1970 年代起加入電視廣播有限公司工作，先後出任佳視、亞洲電視等電視台高層。1981 年獲委任為立法局議員。1991 年與張鑑泉和李鵬飛等人成立啟聯資源中心，1993 年組成自由黨。1995 年經由「批發及零售界」功能組別選舉晉身立法局；1997 年獲選為臨時立法會議員；1998 年及 2000 年，經由「批發及零售界」功能組別選舉，兩度當選為立法會議

員。2004 年在新界西地區直選勝出，再度成為立法會議員。2008 年因競選連任失敗，以及自由黨在立法會地區直選全軍覆沒，自動辭去自由黨副主席及行政會議成員職務。現為全國政協委員及香港大學校董會成員。

榮智健（1942- ）

中資企業家，前中信泰富集團主席。祖籍江蘇無錫，生於上海。父親為被譽為「紅色資本家」的榮毅仁。1959 年畢業於南洋模範中學，考入天津大學機電工程系。文革時期被下放到四川涼山，從事體力勞動。1978 年持單程通行證隻身來港。他利用榮家在香港資產所積存下來的股息，與堂弟榮智鑫和榮智謙合資開辦了愛卡（Elcap）電子廠。1982 年投資美國的電腦軟件公司獲得豐厚利潤。1986 年加入父親領導的中國國際信託投資公司，成為中信香港的副董事長兼總經理。入主中信香港後，在中國政府支持下，大手筆收購國泰航空公司、港龍航空等本地企業的股權。1990 年收購香港上市公司泰富發展，實現買殼上市，易名「中信泰富」，任董事局主席。1994 至1997 年曾被委任為港府商務委員會成員。據估計，2004 年榮智健擁有約 14.9 億美元的資產，榮登《福布斯》富豪榜首位。2009 年 4 月，因投資外匯出現巨額虧損而辭去中信泰富集團主席職務。

任志剛（1947－　）

前香港金融管理局總裁。祖籍廣東東莞，生於香港。1970 年以一級榮譽成績畢業於香港大學。1971 年加入政府擔任統計主任，1976 年調任為經濟主任。1982 年升任首席助理金融司，參與香港的貨幣與金融事務。1985 年出任副金融司。1991 年獲委任為外匯基金管理局局長。1993 年 4 月金管局成立，出任總裁至 2009 年退休。

1998 年亞洲金融風暴期間，與財政司司長曾蔭權動用逾千億港元的外匯儲備大戰炒家，入市購入恆生指數成分股，結果擊退炒家，港府其後成立盈富基金將港股出售。有評論指政府干預市場，有違香港奉行的自由市場經濟原則，但美國聯邦儲備局前主席格林斯潘（Alan Greenspan）稱讚他為效率最高的央行行長之一，並稱讚特區政府在亞洲金融風暴期間入市「做法正確」。現為中國建設銀行獨立非執行董事。

胡鴻烈（1920－　）

著名律師與教育家。浙江紹興人，1942年畢業於重慶國立中央政治大學，後赴法國巴黎大學留學，1952年獲法學博士學位。1954年考獲英國大律師資格。1955年定居香港，為執業大律師。曾任市政局及立法局議員。1979年獲邀出席中國國慶三十周年紀念，獲鄧小平接見。1987年獲選為第六屆全國政協委員。1993年起，連續擔任全國政協第八、九屆常委會常委。2006年，胡鴻烈與鐘期榮夫婦創辦的樹仁學院獲特區政府正名為大學，成為香港史上首家政府承認的私立大學。2007年度入選感動中國人物。2008年獲香港特區政府大紫荊勳章。

2002 ———●—— 二十三條立法

2003 ———●—— SARS爆發

七一大遊行

2005 ———●—— 董建華辭職

→ 曾蔭權接任

第 **12** 章

回歸後的香港
（1997－2012）

　　1997 年 7 月 1 日零時，灣仔香港會議展覽中心的五星旗冉冉上升，象徵着香港的回歸。中央政府實踐「一國兩制，港人治港」的承諾，盡量避免介入香港事務。董建華政府求治心切，上台後立刻推行各種改革。金融風暴的來臨，衝擊了回歸前所形成的泡沫經濟，使不少市民面臨失業及負資產等困境，加上 SARS 肆虐，令市民對董建華的施政失去信心。此時政府忽視民怨，強行推動「二十三條」立法，最終導致「七一大遊行」的爆發。中央政府為扶助香港經濟，推出「內地與港澳關於建立更緊密經貿關係的安排」（CEPA），幫助香港經濟從谷底回升。曾蔭權執政後，香港經濟復甦，但香港仍然被政改問題所困擾。由於缺乏推行民主的經驗，社會各界對民主制度如何運作及發展步伐欠缺共識。

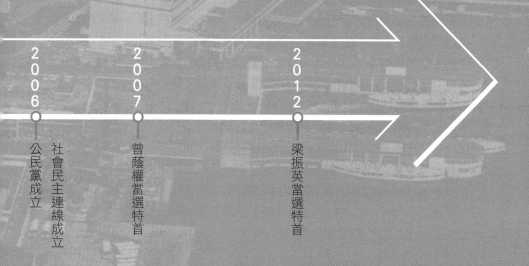

2
0
0
6

公民黨成立

社會民主連線成立

2
0
0
7

曾蔭權當選特首

2
0
1
2

梁振英當選特首

12.1　董建華的管治危機

> 董建華政府的施政失誤，除自身因素外，港英政府亦須負上一定責任。

彭定康「遺產」：留給特區政府的政治重擔

　　彭定康治港時期，推行急速的民主改革，市民對政府的期望不斷加碼。民選立法局議員要向選民交代，也提高了對政府問責的要求。由於彭定康政制改革的先例，令本地輿論以能否繼續政制改革作為衡量董建華施政成果的首要標準，忽視了他對落實「一國兩制」的貢獻。

　　此外，彭定康是自由市場經濟的支持者，亦有意忽略本地房屋和教育問題。學者盧兆興指出，長期以來，港英政府維持高地價政策，彭定康不願實施任何政策使樓價下滑；中國政府在回歸前也不願見到房屋政策轉變和市民信心下降；加上不少中資機構在港炒賣房地產，結果使整個香港經濟潛伏不穩定因素，造成亞洲金融風暴後的惡果。港英政府對教育改革探取迴避態度。董建華政府銳意加快教育改革的步伐，也予教育界人士莫大的壓力。彭定康時代大幅提升公務員薪酬與公共福利開支，董建華政府為了削減財政赤字而提出調整，必然惹起公務員及民眾的反感。

董建華及其管治班子的失誤

　　董建華從政經驗有限，執政初期推行「半部長制」，即要非公務員出身的行政會議成員肩負政策制定的責任（如梁振英專責房屋問題，梁錦松負責教育問題，譚耀忠負責老人福利問題），但高級公務員必須在立法會負責解釋和推銷政策。高級公務員傳統上因獨攬政策制訂大權，「半部長制」對他們構成政治和心理威脅，為董建華與高級公務員的衷誠合作造成障礙。

　　此外，董建華政府的危機意識相對薄弱。如在 1997 年禽流感事件爆發後，衛生署和漁農處因反應緩慢而遭輿論指責。2000 年 7 月，港大民意研究計劃主任鍾庭耀指董建華透過「中間人」施壓，要求停止有關行政長官及政府的民意調查（事實上，這種施壓手段在英治時期屢見不鮮）。有關官員未有主動公佈事件詳情，消除公眾疑慮，最後港大的獨立調查小組證實特首助理路祥安涉及事件，令董建華的民望再受打擊。

彭定康與董建華管治風格的比較

我們沒有功勞也有苦勞吧?

彭定康

董建華

個人理念

彭定康

對共產主義政權無好感

反對「亞洲價值觀」,認為人權與自由是超越國界的普世價值。

認為港府不應事事對中國妥協

崇尚香港過去的自由市場經濟政策

董建華

信奉儒家思想

強調中國的傳統價值觀,重視政治和諧。

重視中港關係

堅決落實「一國兩制」的構想。

認為政府可在經濟發展及改善民生方面扮演更重要角色

施政方式

彭定康

願下放若干決策權予高級公務員

重視提升施政效率,增加施政透明度

董建華

把決策權集中於行政會議

無形中限制高級公務員的決策權。

處事「議而不決」

領導班子被批評為欠缺處理香港內部突發事件的能力。

從政經驗有限

與民眾及傳媒關係

彭定康

視市民為公共服務的消費者

* 常下區探訪民眾。
* 在立法局接受議員質詢。

非常重視個人形象

* 營造「民主鬥士」的形象。
* 個人家庭生活成傳媒話題。

董建華

被批評與基層民眾缺乏直接溝通

未有效利用媒體塑造正面形象

領導班子對傳媒批評反應過慢,予民眾漠視民生的感覺。

欠缺如彭定康的公關手腕

回歸後香港經濟發展

回歸後香港的經濟出現了 U 型反彈。

亞洲金融風暴

　　回歸前香港在「回歸效應」影響下，地產市場與股市出現過度炒賣現象，形成泡沫經濟，以致部分國際機構投資者看淡香港經濟前景。1997 年 7 月，泰國首先爆發金融危機，宣佈放棄固定匯率制，實行浮動匯率制，風暴隨後蔓延至馬來西亞、韓國、印尼等國家。同年 10 月起，投機者大量拋空港元和本地藍籌股，利用國際媒體唱淡港股，累積恆生指數期貨淡倉，企圖逼使香港放棄聯繫匯率，令港元幣值大跌來獲利。次年 8 月，港府決定入市干預市場，除提高利率外，又動用外匯儲備購入大量港股迫使炒家放棄沽空活動，一度佔有港股 7% 的市值，更成為部分公司的大股東，最後成功擊退炒家。1999 年 11 月，政府把購買的港股以盈富基金上市，分批售回市場。可是金融風暴期間，香港的股市、匯市大跌，樓市泡沫爆破，引致大量公司倒閉。同時由於周邊地區貨幣貶值，港元卻保持原有幣值，不利於經濟恢復，失業率上升至 6.2%。

內地與港澳關於建立更緊密經貿關係的安排（CEPA）

　　SARS 事件時期，香港經濟陷於持續低迷狀態，中央政府與港澳簽訂《內地與港澳關於建立更緊密經貿關係的安排》。在 CEPA 的安排下，大部分香港生產的貨物、提供的服務都能夠以零關稅進入內地市場，港商到內地投資、通關等手續亦簡化。隨後簽訂多次補充協議，予香港經濟優惠，使香港在 2008 年全球金融海嘯的衝擊下免受嚴重打擊。同時又啟動「自由行」計劃，大量內地居民來港購物和投資，刺激香港的零售業、飲食業、金融業及房地產業的復甦。截至 2006 年，因 CEPA 而創造的職位有 36,000 個，大半都來自「自由行」計劃。CEPA 的簽署使雙方的經貿往來更加緊密，促進內地與香港進一步經濟融合，而且最終帶動香港走出經濟谷底。可是 CEPA 也對香港構成負面影響：CEPA 的受惠者主要是北上投資的港商和本地服務業，對社會低下階層的就業幫助不大，反而加深了本地日益嚴峻的貧富懸殊現象，同時也使香港經濟繼續向服務性行業傾斜，不利產業多元化的發展。

回歸後香港經濟特點及困境

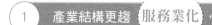

① 產業結構更趨 **服務業化，** **製造業** 繼續收縮 　易受全球經濟氣候影響

佔 GDP 比重：

服務業	
85.12% ➡	90.7%
1997 年	2005 年

製造業（比重下降）

3.39%

2005 年

佔總就業人口比例：

服務業	
79.5% ➡	86.1%
1997 年	2005 年

製造業	
9.7% ➡	5.3%
1997 年	2005 年

② 產業結構向 **高效率行業** 集中 　對低學歷、低技術勞工吸納有限

服務業中，勞動生產率最高的行業佔 GDP 比重上升

上升比例（%）

0.8　　　1.8　　　5.1

行業

運輸、倉庫和通訊業　　金融、保險、地產及商用服務業　　批發、零售、進出口貿易和飲食及酒店業

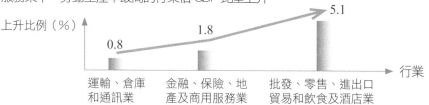

③ 服務業繼續朝 **生產性** 和 **外向型** 方向發展

1970 年代末製造業逐步內遷後，香港形成了以生產性和外向型為特色的服務經濟體系，回歸後這種趨向得到持續發展。

回歸後香港的房屋問題

> 樓市是香港經濟的寒暑表。

八萬五房屋政策

　　鑑於回歸前樓市炒賣情況熾熱導致樓價急升，私人市場供不應求，董建華於 1997 年發表首份施政報告，提出每年興建不少於八萬五千個公私營房屋單位，即政府透過增加土地供應興建公私營房屋，預計於 1999 年開始，可每年興建不少於八萬五千個公私營房屋單位，使全港 70% 的家庭能於十年內自置居所。

　　未幾香港遇到亞洲金融風暴的衝擊，樓價大幅下降 60%。2000 年董建華被傳媒追問時，承認自 1998 年開始推出新的穩定樓價措施後，八萬五房屋政策已不復存在，引起社會輿論嘩然。

「負資產」的出現

　　所謂「負資產」，是指物業的市價低於原先用來購買物業的借款（樓宇按揭）。這種現象通常在物業價格普遍下跌後發生。借款人無力償還購買物業的借款，貸款人轉賣抵押的物業，所得款項無法抵償貸款，借款人在失去物業的同時，依然負債。1997 年以前，當時環球利率高企，本地按揭貸款年利率高達 10% 以上。香港不少中產階級為實現置業夢想，用分期付款方式購買物業，亞洲金融風暴爆發後，面對減薪、裁員等問題，不少人被迫將物業低價變賣套現，成為負債者。

「地產霸權」？

　　為防止亞洲金融風暴導致樓價急劇下跌，政府曾推行一系列措施（如取消居屋計劃等）以穩定樓價。隨着金融風暴以及 SARS 的陰霾逐漸散去，住宅物業價格自 2004 年開始回升，2008 年金融風暴後價格更大幅上漲，加上本地借貸利率低企，內地資金湧入香港炒賣房產，部分物業價格已超越 1997 年的水平，升斗市民無力置業。不少輿論指責大地產商壟斷房地產市場，謀取暴利，要求政府干預市場的呼應不絕於耳。

政府房屋政策的兩難困境及曾蔭權的措施

大增土地供應	恢復建居屋	房屋政策	維持現土地供應	停建居屋
土地供應大增 ⇩ 地價下跌 ⇩ 嚴重影響政府財政收入	地產價格大跌 ⇩ 大量負資產		房地產炒賣活動持續 ⇩ 資產泡沫 ⇩ 金融危機	年輕人無力自置物業 ⇩ 貧富差距擴大 ⇩ 不利社會和諧

向左走？
向右走？

香港特區政府

曾蔭權任內對房屋問題的主要措施

2010　　徵收額外印花稅
遏抑住宅物業投機熾熱的情況

2010－2011　　置安心資助房屋計劃

2010－2011　　增土地供應以維持中小型住宅價格穩定

2011－2012　　新居屋計劃

12.4 回歸後的教育改革

回歸後的教育改革用意雖佳，仍有很多值得改進的地方。

母語教學的推行

香港向來是一個重英輕中的商業社會，英文中學學生的出路往往較中文的為佳，家長傾向於為子女報讀英文中學，導致回歸前使用英語授課的中學不斷增多。1996 年教統會發表《第六號報告書》，支持推行母語教學，政府強制大多數官立及津貼中學改用中文教學，只允許保留 114 間作英文教學，引起社會廣泛爭議。母語教學推行後標籤化了英文中學與中文中學之差異，家長視中文中學為次等學校。英文中學學額大幅減少，使不少能用英語學習的學童喪失入讀英中的機會。由於英文中學集中於港島及九龍，新界區學童較難取得英中學位，造成不公平現象。

三三四高中教育改革

回歸前，香港中學體制主要仿效英國式七年中學課程（初中三年、高中兩年、大學預科兩年）。2005 年教統局發表《高中及高等教育新學制 —— 投資香港未來的行動方案》，落實三三四新學制（三年初中、三年高中以及四年大學），計劃於 2009 年實行。除了中、英、數和通識教育成為核心科目外，高中學生須從二十個新高中科目或職業導向科目中，選修兩至三個選修科目。

新學制增加社會服務、德育及公民教育等其他學習經歷，香港中學文憑考試將取代香港高級程度會考及香港中學會考，成為唯一的公開考試。新學制承接九年免費教育，取消中三、中五升中六的淘汰機制，有助減輕學生的學習壓力，促進學習生活的多元化發展。學生就學校提供的高中科目，可自由選擇修讀，不再有文科與理科或商科之分，兼顧了學生的學習能力。

但亦有輿論指出，中學文憑試的認受性備受質疑。不少海外院校拒絕承認文憑試的英文成績，因政府無法清晰指出文憑試英文科的合格水平，令海外院校擔心香港學生的英文水平是否達標，也迫使有志到外地升學的學生須另外考 IELTS、托福等國際試。政府將會考、高考二合為一，本是為了減輕學生的考試壓力，卻反過來加重了學生的學習及考試負擔。

回歸後推行的教育改革

	推行目的	內容	衍生問題
1998 **母語教學** 事與願違	*改變重英輕中傳統 *減少學習障礙	強制大多數官立及津貼中學改用中文教學。	標籤化了英文與中文中學差異。 令英文中學求過於供。
1998 **外籍英語教師計劃** 飽受詬病	提升英語教學質素	聘外國專業英語教師來港執教。	因聘用薪酬過高、教學效果備受質疑而被輿論詬病。
2000 **教師語言能力評審** 招致反對	提高教師語文能力	強制教師參加「基準試」，若未能於2005/2006年度達標，將面臨失業。	予教師沉重壓力，引起教育界激烈反對。
2004 **校本管理** 遭到反對	提升學校管理質素	規定校董會應加入經選舉產生的家長、教師及校友代表，辦學團體代表將減至60%。	天主教、基督教等教會團體擔心削弱教會的辦學理念及自主權，激烈反對。
1998 **新高中課程改革** 遭受批評	*使香港教育制度與國際接軌 *減輕學生壓力	*落實三三四。 *設文憑試為唯一公開考試。	「通識教育」因內容過廣、配套支援不足、不易列出客觀評核標準受輿論批評。

居港權與人大釋法的爭議

人大釋法引起部分港人對中央政府干預香港司法的憂慮。

《基本法》對「最終解釋權」的規定

按照《基本法》第 158 條規定，《基本法》最終解釋權屬全國人大常委會，但亦規定香港法院可就有關香港自治範圍的事務解釋《基本法》。香港法院審理案件時，如需對《基本法》內關於中央政府管理的事務，或中港關係的條款進行解釋，而該條款的解釋又會影響判決，則應向全國人大常委會請求解釋。

居港權的爭議

據《基本法》第 24 條規定，香港永久性居民在香港以外所生中國籍子女，均為香港居民，享有香港的居留權。但《基本法》卻沒有列明他們在獲得永久居民身份前，所生子女和非婚生子女能否成為永久性居民。回歸後，不少無證兒童的父母為他們向法院申請居港。1999 年 1 月，終審法院就吳嘉玲案作出判決，裁定任何在港居留達七年的港人，子女無論何時出生，都應享有居港權。裁決引起社會的廣泛爭議。港府指稱判決將導致 1,675,000 人享有居港權，涉及額外 7,100 億港幣財政預算，並且每年需要 330 億額外經常性開支運作。董建華根據《基本法》第 43 條與第 48 條的規定，向國務院提請人大釋法，解釋立法原意。

全國人大常委會對《基本法》第 22 條與第 24 條進行解釋，指出終審法院判決不合乎立法原意，不論在回歸前或後出生，其父或母其中一方須為香港永久性居民，才可擁有居港權。全國人大常委會指出此解釋不影響終審法院 1 月的判決，但以後均需以此解釋為準。不少香港市民擔心人大釋法可能有損香港司法的獨立性。

2001 年 7 月，香港終審法院就莊豐源案作出判決，裁定中國公民只要在香港出生，即可享有居港權。「自由行」計劃實施後，內地孕婦來港產下嬰兒數目不斷增加，據估計，2001 至 2011 年間，已獲居港權的「雙非嬰兒」（父母皆無香港居留權的中國公民在港誕下的嬰兒）超過 17 萬人。大量內地孕婦來港分娩，導致本地產科服務嚴重不足。

回歸後全國人大的四次釋法

「一國兩制」中，兩制能否有效運作？

釋法是否有損香港司法獨立？

釋法是為了彌補因法律本身的前瞻性和維護法律的穩定性而產生的法律漏洞。

香港終審法院

人大常委會

《基本法》

法理　依據

《基本法》第 158 條第 1 款

《基本法》的解釋權屬全國人大常委會

釋　法

第一次 （1999）	背景	吳嘉玲案的判決。
	結果	人大常委會指出終審法院判決不合立法原意，內地婚生與非婚生子女須符合其父或母任何一方為香港永久性居民，才可享有居港權。
第二次 （2004）	目的	平息香港政制爭議。
	結果	全國人大認為香港各界未能就政制改革產生共識，決定 2007 年行政長官不經普選產生。
第三次 （2005）	背景	董建華在任內提出辭職要求。
	結果	人大常委裁定在 2007 年以前，行政長官如在任中離任，新任行政長官的任期應為原任的剩餘任期。
第四次 （2011）	背景	美國基金公司向剛果民主共和國追討欠債。
	結果	終審法院主動就此提請人大常委解釋事件是否涉及國家行為，以及剛果政府屬下公司是否擁有外交豁免權。人大常委表示：政府應對剛果實施「絕對外交豁免權」。

SARS 事件與七一大遊行

七一大遊行是董建華執政以來民間積怨的總爆發。

SARS 事件

2003 年初，全球爆發非典型肺炎，香港成為重災區，造成 299 人死亡。輿論指責香港衞生部門對疫情處理遲緩，衞生福利及食物局局長楊永強引咎辭職。SARS 事件對本地旅遊、零售、飲食等行業造成嚴重打擊，香港陷入回歸以來經濟狀況最嚴峻的時期，失業率增至 8.7%，民間瀰漫着對政府的不滿。

「二十三條」立法的爭議

按照《基本法》第 23 條的規定，特區政府應自行立法禁止任何叛國、分裂國家、煽動叛亂、顛覆中央人民政府及竊取國家機密的行為，禁止外國的政治性組織或團體在香港進行政治活動。2002 年底，政府就叛國、顛覆及分裂國土等罪行問題向公眾徵詢意見，引起社會極大爭議。部分人士認為政府就「二十三條」所立的《國家安全法》，條文含糊，可能會剝奪市民的自由及權利，而且立法過於倉促。政府在推銷立法時欠缺公關手腕，保安局局長葉劉淑儀多次到各大學解釋政府政策，與學生鬧得不歡而散，其言論亦被親泛民的傳媒多番誇大報道，激起市民反「二十三條」的情緒。

七一大遊行及董建華辭職

回歸以來，香港經濟下滑，不少中產階級承受失業、減薪、負資產的痛苦。董建華政府施政的失誤及不少負面新聞，使特區政府出現管治危機。2003 年 7 月 1 日，由於 SARS 事件及「二十三條」立法爭議，加上部分傳媒有意鼓動，50 萬香港市民上街遊行，抗議政府施政失誤，要求董建華下台。

自由黨主席田北俊因反對政府倉促立法，辭去行政會議成員職務；隨後葉劉淑儀亦宣佈辭職。2004 年 12 月，董建華出席澳門回歸五周年活動時，被國家主席胡錦濤要求「認真回顧香港回歸七年來走過的歷程，總結經驗、查找不足、不斷提高施政能力和管治水平」。2005 年 3 月，董建華以身體不適為由，向中央辭去特首職務。

七一大遊行爆發的背景

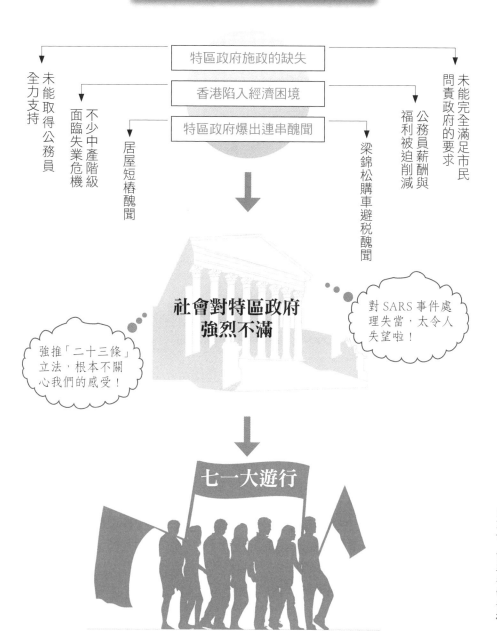

特區政府施政的缺失

香港陷入經濟困境

特區政府爆出連串醜聞

全力支持

未能取得公務員

不少中產階級
面臨失業危機

居屋短樁醜聞

梁錦松購車避稅醜聞

公務員薪酬與
福利被迫削減

未能完全滿足市民
問責政府的要求

**社會對特區政府
強烈不滿**

強推「二十三條」
立法，根本不關
心我們的感受！

對 SARS 事件處
理失當，太令人
失望啦！

七一大遊行

政黨政治的發展

　　特區政府與泛民主派的對立，以及泛民陣營的分裂，是回歸後政黨政治的主要特點。

行政與立法對立的加劇

　　自立法局引入直選議席及取消委任議員後，港英政府逐漸失去對立法局的主導權。1994 年 6 月，民主黨的司徒華在立法局上提出動議，譴責彭定康拒絕批准議員提出修訂差餉的議案，開殖民地史上之先河。1996 年 12 月，立法局議員劉慧卿對董建華提出不信任動議；民主黨議員亦以特首並非由普選產生為理由，對董建華的治港理念予以抨擊，並宣佈拒絕參選臨時立法會，形成民主派議員與董建華政府對立的形勢。

　　1998 年第一屆特區立法會選舉後，民主派議員重返立法會，使行政與立法關係再度處於緊張狀態。董建華政府希望強化行政主導，限制立法會議員修訂政府法案的權限，並沿用殖民地時代的做法，當政府官員不同意議員修改政府草案時，便收回提交立法會討論的草案，造成兩敗俱傷的局面。

新政黨的形成

　　回歸初期香港的政黨大致分成兩大陣營，即親建制派與泛民主派。親建制派以民建聯及自由黨為主，傾向支持政府；泛民主派則由民主黨、前線及民協組成，主張爭取普選特首。但由於民主黨部分少壯派人士認為黨內作風保守，加上不易取得參選機會，紛紛退黨另謀發展。

　　2006 年「公民黨」及「社會民主連線」（簡稱「社民連」）相繼成立。公民黨的前身為梁家傑、余若薇等法律界及其他專業人士組成的「《基本法》二十三條關注組」，強調維持法治及爭取普選。「社民連」則由梁國雄、黃毓民等社運人士及陶君行、陳偉業等前民主黨成員所組成，走較激進的街頭路線，在立法會會議上不斷以擲物、辱罵官員等形式進行抗爭，吸引傳媒關注。2011 年 1 月，黃毓民、陳偉業另組名為「人民力量」的政治組織。該組織指責民主黨立場過於保守，並在 2012 年區議會及立法會選舉中搶奪民主黨選票，因此兩者的關係相當惡劣。

回歸後香港政黨的特點

法律地位是
「公司」或「社團」
香港無政黨法，政黨
都據《公司條例》或
《社團條例》登記。

規模相當有限
大多數十人到數千
人。

香港政黨

大多組織鬆散
普遍缺乏紀律性。

政治態度、
政治傾向明顯
採取中間路線不易取得
民眾普遍支持。

不可能通過選
舉成為執政黨
受《基本法》制約，
只能在議會中擔當
監督、制約政府的
角色。

只能竭力爭
取曝光以提
高知名度

對香港民主化的影響

有助加強市民的政治參與

推動了本地民主化

貢獻

政黨間未能團結一致

議題偏重政治方面

缺失

「八十後」與新社會運動

「八十後」的困境與互聯網的出現，改變了本土社會運動的形態。

「八十後」面臨的困境

所謂「八十後」，廣義上是指 1980 年代及以後出生的香港人，狹義則指在那一代人中活躍於社會運動的年輕人。

自 1980 年代起，香港經濟急速發展，這時期出生的人是物質生活最富足的一代。隨着高中及大學教育的普及化，他們的教育水平亦大大提高，對香港抱有濃烈的歸屬感，普遍認同西方民主與人權等價值觀，對舊建制抱有懷疑態度，但國家民族意識相對薄弱。

「八十後」對新科技與資訊的掌握，遠較上一代為強，但他們的發展境遇，卻比上一代人悲觀。回歸後，香港整體經濟發展速度放緩，貧富差距增大，「八十後」在職場上的待遇遠較前人為差。

以公務員為例，回歸後政府削減新入職公務員的薪津水平，又採用外判或合約形式招聘部分低級公務員，薪酬較舊制入職的公務員相差近半。由於大學生供過於求，私營機構新聘的大學畢業生薪金可能較體力勞動者為低，升職前景亦較上一代為差，更要面對內地來港專才的競爭。不少「八十後」對前景感到悲觀，在期望與現實出現落差的情況下，遂積極參與「反建制」的抗爭活動。

社會運動的新形態

回歸後，本地社會運動與港英時代相比，有兩個差異：其一是 1970 至 1980 年代的社會運動，抗爭目標主要是爭取民主政制、改善自身待遇或抗議施政不公；回歸後社會運動則加入環境保育、文物保護和集體回憶等議題。

其二是 1970 至 1980 年代社會運動的動員模式，主要是依靠民間組織成員間的個人關係發動，學生組織與專業人士（如社工）是主要參與者；回歸後則主要靠互聯網進行動員，組織上較為隨意，並無既定成員，以游擊方式從網絡上召集支持者，並會用嘉年華、苦行等新形式示威遊行。近年社民連和人民力量等政黨組織，也經常利用互聯網號召民眾聲援他們所主辦的抗議活動。

戰後的四代香港人

第 一 代（1945 或之前出生）

成長背景

* 大多不是生於香港，只視香港為暫時棲身地。
* 經歷二戰及國共內戰，有憂患意識。

特點與訴求

* 以家庭利益為首要考慮
* 對政府無太大要求

戰亂頻仍，我們只求平穩生活。

第 二 代（1946－1965 出生）

成長背景

在競爭與擁擠的環境中長大，認同競爭的重要性。

特點與訴求

* 部分人受西方潮流文化影響，曾參與社會運動。
* 因經濟發展造就機會，在社會中取得不同程度的成功。

現實很殘酷，但有無限可能！

第 三 代（1966－1975 出生）

成長背景

生於家庭計劃廣泛推廣時期

特點與訴求

* 受本土通俗文化薰陶
* 接受高等教育的機會較上一代多
* 對香港有強烈歸屬感

婚姻、家庭並非理想生活，生活重點在工作穩定。

第 四 代（1976－1990 出生）

成長背景

長於香港物質最豐裕期

特點與訴求

* 認同西方民主與人權等價值觀
* 對舊建制抱有懷疑的態度，國家民族意識相對薄弱

學歷貶值，搵工好難！

新界丁屋政策的爭議

「丁屋」問題因牽涉到新界原居民的現實利益，引起後者的激烈抗爭。

丁屋政策的起源

丁屋政策即「新界小型屋宇政策」，是港英政府針對新界原居民土地權益的政策。

二戰後，香港邁向工業時代，土地需求日增，港英政府從鄉民手中收回大量土地作發展用途。政府收地賠償額過低，以及限制村屋的興建，引起村民的激烈抗爭。1972 年，鄉議局準備發動萬人遊行，又杯葛出席民政事務署會議。為得到新界原居民的支持，港府決定於 1972 年 12 月實施新界小型屋宇政策。

政策的內容和影響

政策規定：年滿 18 歲、父系源自 1890 年代新界認可鄉村居民的男性香港原居民，每人一生可申請一次於認可範圍內建造一座最高三層（上限 25 英尺，至 1984 年放寬為 27 英尺，由地基起計算），每層面積不超過 700 平方英尺的丁屋，無須向政府繳付地價。

新界民政署長黎敦義（Denis C. Bray）強調丁屋只是一項中短期措施，目的是讓原居民獲得環境較佳的居所，並不承認原居民擁有特權。政府同時制定「限制買賣轉讓條款」，規定擁有丁屋的原居民，如欲把丁屋出售及轉讓予非原居民，需向政府申請及補償地價，並取得地政專員書面同意，方可進行。

隨後，港府規定在鄉村範圍內的屋宇（包括丁屋），可獲豁免繳交差餉。按照《基本法》第四十條規定：新界原居民的合法權益受特區保護，當中的「合法權益」就包括了丁屋權利。

丁屋政策雖然確立了村民建屋的權利，但是政府和村民就丁屋的興建、審批土地時間、繼承權方面仍然存在多種爭議。另外，一些非新界居民質疑丁屋買賣破壞了丁屋政策的原意；保育團體也針對興建丁屋所造成的生態環境破壞，與新界原居民作出交涉。

圍繞丁屋政策有哪些爭議？

牽涉了新界原居民利益，麻煩了！

丁屋僭建
不少丁屋面積、層數超過政府規定。

環境保育的爭議
環保團體抗議：
建丁屋填地、開地破壞了生態。

丁權資格的爭議
* 海外原居民有否丁權？
　*女性無丁權是否性別歧視？

丁屋買賣問題
*不少鄉民出售丁屋乃至建屋權利。
* 發展商收購丁權的情況亦很普遍。

政府批核緩慢
處理申請效率低下，申請興建丁屋手續繁複。

丁屋產生了很多問題，必須加以解決！

港府

丁權是新界原居民的合法權益，不容改變！

村民

曾蔭權的管治

> 曾蔭權的施政基本上是對董建華時代的延續與修正。

曾蔭權接任特首

2005 年 3 月，董建華以健康理由辭去行政長官職務，政務司司長曾蔭權成為署理行政長官，其後於 2005 年當選行政長官，接替董建華的餘下任期，及後於 2007 年當選第三屆行政長官。受惠於 CEPA、「自由行」等內地對港的優惠政策，香港經濟從谷底攀升，成為提高曾蔭權民望的助力；香港公共財政出現大量盈餘，也使他可以加大福利開支爭取民意支持。

政治上，曾蔭權繼續推行問責制，並鑑於董建華與民主派的對立所引起的紛爭，遂推行政改方案，回應民主派的改革要求。經濟上則減少新產業的投入，轉為依賴以內地企業上市及投資移民所牽引的金融及地產業推動香港經濟。可是曾蔭權的房屋政策，明顯傾向照顧大地產商的利益，飽受輿論批評。

政制改革與變相五區公投

在曾蔭權任內，要求普選特首的呼聲不絕於耳。政府於 2005 年 10 月發表《政制發展專責小組第五號報告》，建議將 800 人組成的行政長官選舉委員會增至 1,600 人，立法會分區直選與功能界別各增加 5 席（合共 10 席），於 2007 年行政長官選舉以及 2008 年立法會選舉推行。該方案最終因不獲民主派支持而未能在立法會通過。學者陳健民指出：民主派否決政改方案，不單令政制原地踏步，更重要的是使民主派無法透過特區政府與中央進行良性互動，只會加深彼此的猜疑，使香港民主運動陷於困局。

2007 年 12 月，全國人大公佈 2017 與 2020 年香港可實施普選行政長官以及立法會，亦可修改 2012 年行政長官和立法會選舉辦法。雖然中央政府願意加快本地民主發展步伐，但以社民連和公民黨為首的民主派卻推行五區公投，即五位泛民主派立法會議員辭職再進行補選，推行變相公投向特區政府與中央政府施壓。不過，五區公投得不到大部分市民支持，民主黨亦不認同及參與是次公投，投票率只得 17.1%。2012 年 3 月，香港舉行第四屆特區行政長官選舉，梁振英擊敗唐英年及何俊仁，當選第四屆行政長官。

董建華與曾蔭權施政之比較

董建華		曾蔭權
擺出「有為政府」姿態 後放棄干預原則，轉回「小政府」姿態。	主要方針	延續董建華後期的方針 堅持市場主導原則。
與民主派關係欠佳 推行主要官員問責制	政治	意圖改善與民主派的關係 繼續推行問責制
推動新產業振興香港經濟	經濟	對新產業投入有限
提出「八萬五房屋政策」	房屋	繼續停建居屋 傾向照顧大地產商利益。
推行教改 引起教育界激烈反對。	教育	避免推行激進的教改 鼓勵興辦私立大學
實施「強制性公積金計劃」 增加社會福利開支	民生	繼續增加社會福利開支 推行「十大基建」計劃
削減公務員的薪津待遇	與公務員關係	增加公務員的薪酬

重要人物簡介

董建華（1937－　）

首任香港特區行政長官。祖籍浙江舟山。生於上海，父親為航運業商人董浩雲。1947 年移居香港。1960 年畢業於英國利物浦大學，取得海事工程理學士學位，後任職美國通用有限公司。1969 年返港加入其家族企業東方海外集團工作。1992 年被港英政府委任為行政局議員。回歸前曾出任香港特區籌備委員會副主任、香港事務顧問、第八屆全國政協委員。1996 年 12 月，當選香港特區首任行政長官。1997 年 7 月 1 日就職。2002 年 2 月，連任行政長官。2005 年 3 月，以健康為理由辭去行政長官職務。離職後當選全國政協副主席，負責參與中美關係相關的外交事務，並成立了中美關係交流基金會。2006 年 7 月獲特區政府頒授大紫荊勳章，以表揚他出任行政長官期間，使香港主權移交後保持安定繁榮，成功落實「一國兩制」。

陳方安生（1940－　）

祖父方振武為抗日名將，母親方召麐為著名國畫家。1940 年生於上海，1948 年移居香港，入讀香港大學英文系。1962 年獲港府聘請為首批華人女政務官。1979 年為爭取女性公務員能取得同等待遇，成立高級女性政府官員協會，並擔任主席。1986 年升任社會福利署署長。同年發生「郭阿女事件」，港府接到市民投訴，指稱當年 6 歲女童郭阿女被母親鎖在家中，經常透過鐵閘向鄰居索取食物，社署因半年來未能與女童母親接觸，強行帶走

郭阿女，並安排其母入住精神病院。事後陳方安生被外界大肆抨擊。1987 年出任經濟司，成為首位女性司級官員。1993 年出任首位華人布政司。回歸後出任特區政務司司長，屢有與董建華不和的傳聞。2001 年 1 月以個人理由請求提早退休。退休後活躍於香港政壇，多次發表要求直選的言論。2007 年 12 月參加立法會香港島地方選區補選，當選立法會議員。2008 年 7 月，宣佈不會參加 2008 年香港立法會選舉。

曾蔭權（1944－ ）

前香港特區行政長官。祖籍廣東南海。生於香港，父親曾雲是殖民時代的警務人員。1964 年畢業於香港華仁書院預科，後任職藥廠推銷員，1967 年加入政府工作，成為二級行政主任。1971 年入職政務主任，任職離島理民府。1981 至 1982 年獲政府保送往美國哈佛大學進修，獲公共行政碩士；1985 至 1989 年升任副常務司；1989 至 1991 年出任行政署長，負責向英方及香港市民推廣居英權計劃。1991 年改任貿易署長，負責貿易談判及有關貿易的行政事宜。1993 年升為庫務司。1995 年成為首位華人財政司，回歸後過渡為財政司司長。亞洲金融風暴期間，與任志剛等策劃抵抗投機者狙擊港元的行動。2001 年 5 月，接替陳方安生政務司司長的職務。2005 年 3 月董建華辭任行政長官，曾蔭權出任署理行政長官。2005 年 6 月當選行政長官，隨後推出政制改革方案，最

後因泛民在立法會投反對票而未能通過。2012 年 2 月因接受富豪的款待，被傳媒揭發，被迫向公眾道歉。2015年被廉政公署以「公職人員行為失當」罪名提出起訴，被判處入獄二十個月。

梁振英（1954 - ）

現任香港特區行政長官。祖籍山東威海，生於香港，父親梁忠恩為港英政府從山東威海衛招募而來的警務人員。1971 年畢業於英皇書院。1974 年獲香港理工學院（現香港理工大學）建築測量系高級文憑。1977 年畢業於英國布里斯托理工學院（Bristol Polytechnic），獲測量及物業管理學學士學位。同年返港加入仲量行擔任實習測量師，並開始到深圳、廣州、北京等地任義工教學。1982 年成為仲量行合伙人。1985 年加入基本法諮詢委員會。1993年創辦「梁振英測量師行」。同年被國務院港澳辦及新華社香港分社聘為港事顧問。其後擔任香港特區籌委會預委會政務小組港方組長。1995 年底出任香港特區籌委會副主任。1997 年被任命為特區首屆行政會議成員，1999年 7 月起擔任行政會議非官守成員召集人。2011 年 10月因參選特首，辭去行政會議職務。2012 年 3 月 25 日當選為香港特區行政長官。2016 年宣佈因家庭原因，放棄爭取連任特首。2017 年 3 月獲選為全國政協副主席。

梁國雄（長毛）（1956－ ）

社運人士與現任立法會議員。祖籍廣東增城，生於香港。金文泰中學畢業後曾擔任酒保、地盤工等。1970 年代加入托派政治組織「革命馬克斯主義聯盟」（革馬盟）。1979 年 4 月因紀念四五天安門事件及支持內地民運，被港英政府控以「非法集會」罪入獄。1990 年創辦「四五行動」，經常參與各類示威活動。2006 年參與創立「社民連」。2004 年在立法會新界東選舉中獲勝，首次成為立法會議員，2008 年再度連任。任職立法會議員期間，繼續參與街頭抗爭活動。2008 年 12 月，因在示威中涉嫌襲擊警員而被判社會服務令。2010 年參與「五區總辭」；又稱不支持「五區公投」的司徒華是「癌病上腦」。2011 年 9 月政府在香港科學館舉行有關議員出缺遞補機制的公眾諮詢會，梁國雄等社民連成員強行用暴力闖入會場，其後他被法庭起訴，判處入獄兩個月，上訴後減刑入獄兩星期。

何俊仁（1951－ ）

前香港民主黨主席。祖籍廣東中山，生於香港。1971 年考入香港大學法律系。1985 年組織論政團體太平山學會，並以學會核心成員身份發表政論，1990 年與其他民主派人士合組「香港民主同盟」。1995 年參加區域市政局選舉獲勝，同年當選立法局議員。2004 年在立法會新界西選區獲勝。同年，在第三屆立法會主席的選舉中，民

主派推舉何俊仁挑戰已二度連任主席的范徐麗泰，結果未能成功。2006 年 6 月，出席反銷售稅遊行後，在中環用膳時，遭兇徒襲擊受傷，兇徒動機相信與其律師事務有關，成為回歸後首位遇襲的立法會議員。同年 12 月出任民主黨主席。2010 年因回應曾蔭權所提出的政改方案而受到不少泛民人士抨擊。何俊仁回應說：「（政改方案）從一個民主發展的角度去看是有利的，是一個實際的進步，以及可為五年來的政治僵局帶來新的突破。」2012 年 1 月代表民主派參加特首選舉。

梁愛詩（1939－　）

香港特區首任律政司司長。祖籍廣東南海，生於香港。1953 至 1958 年就讀聖嘉勒書院；1960 年畢業於聖心書院預科。1968 年取得香港律師資格後開始私人執業。1978 年出任國際法律婦女協會香港區主席，其後成為國際法律公證人，非常關注婦女與兒童權益。1993 年當選為廣東省第八屆全國人大代表並被委任為港事顧問。1996 年出任香港特區首屆行政長官及臨時立法會推選委員。1997 年 7 月至 2005 年出任香港特區首任律政司司長。1998 年 3 月，星島新聞集團主席胡仙因涉及詐騙案，梁愛詩以證據不足及以公眾利益為理由，決定不予檢控，引致不少人士的非議。2006 年任全國人大常委會香港特區基本法委員會副主任。2010 年獲香港樹仁大學頒授「榮譽法學博士」。2012 年 3 月，梁愛詩針對「雙非

問題」，建議前特首曾蔭權主動向國務院提交報告，由國務院提請人大常委會釋法，拒向雙非子女發出居港權。

曾鈺成（1947－）

現任香港立法會主席及前民建聯主席。祖籍廣東順德，生於廣州。早年就讀聖保羅書院，考入香港大學數學系，1968 年以一級榮譽畢業，留校擔任助教。次年放棄赴美留學的機會，任教培僑中學，是當年少數加入左派陣營的港大畢業生。1985 年出任校長。同年獲委任為基本法諮詢委員會委員。1992 年創立民建聯。後成為香港特區籌備委員會成員。回歸後出任香港臨時立法會議員。1998 年於香港立法會九龍西選舉獲勝，出任立法會議員，2002 年以民建聯主席的身份加入行政會議，成為非官守議員。2003 年，因支持「二十三條立法」，受七一大遊行的影響，民建聯在區議會選舉失利，曾鈺成辭去主席職務，由馬力接任。2008 年當選立法會主席，為免角色衝突，辭去行政會議職務，由黨友劉江華接替。

羅范椒芬（1953－　）

前教育統籌局常任秘書長。祖籍浙江寧波，生於香港。畢業於嘉諾撒聖瑪利書院，獲香港大學理學士學位。1975 年加入政府工作，1977 年成為政務官。1991 年起先後出任副公務員事務司、副規劃環境地政司、房屋署高級助理署長及副署長等職務。1997 年擔任香港首任行政長官辦

公室主任；回歸後出任運輸署署長、教育統籌局局長、教育統籌局常任秘書長等職務。任職教育統籌局常任秘書長期間，致力推動教育改革。2006 年初發生兩名教師自殺事件，因言論失當而遭教育界人士的非議。同年 10 月，調任廉政專員。2007 年初香港教育學院教員指控有官員不滿教院職員撰文批評教育改革，要求辭退他們。事後政府成立獨立調查委員會聆訊，證實她有作出「不恰當」的行為。羅氏隨即辭去廉政專員職務。2008 年 1 月，當選港區全國人大代表。2012 年 4 月出任香港候任行政長官梁振英辦公室主任，7 月出任行政會議非官守成員。

劉皇發（1936－2017）

現任新界鄉議局主席，立法會議員。新界原居民。生於屯門龍鼓灘，在靈山中學初中畢業後，曾幫父母務農，又曾從事九廣鐵路公司的路軌上漆工作，後在元朗開設雜貨舖。1960 年得到前鄉議局主席陳日新的賞識，擔任屯門龍鼓灘村村代表，為當時最年輕的新界鄉村代表。1972 年獲選為屯門鄉事委員會副主席。麥理浩治港時期，港府銳意開拓新界新市鎮，劉皇發成為政府與原居民溝通及協調的橋樑。2000 年政府計劃在新界鄉村推行「雙村長制」（即每村分組選出「原居民代表」及「居民代表」兩名村長），遭到原居民反對，經劉皇發斡旋後，始能於 2003 年正式推行。2008 年立法會選舉時，因被指責為民建聯的張學明拉票而退出自由黨。2012 年政府決意清理新界

村屋僭建物，劉皇發要求政府特赦，實現社會「大團結、
大和諧」。2015 年 6 月，政協方案在立法會表決，劉皇
發未有出席投票。2016 年辭去屯門鄉事會主席職務。
2017 年 7 月 23 日在寓所逝世。

附錄

香港大事年表 (1841－2012)

年份	政治	社會與文化	經濟
1841	＊英軍佔領香港島。 ＊義律發出《義律文告》。		＊義律宣佈香港為自由貿易港。
1842	＊中英簽訂《南京條約》，香港島被割讓予英國。	＊美國傳教士叔未士在上環設立「皇后道浸信會」，這成為中國近代史上第一所新教教堂。	
1843	＊英國皇室簽發《英王制誥》及《皇室訓令》。 ＊行政局與立法局成立。	＊英華書院從麻六甲遷到香港。	＊砵甸乍下令將香港島北部市區命名為「維多利亞城」。
1844	＊高等法院正式成立。 ＊港府實施保甲制度。		＊皇后大道修築完成。
1845		＊港府在跑馬地興建公共墳場。	＊香港第一家銀行東藩匯理銀行首次發行紙幣。 ＊港府首次徵收「差餉」。
1846	＊耆英奏請築建九龍城寨。	＊倫敦傳道會成立英華女校。	＊英商鐵行輪船公司開闢香港至上海的不定期航班。

年份	政治	社會與文化	經濟
1847		＊港府成立教育委員會，檢討教育政策。 ＊香港華人領袖興建文武廟。	
1848		＊港府開始資助中文學校。	＊英國政府減少對香港的財政撥款。
1849			＊美國加州出現採金熱潮，苦力貿易逐漸興盛。
1850	＊港府首次建議委任兩名太平紳士出任立法局非官守議員。	＊聖保羅書院開學。	＊省港快輪公司正式開通港澳航線。
1851		＊廣福義祠建成。	＊澳洲發現金礦，華人經港赴澳者日眾。
1852			＊鐵行輪船公司開闢香港至加爾各答的定期航線。
1853	＊港督文咸出訪太平天國的首都南京。	＊香港的第一份中文報刊《遐邇貫珍》創刊。	＊港府頒佈《殖民地乘客法案》，意欲改善華工在船上的待遇。
1854	＊港督寶靈前往廣州，要求修改《南京條約》。	＊紅兵圍攻廣州，不少廣州富商遷居香港。	

年份	政治	社會與文化	經濟
1855	*寶靈向英國政府建議擴大立法局議員名額，但建議未獲批准。		*寶靈提出香港島北部的填海計劃，但遭到英商的反對。 *本年香港個人繳納地稅十英鎊以上者一百四十一人，其中華人四十二人。
1856	*「亞羅號事件」爆發，成為第二次鴉片戰爭的導火線。		*南北行商人高滿華來港開設商行「元發行」。
1857	*「毒麵包案」發生。 *中央警署建成。	*港府頒佈《皇家書館則例》，規範香港官立學校的運作。	
1858	*英法聯軍攻陷廣州 *英國政府任命布魯斯為駐華公使，寶靈只擔任港督一職。	*華人黃勝出任首名華人陪審員。	
1860	*中英簽訂《北京條約》，九龍半島被割讓予英國。		
1861	*港府廢除保甲制度。	*伍廷芳主持的《香港中外新報》正式發行。	*外商成立「香港總商會」。

年份	政治	社會與文化	經濟
1862	＊開始推行「官學生」制度。	＊中央書院成立。 ＊香港正式發行郵票。 ＊華人商戶開始組織更練自衞。	
1863		＊薄扶林水塘峻工，是為香港的首座儲水庫。	＊香港黃埔船塢公司成立。 ＊香港首次發行硬幣。
1864			＊南北行商人組成同業團體，議定《南北行規約》。
1865	＊行政、立法兩局官守議員開始設立當然議席。		＊滙豐銀行正式開業
1866		＊各區坊眾集議設立「四環更練館」。	＊港府於銅鑼灣設立香港造幣廠。
1867		＊港府開放賭禁。	＊開徵「印花稅」。
1868	＊港督下令禁止清廷水師進入香港水域。		＊首個華人商業團體南北行公所在港正式成立。
1869		＊香港首代大會堂落成。	＊蘇彝士運河竣工，促進了香港航運業的發展。
1870		＊東華醫院選出首屆董事會。	＊英資太古洋行在港設立總部。

年份	政治	社會與文化	經濟
1871			*香港與上海之間的電報正式開通。
1872		*港府恢復禁賭。 *《華字日報》創刊。 *東華醫院正式落成啟用。	
1874		*《循環日報》創刊。	
1877			*李陞等人創辦「安泰保險公司」,該公司成為香港第一家華資保險公司。
1878		*伍廷芳被委任為首位華人太平紳士。 *港督軒尼詩要求加強中央書院的英語教學。	
1880	*軒尼詩委任伍廷芳出任首位華人立法局議員。	*保良局正式成立。 *第一輛人力車開始投入使用。	
1881	*立法局通過《華人歸化英籍條例》,准許華人歸化英籍。	*港府公佈在港華人有 113,462 人,其中本地出生者為 3668 人,約佔 3.2%	*太古洋行在鰂魚涌開設煉糖廠。

年份	政治	社會與文化	經濟
1883	* 港府委任黃勝出任立法局議員。 * 孫中山入讀拔萃書室，並受洗成為基督徒。	* 潔淨局成立。 * 港府在尖沙咀設立天文台。	
1884	* 孫中山入讀香港中央書院。 * 港府通過法例，授權港督可把嫌疑份子和危險份子驅逐離港。	* 中法戰爭期間，香港碼頭工人發動反法罷工。 * 香港賽馬會成立。	
1886		* 港府成立公共衛生調查委員會。	* 滙豐銀行在中區新建大廈落成啟用。
1887	* 重申《取締三合會條例》。	* 香港西醫學院正式成立。 * 立法局通過《1887年公共衛生條例》。	
1888			* 山頂纜車建成通車。 * 華商組成省港澳輪船公司。
1889	* 開闢昂船洲為軍事禁地。		* 香港電燈公司註冊成立。
1891		* 港府批准成立團防局。	* 香港股票總會成立。 * 中華匯理銀行成立。

年份	政治	社會與文化	經濟
1892	* 輔仁文社成立。 * 孫中山於西醫書院畢業。	* 保良局正式成為法團。	
1894	* 港督威廉·羅便臣上書英國政府,建議拓展香港領地。	* 維多利亞書院改名為「皇仁書院」。 * 鼠疫事件爆發。	
1895	* 興中會總部在香港成立。 * 乙未廣州起義爆發。		
1896	* 港督簽發驅逐孫中山的出境令。 * 立法局增加一個華人非官守議席。	* 港府整頓東華醫院。	* 華商正式組成「中華會館」。
1897	* 港府取消開埠以來的宵禁令。		
1898	* 英人強租新界。		* 天星小輪公司成立。
1899	* 新界鄉民反對英人接管新界,爆發大埔之戰。 * 英人強佔九龍城寨。		* 中英簽訂《廣九鐵路合同》。
1900	* 兩廣總督李鴻章兩次訪港。	* 革命報刊《中國日報》首次發行。	* 先施百貨公司開業。 * 《新界田土法例頒佈》。 * 華商公局成立。

年份	政治	社會與文化	經濟
1901	＊楊衢雲在港遇刺身亡。	＊香港基督教青年會正式成立。	
1902	＊孫中山從日本返港。		＊香港電車有限公司成立。
1903		＊《南華早報》創刊。 ＊港府下令水坑口全部妓寨遷至石塘咀。	
1904	＊港府頒佈《山頂區保留條例》。		＊港島電車全線通車。
1905	＊同盟會香港分會成立。	＊香港商民發動抵制美貨運動。	
1907	＊港府首次頒佈取締華民報紙的條例。 ＊新界設立理民府。		
1908		＊「二辰丸」事件引發反日運動。 ＊香港第一間工會「中國研機書塾」正式成立。	＊香港街頭出現第一輛汽車。
1909	＊同盟會在港建立南方支部。	＊香港拍攝首部故事片「偷燒鴨」。	＊填築紅磡灣海灘工程竣工。
1910			＊九廣鐵路英段鐵路完成。

年份	政治	社會與文化	經濟
1911	* 廣州黃花崗之役爆發 * 武昌起義爆發，香港華人熱烈慶祝。	* 第一次飛機表演在沙田試飛成功。 * 廣華醫院建成。	* 九廣鐵路全線通車。
1912	* 孫中山經香港返回內地。 * 港督梅含理遇刺。	* 香港大學正式開學。	* 華商成立廣東銀行，是為香港第一家華資銀行。
1913	* 梅含理向英國政府建議不再委任何啟為立法局議員。	* 港府頒佈《1913年教育條例》。 * 黎民偉創辦香港第一間電影製片公司「華美影片公司」。	* 香港華商總會成立。 * 港府公佈禁止外幣在香港流通的法例。
1914	* 第一次世界大戰爆發，港府沒收德人在港資產。	* 華人發動「抵制電車運動」。	* 啟德公司發起填築九龍灣海灘。
1918		* 跑馬地馬棚發生大火，遇難者達六百餘人。	* 東亞銀行成立。
1920		* 香港華人機器會發動大罷工。 * 官立漢文師範學堂成立。	* 北角電力廠正式供電運作。
1921	* 港府禁止慶祝孫中山就任非常大總統。		

年份	政治	社會與文化	經濟
1922	＊海員大罷工。	＊香港成立「反對蓄婢會」。 ＊港府正式成立「消防局」。	
1923	＊孫中山訪港，在香港大學發表演説。	＊立法局通過《蓄婢條例》，廢除妹仔制度。 ＊學海書樓創辦。	＊油麻地小輪公司正式成立。
1924	＊新界鄉紳成立「農工商業研究總會」。		
1925	＊省港大罷工爆發。	＊英國交還吉慶圍的鐵門。	
1926	＊新界鄉議局成立。 ＊港府委任周壽臣為首位華人行政局議員。 ＊省港大罷工結束。	＊香港官立漢文中學成立。 ＊香港總工會成立。	＊受大罷工影響，香港經濟大受打擊。
1927	＊港府封閉香港工團總會。	＊魯迅三次到訪香港。 ＊香港大學中文系正式成立。	
1928	＊港督金文泰到訪廣州。	＊香港電台正式開播。	
1929	＊立法局將華人議席增至三個。	＊東華東院落成啟用。	＊灣仔填海工程全部完成。

年份	政治	社會與文化	經濟
1931	＊港府逮捕中共黨員蔡和森。	＊東華三院實行統一管理，選出二十六名首任總理。	＊省港長途電話正式開通。
1932		＊香港水荒嚴重，港府免費為市民安裝水表，撤銷旁喉制度。 ＊香港宣佈禁娼。	＊受世界性經濟危機的影響，香港百業蕭條。
1933	＊九龍城寨居民迫遷事件。	＊太平、高陞兩戲院首創男女同班演出粵劇。	＊廣東省政府主席陳濟棠邀請港澳商人返粵興辦實業。 ＊恆生與永隆兩銀號開業。
1934			＊中華廠商聯合會成立。 ＊香港加入英聯邦特惠稅協定。
1935		＊潔淨局易名為「市政局」。 ＊許地山出任香港大學中文系主任。 ＊賓尼來港考察香港教育制度。	＊香港金銀貿易場落成。 ＊港府設立外匯基金。
1936	＊港督郝德傑前往廣州拜會蔣介石。		

年份	政治	社會與文化	經濟
1937	*抗日戰爭爆發，香港成為抗戰物資的重要輸入港。	*瑪麗醫院建成。 *香港首次舉辦中學會考。	
1938	*廖承志在港設立八路軍辦事處。 *宋慶齡在港成立「保衛中國同盟」。	*港府設立勞工署。 *內地大量難民逃到香港。 *內地文化機構與文人大量南遷香港。	
1839		*中華全國文藝界抗敵協會香港分會正式成立。	*港府實施糧食價格及外匯管制。
1940	*蔣介石派代表在香港與日本秘密會談。	*香港紅十字會成立。	*港府頒佈《戰時稅收條例》，開徵薪俸稅和利得稅。
1941	*日軍攻佔香港。 *日本軍政廳成立。		*日本軍政廳推行軍票制度。
1942	*香港佔領地總督部成立。 *「華民代表會」和「華民各界協議會」正式成立。	*日人發起「歸鄉生產運動」，疏散香港人口。 *港九大隊活躍於新界各區。 *日人推行糧食配給制度。	*日人擴建啟德機場。 *日人發行迫簽紙幣。

年份	政治	社會與文化	經濟
1943	*英國政府成立「香港計劃小組」，研究和制訂戰後香港的政策措施和工作計劃。	*香港的物資供應嚴重不足，不少市民餓死街頭。	*日人禁止港幣流通。
1945	*日本宣佈無條件投降。 *蔣介石宣佈暫時放棄收回香港。 *香港英國軍政府正式成立。		*軍政府實行物資統制政策，並宣佈軍票作廢。
1946	*香港軍事法庭審判日本戰犯。 *撤銷軍政府，楊慕琦復任港督。 *楊慕琦提出政改方案。	*達德學院正式開課。	*港府宣佈迫簽港幣通用。 *國泰航空公司正式成立。
1947		*香港人口增至一百八十萬人。 *高等法院允許女性出任陪審員。	*港府開徵物業、薪俸等稅項。 *大量華資流入香港。
1948	*英國外交大臣貝文建議必須提防中共可能通過煽動罷工，達到癱瘓香港經濟的目的。	*香港《文匯報》正式創刊。	

年份	政治	社會與文化	經濟
1949	*英國政府擬定「香港緊急防衞計劃」，增強香港防務。 *港府宣佈施行《1949年移民管制條例》及《人口登記條例》。 *中華人民共和國成立。	*港府下令關閉達德學院。 *廣州珠海大學遷港，改名珠海書院。 *華人革新協會成立。 *錢穆等學者來港創立「亞洲文商專科夜校」(後改名為「新亞書院」)。	*該年進出口貿易總值首次突破50億。
1950	*英國宣佈承認中華人民共和國。 *「羅素街血案」。 *兩航起義事件。	*《新晚報》創刊。	*該年本地約有製造業企業1,478家，僱用8.2萬人。 *中國介入韓戰，美國對中國實施貿易禁運。
1951	*周恩來發出「香港是中國與世界交往的橋頭堡」的指示。 *港府封閉新界邊境。	*港府向香港房屋協會提供貸款和建築用地，為低收入家庭建造和提供房屋。 *港府發表《菲莎報告》，實施統一學制計劃。 *「學童保健計劃」實施。	*美國規定港產品輸美必須附有產地來源證才能在美清關。

年份	政治	社會與文化	經濟
1952	*「三一」事件。 *《大公報》案。 *港府恢復市政局的選舉。	*香港人口增至213萬人。 *首批女警開始執勤。 *香港通過《1952年教育法例》,加強對學校的監管。	*本地生產總值較1951年減少7.5%,為戰後首次負增長。
1953	*市政局民選議席增至4席。	*石硤尾大火。 *中文中學會考首次舉辦。 *地方法院正式成立。 *天主教慈善組織「明愛」正式成立。	*工商處稅收增至7,764萬元。
1954	*港府將中英街劃成特別禁區。 *公民協會成立。 *港督葛量洪訪問美國,稱香港為「東方柏林」。	*香港屋宇建設委員會成立。	*差餉徵收擴展至新界。
1955	*克什米爾公主號事件。 *葛量洪訪問北京。	*首屆藝術節舉行。 *維多利亞公園正式開放。 *掘出李鄭屋村古墓。 *香港獅子會成立。	*港府開始開發觀塘工業區。

年份	政治	社會與文化	經濟
1956	＊九龍暴動。 ＊公民協會成員組織「公民黨」，為香港首個公開的政黨。	＊香港浸會書院成立。 ＊聯合書院成立。	
1957	＊港府發表《九龍及荃灣暴動報告書》。	＊有線電視廣播首次出現。 ＊邵逸夫創辦「邵氏兄弟（香港）有限公司」。	＊香港與內地貿易入超達 9 億元。
1958	＊港府干預左派學校懸掛五星旗。 ＊港府禁止左派學校舉行體育表演。	＊港府將社會局改組為社會福利署。 ＊香港專上學生聯合會成立。	＊啟德機場新跑道正式啟用。
1959	＊港府下令解散「港九種植總工會」。 ＊港府承認鄉議局為法定機構。 ＊香港輔助警察隊正式成立。	＊政府廉租屋計劃推出。 ＊查良鏞創辦《明報》。	＊本地製造業企業增至 4,541 家，僱用人數增至 17.7 萬人。 ＊恆生銀號易名為恆生銀行。
1960	＊中港簽訂《深圳水供港協議》。	＊港府將小學會考改為中學入學試。	＊香港工業總會及香港出口信用保險局成立。 ＊美元危機引致搶購黃金熱潮，香港金銀貿易場宣佈停市兩天。

年份	政治	社會與文化	經濟
1961	*移民局正式成立。 *華人助理警司曾昭科因涉及間諜活動被港府遞解回內地。	*香港實施《1961年社團（修改）法案》打擊黑社會的活動。	*廖創興銀行擠提風潮。 *港府限制建築商買賣樓花活動。
1962	*周恩來下令「三趟快車」向香港提供足夠副食品。 *英國警告聯合國不可干涉其殖民地事務。	*香港新大會堂落成啟用。 *港府首次委任華人女性為政務官。 *仁濟醫院成立。	*美國、加拿大等西方國家開始限制香港棉織品進口。
1963	*英國下議院辯論香港前途問題，有議員建議政府向中國政府提出續租新界，並應給予港人更多發言權。	*中文大學成立。 *麗的呼聲中文電台正式啟播。 *伊利沙伯醫院正式啟用。	
1964	*港府將立法局非官守議員增至 13 人。	*香港通過《1964年電視法例》，規範商業廣播活動。 *錢穆辭去新亞書院院長職務。 *港府修訂社團法案，凡自稱黑社會成員即可被治罪。	*港府修訂《銀行業條例》，立法規定銀行的最低資本額、流動資產對存款比率等項目。 *全港銀行劃一存款利率。

年份	政治	社會與文化	經濟
1965	*市政局增加兩個民選議席。 *駐港英軍司令不再成為立法局當然議員。	*東江至深圳供水工程完成，為香港提供食水。 *李曹秀群被委任為首位女性立法局議員。 *港府發表《香港社會福利工作之目標與政策》白皮書。	*恒生、廣安、道亨等華資銀行出現擠提。
1966	*天星小輪騷亂。 *港府成立「改革地方行政小組」。	*本地出生的人口比例增至53.8%。	*香港貿易發展局成立。
1967	*港府發表《狄堅信報告書》，倡議有限度的地方行政改革。 *「六七暴動」。	*香港人口增加至372萬。 *獅子山隧道通車。 *無綫電視正式啟播。 *基督教工業委員會成立。	*香港生產力促進局成立。 *英鎊貶值後，港府宣佈將港幣升值10%。
1968	*港府在市區設立10個民政主任辦事處。	*各界發起第一次中文促進運動。 *勞資關係協進會成立。	

年份	政治	社會與文化	經濟
1969	*市政局非官守議員出版《改革地方政制報告書》，倡議把市政局擴大為市議會。	*船灣淡水湖建成。 *《東方日報》創辦。 *香港進行首宗變性手術。 *港府逐步實施男女同工同酬。	*遠東證券交易所成立。 *恆生指數正式發佈。
1970	*英國保守黨領袖希斯表示，香港不能獨立。 *兩局非官守議員辦事處擴大。	*港府訂立勞工賠償新例，擴大保障範圍並提高賠償金額。 *鄒文懷創立嘉禾電影公司。 *香港頒佈修訂婚姻制度條例，於次年落實一夫一妻制。	
1971	*港府發表《市政局將來組織、工作及財政白皮書》。	*實施免費小學教育。 *香港各界發動保釣運動。 *胡鴻烈夫婦創辦香港樹仁書院。 *港府全面實施八小時工作制。	

年份	政治	社會與文化	經濟
1972	＊中英兩國建立大使級外交關係。 ＊中國駐聯合國大使黃華提出聯合國不應把香港列入殖民地名單之內。 ＊港府規定，只要在香港連續居留滿7年，便有資格申請成為香港的永久居民。 ＊立法局會議實施廣州話即時傳譯。	＊港府宣佈推行「十年建屋計劃」。 ＊「清潔香港運動」推行。 ＊首所青年勞役中心於大嶼山沙咀成立。 ＊理工學院正式成立。 ＊文憑教師薪酬事件。 ＊「丁屋政策」實施。	＊宣佈港元終止與英鎊掛鈎，後改與美元掛鈎。 ＊紅磡海底隧道通車。
1973	＊港府取消市政局的官守議席。 ＊港府公佈《麥健時報告書》。 ＊「反貪污，捉葛柏」運動開始。	＊房屋署成立。 ＊「撲滅罪行運動」推行。 ＊港府發表《香港社會福利白皮書》。 ＊葵涌貨櫃碼頭啟用。 ＊勞資審裁處成立。 ＊教育專業人員協會成立。	＊港府取消外匯管制。 ＊港府設立「證券業務諮詢委員會」和「證券監察專員」。 ＊「1973年股災」。
1974	＊廉政公署成立。	＊香港通過《法定語文法案》，承認中文為香港法定語文。 ＊港府實施「抵壘政策」。	＊實施《證券條例》，設立證券監理處。 ＊取消黃金進口限制。 ＊實行港幣自由浮動。

年份	政治	社會與文化	經濟
1975	＊葛柏被判入獄。 ＊英女皇伊利沙伯二世訪港。	＊《不良刊物條例》實施。 ＊佳藝電視開播。	＊香港地下鐵路公司成立。 ＊紅磡火車站啟用。
1976	＊麥理浩前往中國銀行弔唁毛澤東。 ＊拔萃女書院校長西門士被委任為首位行政局女性議員。	＊《郊野公園條例》制訂。 ＊六合彩首次開彩。 ＊亞洲藝術節首次舉辦。	＊大埔工業邨開始興建。 ＊香港商品交易所成立。
1977	＊警廉大衝突。	＊海洋公園正式開放。 ＊金禧中學事件。 ＊香港考試局成立。	＊香港放寬對海外銀行來港開設分行的禁令。 ＊香港工業邨公司成立。
1978	＊中央政府成立港澳辦公室。	＊九年免費教育推行。 ＊「居者有其屋計劃」推行。 ＊香港發表《高等教育白皮書》，資助認可專上學院。 ＊滙豐號貨輪載3,000名越南難民來港。	

年份	政治	社會與文化	經濟
1979	*麥理浩訪京，鄧小平向他表示中國收回香港的決心。 *廣東公安廳簽發3年內多次使用有效的回鄉證。	*油麻地避風塘艇戶事件。 *麥理浩徑啟用。	*李嘉誠成功收購英資和記黃埔公司。 *港穗直通車恢復行駛。
1980	*港府公佈《香港地方行政的模式》綠皮書。	*立法強制15歲以下的兒童必須入學。 *「抵壘政策」取消。 *立法強制市民攜帶身份證。	*包玉剛取得九龍倉的控制權。 *地下鐵路通車。 *黃金期貨交易開辦。 *中國銀行香港分行改組為香港中銀集團。
1981	*港府設立政務司，掌管市區及新界的行政事務。	*平安夜騷動。	*香港銀行公會成立。
1982	*鄧小平在談到台灣問題時，首次使用「一個國家，兩種制度」的概念。 *首次區議會選舉舉行。 *戴卓爾夫人訪問北京。	*各界反對日本篡改侵華史。	*市面謠傳中英談判破裂，投機者炒賣美元，導致港元匯率大幅下滑。

年份	政治	社會與文化	經濟
1983	＊市政局首次實行分區選舉。 ＊港督首次委任兩名民選區議員為立法局非官守議員。 ＊論政團體匯點成立。	＊高山劇場和香港體育館啟用。	＊港府推出聯繫匯率制度。 ＊銀行機構三級制實施。 ＊港府接管恆隆銀行。 ＊佳寧集團破產。 ＊中國銀行集團成立。
1984	＊鍾士元等議員前往倫敦爭取如何建立港人治港及民主化。 ＊鄧小平會見香港工商界訪京團時，明確提出要用「一國兩制」的辦法解決香港和台灣問題。 ＊中英兩國簽署《中英聯合聲明》。	＊城市理工學院成立。 ＊九龍清真寺落成啟用。 ＊威爾斯親王醫院啟用。	＊怡和集團宣佈將總部遷冊百慕達。
1985	＊「中英聯合聯絡小組」成立。 ＊立法局進行首次選舉。 ＊基本法起草委員會成立。 ＊中英土地委員會成立。	＊香港出現首宗愛滋病病例。 ＊中華文化促進中心成立。 ＊演藝學院成立。	＊香港期貨交易所有限公司正式開業。 ＊包玉剛成功收購會德豐。 ＊海外信託銀行倒閉。

年份	政治	社會與文化	經濟
1986	*區域市政局舉行首次選舉。 *港督尤德病逝北京。	*香港向公屋居民實施「富戶政策」。 *市民請願停建大亞灣核電廠。	*香港聯合交易所正式運作。 *恒生期貨指數開始交易。
1987	*民主政制促進聯委會在立法局外靜坐，爭取八八直選。	*尤德爵士紀念基金會成立。	*1987年股災。
1988	*港府發表《代議政制今後的發展白皮書》。 *楊鐵樑被委任為首位華人首席按察司。 *新任立法局議員的誓詞從效忠英女皇改為為香港市民效力。	*教育統籌委員會發表《第三號報告書》。 *香港科技大學成立。 *電影三級制實施。 *環保團體「綠色力量」成立。	*證券業檢討委員會發表《戴維森報告書》，促使政府加強對證券業的監管。
1989	*「六四事件」。 *英國推出「港人居英權方案」。 *民主民生協進會成立。 *李君夏出任首位華人警務處處長。	*衛奕信提出大幅增加大專學位的計劃。 *香港文化中心啟用。	*中央結算有限公司和證券及期貨事務監察委員會成立。 *製造業佔本地生產總值的比例下降至19.3%。 *衛奕信宣佈興建赤鱲角機場。 *東區海底隧道通車。

年份	政治	社會與文化	經濟
1990	*衞奕信訪問北京。 *港府公佈人權法案。 *基本法公佈。 *「港同盟」成立。	*居屋實施屋苑管理私營化。 *《壹週刊》創刊。 *法定年齡從 21 歲降至 18 歲。	*滙豐銀行宣佈將控股公司和註冊地遷到倫敦。 *外匯基金首次發行外匯基金票據。
1991	*立法局舉行首次直接選舉。 *「啟聯資源中心」成立。 *立法局投票通過反對就有關終審庭組成的中英協議的提案。	*內地高校招收香港碩士及博士生。 *香港體育學院成立。 *香港首次有秩序遣返越南難民。 *醫院管理局成立。	*外匯基金管理局成立。
1992	*英國政府召回港督衞奕信，改派彭定康出任末代港督。 *中央政府聘任首批港事顧問。 *彭定康提出憲政改革方案。 *「民建聯」成立。	*演藝界舉行反暴力大遊行。	*香港首次公佈外匯基金總額。 *怡和集團將第一上市地移往倫敦。
1993	*自由黨成立。 *陳方安生成為首位華人布政司。 *香港特別行政區籌備委員會預備工作委員會成立。	*台灣國民黨的《中國時報》停刊。 *電訊管理局成立。	*金融管理局成立。 *青島啤酒成為首家在港上市國企。

年份	政治	社會與文化	經濟
1994	＊司徒華在立法會上提出動議，譴責彭定康。 ＊江澤民提出平穩過渡要堅持「以我為主」方針。 ＊港同盟與「匯點」合併組成民主黨。 ＊解放軍駐港部隊正式成立。	＊港府批准浸會學院、理工學院、城市理工學院升格為大學。	＊中資成為香港僅次於英資的第二大外來資本。
1995	＊曾蔭權出任財政司。 ＊港澳辦發言人表示，港英最後一屆立法局將不能直接過渡。 ＊中英雙方就機場財務問題達成共識。	＊《華僑日報》停刊。 ＊九龍寨城公園落成開放。	＊電訊管理局發放新牌照，打破香港電訊的壟斷局面。 ＊中國國有銀行首次在港發行港元債券。
1996	＊香港特別行政區籌備委員會成立。 ＊董建華當選首任特區行政長官。 ＊立法局議員劉慧卿提出對董建華的不信任動議。	＊教統會發表《第六號報告書》。 ＊李麗珊為香港取得首枚奧運金牌。 ＊保釣人士陳毓祥遇溺身亡。 ＊嘉利大廈發生五級大火。	＊製造業佔本地生產總值的比例下跌至7.2%。 ＊金融管理局建立即時支付結算系統。 ＊中國銀行行長出任香港銀行公會主席。

年份	政治	社會與文化	經濟
1997	＊臨時立法會在深圳舉行首次會議。 ＊基本法委員會成立。 ＊回歸慶典舉行。	＊教育署推行母語教育。 ＊禽流感事件。 ＊董建華提出每年興建不少於八萬五千個公私營房屋單位。	＊亞洲金融風暴。 ＊赤鱲角機場啟用。 ＊青馬大橋正式啟用。
1998	＊胡仙事件。	＊推行外籍英語教師計劃。	＊港府入市干預市場。 ＊推行中藥港計劃。
1999	＊人大第一次釋法。 ＊居屋出現短樁事件，房委會主席王葛鳴引咎辭職。 ＊市政局與區域市政局解散。	＊終審法院就吳嘉玲案作出判決。	＊盈富基金上市。
2000	＊鍾庭耀事件。	＊董建華承認自1998年開始推出新的穩定樓價措施後，八萬五房屋政策已不復存在。 ＊推行教師語言能力評審。	＊開展數碼港計劃。 ＊推行強制性公積金。
2001	＊政務司司長陳方安生宣佈提早退休。	＊終審法院就莊豐源案作出判決。	

年份	政治	社會與文化	經濟
2002	＊港府推行「主要官員問責制」。 ＊基本法二十三條立法建議提出。 ＊港府提出公務員減薪，引起公務員激烈反對。	＊港府停售居屋。	
2003	＊財政司司長梁錦松因在增加汽車首次登記稅前購入私家車而辭職。 ＊「二十三條」立法爭議。 ＊七一大遊行。	＊SARS 事件。 ＊政府正式在新界鄉村推行「雙村長制」。	＊中央政府與港澳簽訂《內地與港澳關於建立更緊密經貿關係的安排》。
2004	＊人大第二次釋法。	＊校本管理推行。	
2005	＊董建華向中央辭去特首職務。 ＊民建聯與「香港協進聯盟」（港進聯）合併。 ＊人大第三次釋法。 ＊曾蔭權當選特首。 ＊《政制發展專責小組第五號報告》發表。	＊教統局發表《高中及高等教育新學制——投資香港未來的行動方案》，落實三三四新學制。 ＊西九龍文化區計劃重新啟動。	＊服務業的比重所佔的本港生產總值上升到 90.7%。

年份	政治	社會與文化	經濟
2006	*「公民黨」及「社會民主連線」成立。	*香港樹仁學院升格為首家政府承認的私立大學。 *保留舊中環天星碼頭事件。	
2007	*全國人大通過《全國人民代表大會常務委員會關於香港特別行政區2012年行政長官和立法會產生辦法及普選問題的決定》。 *教院事件。 *社民連和公民黨推行「五區公投」。		*在港中資企業已超過2,900家，總資產超過2,200億美元。 *曾蔭權提出以2,500億元進行十大基建，估計創造額外25萬個職位。
2008	*港府擴大問責制，委任首批副局長。		*港府提出發展教育、醫療、檢測和認證、環保、創新科技、文化及創意等產業。 *雷曼兄弟迷你債券事件。
2009	*港府發表《2012年行政長官及立法會產生辦法諮詢文件》。	*三三四新學制實施。	

年份	政治	社會與文化	經濟
2010	＊社民連與公民黨提出「五區公投」。	＊廣深港高速鐵路香港段正式施工。 ＊立法會通過最低工資法案。 ＊東涌一名老婦取得法律援助後向香港高等法院提出司法覆核，阻撓興建港珠澳大橋。	＊政府徵收樓宇買賣額外印花稅。 ＊政府提出置安心資助房屋計劃。
2011	＊黃毓民、陳偉業等組成「人民力量」的政治組織。 ＊人大第四次釋法。 ＊政府就《遞補機制》在科學館舉行公眾諮詢會，反對派指諮詢會安排不公而衝擊會場。	＊菜園村事件。 ＊政府建議將「國民教育」列為必修科目。	＊港府提出新居屋計劃。
2012	＊曾蔭權因接受富豪款待而受到批評。 ＊梁振英當選特首。 ＊部分立法會議員展開拉布戰，阻撓通過梁振英所提出的政府改組方案。	＊港珠澳大橋珠海連接線項目正式施工。 ＊政府決意清理新界村屋僭建物，引致新界人士的激烈抗議。 ＊教會及民間團體就國民教育實施問題發動抗爭，迫使政府讓步。	

歷任香港總督（1843－1997）

任次	總督	任期
1	砵甸乍爵士（又譯為「璞鼎查」） （Sir Henry Pottinger）	1843－1844
2	戴維斯爵士（又譯為「德庇時」） （Sir John Francis Davis）	1844－1848
3	文咸爵士（又譯為「般含」、「文翰」） （Sir Samuel George Bonham）	1848－1854
4	寶靈爵士 （Sir John Bowring）	1854－1859
5	夏喬士・羅便臣爵士（後羅世敏勳爵） （Sir Hercules Robinson, Later Lord Rosmead）	1859－1865

任次	總督	任期
6	麥當奴爵士 （Sir Richard Graves MacDonnell）	1866－1872
7	堅尼地爵士 （Sir Arthur Edward Kennedy）	1872－1877
8	軒尼詩爵士 （Sir John Pope Hennessy）	1877－1882
9	寶雲爵士 （Sir George Ferguson Bowen）	1883－1885
10	德輔爵士 （Sir George William Des Voeux）	1887－1891

任次	總督	任期
11	威廉·羅便臣爵士 （Sir William Robinson）	1891－1898
12	卜力爵士 （Sir Henry Arthur Blake）	1898－1903
13	彌敦爵士 （Sir Matthew Nathan）	1904－1907
14	盧押爵士 （Sir Frederick Lugard）	1907－1912
15	梅含理爵士 （Sir Francis Henry May）	1912－1918

任次	總督	任期
16	司徒拔爵士 （Sir Reginald Edward Stubbs）	1919－1925
17	金文泰爵士 （Sir Cecil Clementi）	1925－1930
18	貝璐爵士 （Sir William Peel）	1930－1935
19	郝德傑爵士 （Sir Andrew Caldecott）	1935－1937
20	羅富國爵士 （Sir Geoffry Alexander Stafford Northcote）	1937－1941

任次	總督	任期
21	楊慕琦爵士 （Sir Mark Aitchison Young）	1941* ――――― 1946－1947
22	葛量洪 （Sir Alexander William George Herder Grantham）	1947－1958
23	柏立基 （Sir Robert Brown Black）	1958－1964
24	戴麟趾 （Sir David Clive Crosbie Trench）	1964－1971

* 香港於 1941 年 12 月 25 日淪陷，1945 年 8 月 30 日重光。

任次	總督	任期
25	麥理浩 （Sir Murray MacLehose）	1971－1982
26	尤德 （Sir Edward Youde）	1982－1986
27	衞奕信 （Sir David Wilson）	1987－1992
28	彭定康 （Christopher Francis Patten）	1992－1997

歷任特別行政區行政長官（1997－2018）

任次	特別行政區行政長官	任期
1	董建華	1997－2002
2		2002－2005
繼任	曾蔭權	2005－2007
3		2007－2012
4	梁振英	2012－2017
5	林鄭月娥	2017－

延伸閱讀

通論、通史式著述

王賡武主編：《香港史新編》（增訂版），上下冊，香港：三聯書店〔香港〕有限公司，2017。

白莎莉、胡德品著，林藹純譯：《說吧，香港》，香港：牛津大學出版社〔中國〕有限公司，1996。

亞洲電視編：《香港百人》，上下冊，香港：中華書局〔香港〕有限公司，2012。

高馬可（John M. Carroll）：《香港簡史》，香港：中華書局，2013。

湯開健、蕭國健等主編：《香港 6000 年（遠古－1997）》，香港：麒麟書業有限公司，1998。

黃鴻釗主編：《香港近代史》，香港：學津書店，2004。

趙雨樂、程美寶編：《香港史研究論著選輯》，香港：香港公開大學出版社，1999。

劉蜀永主編：《簡明香港史》（新版），香港：三聯書店〔香港〕有限公司，2009。

蔡榮芳：《香港人之香港史，1841－1945》，香港：牛津大學出版社〔中國〕有限公司，2001。

Carroll, John M. *A Concise History of Hong Kong.* Hong Kong: Hong Kong University Press, 2007.

Faure, David ed. *A Documentary History of Hong Kong: Society.* Hong Kong: Hong Kong University Press, 1997.

Tsang, Steve. *A Modern History of Hong Kong.* London: I. B. Tauris, 2004.

_____ . *Government and Politics.* Hong Kong: Hong Kong University Press, 1995.

第 1 章

施志明:《本土論俗:新界華人傳統風俗》,香港:中華書局〔香港〕有限公司,2016。

香港歷史博物館編:《李鄭屋漢墓》,香港:編者自印,2006。

區家發:《粵港考古與發現》,香港:三聯書店〔香港〕有限公司,2004。

葉子林編:《新界‧舊事——遺跡、建築與風俗》,香港:萬里機構出版有限公司,2007。

廖迪生:《香港天后崇拜》,香港:三聯書店〔香港〕有限公司,2000。

蔡志祥:《打醮:香港的節日和地域社會》,香港:三聯書店〔香港〕有限公司,2000。

蕭國健:《清初遷海前後香港之社會變遷》,台北:臺灣商務印書館,1986。

_____:《粵東名盜張保仔》,香港:現代教育研究社有限公司,1992。

_____:《香港歷史與社會》,香港:香港教育圖書公司,1994。

_____:《香港古代史》,香港:中華書局〔香港〕有限公司,1995。

龍炳頤:《香港古今建築》,香港:三聯書店〔香港〕有限公司,1992。

羅香林等著:《一八四二年以前之香港及其對外交通:香港前代史》,香港:中國學社,1963。

嚴瑞源編:《新界宗族文化之旅》,香港:萬里機構出版有限公司,2005。

Faure, David. *The Structure of Chinese Rural Society: Lineage and Village in the Eastern New Territories, Hong Kong.* Hong Kong: Oxford University Press, 1986.

Hayes, James. *South China Village Culture.* Hong Kong: Oxford University Press, 2001.

Meacham, William. *The Archaeology of Hong Kong.* Hong Kong: Hong Kong University Press, 2009.

Watson, James L. & Watson, Rubie S. *Village Life in Hong Kong: Politics, Gender, and Ritual in the New Territories.* Hong Kong: Chinese University Press, 2004.

圖解香港史（合訂本）

第 2 章

丁新豹、黃迺錕：《四環九約》（修訂再版），香港：香港歷史博物館，1999。

_____主編：《香港歷史散步》，香港：商務印書館〔香港〕有限公司，2008。

方駿、熊賢君主編：《香港教育通史》，香港：齡記出版有限公司，2008。

何沛然：《地換山移：香港海港及土地發展一百六十年》，香港：商務印書館〔香港〕有限公司，2004。

余繩武、劉存寬、劉蜀永編：《香港歷史問題資料選評》，香港：三聯書店〔香港〕有限公司，2008。

林啟彥、朱益宜編：《鴉片戰爭的再認識》，香港：香港中文大學出版社，2003。

胡鴻烈、鍾期榮：《香港的婚姻與繼承法》，香港：圓桌文化，2009。

張曉輝：《香港近代經濟史：1840－1949》，廣州：廣東人民出版社，2001。

馮邦彥：《香港英資財團》，香港：三聯書店〔香港〕有限公司，1996。

劉存寬：《香港史論叢》，香港：麒麟書業有限公司，1998。

Coates, Austin. *Macao and the British, 1637-1842: Prelude to Hong Kong.* Hong Kong: Hong Kong University Press, 2009.

Endacott, G. B. *A Biographical Sketch-book of Early Hong Kong.* New Ed, Hong Kong: Hong Kong University Press, 2005.

Munn, Christopher. *Anglo-China: Chinese People and British Rule in Hong Kong.* Richmond, Surrey: Curzon, 2001.

Tsang, Steve. *Government and Politics.* Hong Kong: Hong Kong University Press, 1995.

第 3 章

何佩然編：《源與流：東華醫院的創立與演進》，香港：三聯書店〔香港〕有限公司，2009。

冼玉儀、劉潤和主編：《益善行道：東華三院 135 周年紀念專題文集》，香港：三聯書店〔香港〕有限公司，2006。

施其樂（Carl T. Smith）著、宋鴻耀譯：《歷史的覺醒：香港社會史論》，香港：香港教育圖書公司，1999。

馮邦彥：《香港金融業百年》，香港：三聯書店〔香港〕有限公司，2002。

_____：《香港華資財團》，香港：三聯書店〔香港〕有限公司，1998。

劉詩平：《金融帝國——滙豐》，香港：三聯書店〔香港〕有限公司，2007。

劉潤和：《香港市議會史（1883－1999）——從潔淨局到市政局及區域市政局》，香港：康樂及文化事務署，2002。

_____：《新界簡史》，香港：三聯書店〔香港〕有限公司，1999。

鄭宏泰、黃紹倫：《香港大老——何東》，香港：三聯書店〔香港〕有限公司，2007。

鍾寶賢：《商城故事——銅鑼灣百年變遷》，香港：中華書局〔香港〕有限公司，2009。

Chan, Wai Kwan. *The Making of Hong Kong Society.* Oxford: Oxford University Press, 1991.

Faure, David ed. *A Documentary History of Hong Kong: Society.* Hong Kong: Hong Kong University Press, 1997.

Hamilton, Sheilah E. *Watching Over Hong Kong: Private Policing, 1841-1941.* Hong Kong: Hong Kong University Press, 2008.

Smith, Carl T. *Chinese Christians: Elites, Middlemen, and the Church in Hong Kong.* Hong Kong: Hong Kong University Press, 2005.

Wesley-Smith, Peter. *Unequal Treaty 1898-1997: China, Great Britain and Hong Kong's New Territories.* Hong Kong: Oxford University Press, 1980.

第 4 章

石翠華、高添強編，鄭瑞華譯：《街角·人情：香港砵甸乍街以西》，香港：三聯書店〔香港〕有限公司，2010。

李谷城：《香港中文報業發展史》，上海：上海古籍出版社，2005。

李金強：《一生難忘：孫中山在香港的求學與革命》，香港：孫中山紀念館，2008。

夏思義（Patrick H. Hase）著、林立偉譯：《被遺忘的六日戰爭：1899 年新界鄉民與英軍之戰》，香港：中華書局〔香港〕有限公司，2014。

陳錫祺主編：《孫中山年譜長編》，北京：中華書局，1991。

劉蜀永：《劉蜀永香港史文集》，香港：中華書局〔香港〕有限公司，2010。

鄭寶鴻編：《新界街道百年》，香港：三聯書店〔香港〕有限公司，2002。

霍啟昌：《香港與近代中國》，香港：商務印書館〔香港〕有限公司，1992。

羅香林：《國父在香港之歷史遺蹟》，香港：香港大學出版社，2000。

Chan, Lau Kit-ching & Cunich, Peter eds. *An Impossible Dream: Hong Kong University from Foundation to Re-establishment, 1910-1950.* New York: Oxford University Press, 2002.

Chan, Lau Kit-ching. *China, Britain and Hong Kong, 1895-1945.* Hong Kong: Chinese University Press, 1990.

Hayes, James. *The Great Difference: Hong Kong's New Territories and Its People, 1898-2004.* Hong Kong: Hong Kong University Press, 2006.

Moss, Peter. *A Century of Commitment - The KCRC Story.* Hong Kong: The Kowloon-Canton Railway Corporation, 2007.

第 5 章

王齊樂：《香港中文教育發展史》，香港：三聯書店〔香港〕有限公司，1996。

李培德：《繼往開來——香港廠商 75 年（1934－2009）》，香港：商務印書館〔香港〕有限公司，2009。

冼玉儀：《與香港並肩邁進：東亞銀行，1919－1994》，香港：東亞銀行，1994。

馬木池、張兆和：《西貢歷史與風物》，香港：西貢區議會，2003。

梁炳華：《城寨與中英外交》，香港：麒麟書業有限公司，1995。

鄧開頌、陸曉敏主編：《粵港關係史，1840－1984》，香港：麒麟書業有限公司，1997。

鄭宏泰、周振威：《香港大老——周壽臣》，香港：三聯書店〔香港〕有限公司，2006。

Chan Lau Kit-Ching. *From Nothing to Nothing: The Chinese Communist Movement and Hong Kong, 1921-1936.* Hong Kong: Hong Kong University Press, 1999.

Chan, Ming K. ed. *Precarious Balance: Hong Kong between China and Britain, 1842-1992.* Hong Kong: Hong Kong University Press, 1994.

Fung, Chi Ming. *Reluctant Heroes: Rickshaw Pullers in Hong Kong and Canton, 1874-1954.* Hong Kong: Hong Kong University Press, 2005.

Kwan, Daniel Y.K. *Marxist Intellectuals and the Chinese Labor Movement: A Study of Deng Zhongxia (1894-1933).* Seattle: University of Washington Press,1997.

Lee, Pui-tak ed. *Colonial Hong Kong and Modern China.* Hong Kong: Hong Kong University Press, 2005.

Miners, Norman. *Hong Kong Under Imperial Rule, 1912-1941.* Hong Kong: Oxford University Press,1987.

第 6 章

吳倫霓霞、余炎光編：《中國名人在香港：30、40 年代在港活動紀實》，香港：香港教育圖書公司，1997。

宋軒麟編：《香港航空百年》，香港：三聯書店〔香港〕有限公司，2007。

高添強、唐卓敏編：《香港日佔時期，1941 年 12 月－1945 年 8 月》，香港：三聯書店〔香港〕有限公司，1995。

陳敬堂、邱小金等編：《香港抗戰——東江縱隊港九獨立大隊論文集》，香港：香港歷史博物館，2004。

趙雨樂、鍾寶賢主編：《香港地區史研究之一：九龍城》，香港：三聯書店〔香港〕有限公司，2001。

劉智鵬、周家健：《吞聲忍語——日治時期香港人的集體回憶》，香港：中華書局〔香港〕有限公司，2009。

劉潤和、馮錦榮等編：《九龍城區風物志》，香港：九龍城區議會，2005。

鄭宏泰、黃紹倫：《香港米業史》，香港：三聯書店〔香港〕有限公司，2005。

鄭寶鴻：《香江冷月：香港的日治時代》，香港：香港大學美術博物館，2006。

關禮雄：《日佔時期的香港》，香港：三聯書店〔香港〕有限公司，1993。

Banham, Tony. *Not the Slightest Chance: The Defence of Hong Kong, 1941.* Hong Kong: Hong Kong University Press, 2003.

Chan, Sui-jeung. *East River Column: Hong Kong Guerrillas in the Second World War and After.* Hong Kong: Hong Kong University Press, 2009.

Snow, Philip. *The Fall of Hong Kong: Britain, China and the Japanese Occupation.* New Haven: Yale University Press, 2003.

第 7 章

李谷城：〈香港新華社的功能與角色〉，《亞洲研究》，18 期（1996）。

杜葉錫恩著，隋麗君譯：《我眼中的殖民時代香港》，香港：文匯出版社，2004。

周奕：《香港左派鬥爭史》（第 4 版），香港：利訊出版社有限公司，2009。

梁家麟：《福音與麵包——基督教在五十年代的調景嶺》，香港：建道神學院，2000。

黃庭康：〈國家權力形構與華文學校課程改革——戰後新加坡及香港的個案比較〉，《教育與社會研究》，4 期（2002）。

楊汝萬、王家英編：《香港公營房屋五十年：金禧回顧與前瞻》，香港：香港房屋委員會，2003。

薛鳳旋：《香港工業：政策、企業特點及前景》，香港：香港大學出版社，1989。

羅亞：《政治部回憶錄》，香港：香港中文大學香港亞太研究所海外華人研究社，1997。

Loh, Christine. *Underground Front: The Chinese Communist Party in Hong Kong.* Hong Kong: Hong Kong University Press, 2010.

Mark, Chi-Kwan. *Hong Kong and the Cold War: Anglo-American Relations 1949-1957.* Oxford: Oxford University Press, 2004.

Roberts, Priscilla and John M. Carroll eds. *Hong Kong in the Cold War.* Hong Kong: Hong Kong University Press, 2016.

Schenk, Catherine R. *Hong Kong as an International Financial Centre: Emergence and Development 1945-1965.* New York: Routledge, 2001.

Smart, Alan. *The Shek Kip Mei Myth: Squatters, Fires and Colonial Rule in Hong Kong, 1950-1963.* Hong Kong: Hong Kong University Press, 2006.

第 8 章

吳倫霓霞編：《邁進中的大學：香港中文大學三十年》，香港：香港中文大學出版社，1993。

吳康民口述，方銳敏整理：《吳康民口述歷史：香港政治與愛國教育（1947－2011）》，香港：三聯書店〔香港〕有限公司，2011。

周奕：《香港工運史》，香港：利訊出版社，2009。

金堯如：《金堯如五十年憶往》，香港：金堯如紀念基金，2005。

張家偉：《香港「六七暴動」內情》，香港：太平洋世紀出版社有限公司，2000。

梁上苑：《中共在香港》，香港：廣角鏡出版社有限公司，1989。

梁家權等著：《「六七暴動」秘辛：英方絕密檔案曝光》，香港：經濟日報出版社，2001。

陳立宇：《香港金融風潮》，北京：龍門書局，1997。

陳秉安：《大逃港》，香港：香港中和出版社有限公司，2011。

羅海雷：《我的父親羅孚》，香港：天地圖書有限公司，2011。

Bickers, Robert and Yep, Ray eds. *May Days in Hong Kong: Riot and Emergency in 1967.* Hong Kong: Hong Kong University Press, 2009.

Leung, Beatrice and Chan Shun-hing. *Changing Church and State Relations in Hong Kong, 1950-2000.* Hong Kong: Hong Kong University Press, 2003.

Scott, Ian. *Political Change and the Crisis of Legitimacy in Hong Kong.* Hong Kong: Oxford University Press, 1989.

第 9 章

吳俊雄、張志偉編：《閱讀香港普及文化，1970－2000》（修訂版），香港：牛津大學出版社〔中國〕有限公司，2002。

呂大樂、龔啟聖：《城市縱橫：香港居民運動及城市政治研究》，香港：華風書局有限公司，1985。

＿＿＿＿＿：〈在倫敦與香港之間：「麥理浩時代」的殖民性〉，載呂大樂、吳俊雄、馬傑偉編：《香港‧生活‧文化》，香港：牛津大學出版社〔中國〕有限公司，2011。

＿＿＿＿＿：《那似曾相識的七十年代》，香港：中華書局〔香港〕有限公司，2012。

李思名、余赴禮：《香港都市問題研究》，香港：商務印書館〔香港〕有限公司，1987。

周永新：《香港社會福利政策評析》，香港：天地圖書有限公司，1987。

林昭寰、周永新：〈政府與民間——回顧二次大戰後至一九七〇年代香港社會福利理念的發展〉，《社會政策與社會工作學刊》，2 卷 2 期（1998）。

金耀基：《中國社會與文化》，香港：牛津大學出版社〔中國〕有限公司，1992。

張俊峰：《反貪停不了：廉政公署啟示錄》，香港：三聯書店〔香港〕有限公司，2010。

馮邦彥：《香港英資財團》，香港：三聯書店〔香港〕有限公司，1996。

＿＿＿＿＿：《香港華資財團》，香港：三聯書店〔香港〕有限公司，1997。

葉建源：〈英國統治下的香港殖民地教育經驗〉，載王慧麟等編著：《本土論述年刊 2009：香港的市民抗爭與殖民地秩序》，台北：漫遊者文化事業股份有限公司，2009。

劉澤生主編：《香港華商企業管理》，香港：三聯書店〔香港〕有限公司，1999。

鄧樹雄：〈從 20 世紀 60 年代的「放任主義」到 70 年代的「積極不干預主義」：歷史回顧與分析〉，《當代港澳研究》，第 1 輯，2009。

鄭宏泰，黃紹倫：《香港華人家族企業個案研究》，香港：明報出版社有限公司，2004。

_____：《香港身份證透視》，香港：三聯書店〔香港〕有限公司，2004。

Jones, Catherine. *Promoting Prosperity: The Hong Kong Way of Social Policy.* Hong Kong: Chinese University Press, 1990.

Sweeting, Anthony. *Education in Hong Kong, 1941 to 2001: Visions and Revisions.* Hong Kong: Hong Kong University Press, 2004.

第 10 章

呂大樂、王志錚：《香港中產階級處境觀察》，香港：三聯書店〔香港〕有限公司，2003。

_____、黃偉邦編：《階級分析與香港》（增訂版），香港：青文書屋，1998。

宋小莊：《論「一國兩制」下中央和香港特區的關係》，北京：中國人民大學出版社，2003。

李彭廣：《管治香港：英國解密檔案的啟示》，香港：牛津大學出版社〔中國〕有限公司，2012。

香港金融管理局編：《香港的聯繫匯率制度》，香港：編者自印，2000。

袁求實：《香港回歸大事記》，香港：三聯書店〔香港〕有限公司，1997。

張徹：《回顧香港電影三十年》，香港：三聯書店〔香港〕有限公司，1989。

郭國燦：《香港中資財團》，香港：三聯書店〔香港〕有限公司，2009。

黃暉明：〈香港之工業化與家庭結構〉，載邢慕寰、金耀基編：《香港之發展經驗》，香港：香港中文大學出版社，1985。

趙永佳、呂大樂：〈當工廠北移之後——香港工業轉型與就業問題〉，載高承恕、陳介主編：《香港：文明的延續與斷裂？》，台北：聯經出版事業公司，1997。

趙衛防：《香港電影史（1897－2006）》，北京：中國廣播電視出版社，2007。

鄭宇碩、羅金義編：《那夜無星：八九民運二十年顧後瞻前》，香港：城市大學出版社，2010。

_____編：《香港政制及政治》，香港：天地圖書有限公司，1987。

鄭宏泰、黃紹倫：《香港股史，1841－1997》，香港：三聯書店〔香港〕有限公司，2006。

鍾士元：《香港回歸歷程》，香港：中文大學出版社，2001。

鍾寶賢：《香港影視業百年》（修訂版），香港：三聯書店〔香港〕有限公司，2011。

Baker, Hugh. "Life in the Cities: The Emergence of Hong Kong Man." *The China Quarterly*, No.95 (1983).

Chan, Ming K. *The Challenge of Hong Kong's Reintegration with China. Hong Kong*. Hong Kong: Hong Kong University Press, 1997.

Latter, Tony. *Hong Kong Money: The History, Logic and Operation of the Currency Peg*. Hong Kong: Hong Kong University Press, 2007.

第 11 章

朱世海：《香港政黨研究》，北京：時事出版社，2011。

李鵬飛：《風雨三十年——李鵬飛回憶錄》，香港：CUP 出版社，2004。

周建華：《香港政團發展與選舉（1949－1997）》（修訂版），香港：大公報出版有限公司，2007。

胡少偉：〈香港高等教育擴展的經歷〉，《中正教育研究》，7 卷 1 期（2008）。

馬嶽、蔡子強：《選舉制度的政治效果：港式比例代表制的經驗》，香港：香港城市大學出版社，2003。

強納森 · 丁伯白（Jonathan Dimbleby）著，張弘遠等譯：《香港末代總督彭定康》，台北：時報文化，1997。

曾銳生：《管治香港：政務官與良好管治的建立》，香港：香港大學出版社，2007。

楊勝華：《香港中資企業的公司治理》，香港：經濟科學出版社，2009。

劉兆佳編著：《過渡期香港政治》（修訂再版），香港：廣角鏡出版社有限公司，1996。

劉志強、沙振林：《九十年代香港金融改革與發展》，香港：三聯書店〔香港〕有限公司，1997。

附錄：延伸閱讀

383

劉青峰、關小春編:《轉化中的香港:身份與秩序的再尋求》,香港:香港中文大學出版社,1998。

劉曼容:《港英政治制度與香港社會變遷》,香港:香港各界文化促進會,2007。

蔡子強:《香港立法局重要投票紀錄匯編(1995-1997)》,香港:香港人文科學出版社,1998。

鄭宇碩、雷競璇:《香港政治與選舉》,香港:牛津大學出版社〔中國〕有限公司,1995。

羅金義、李劍明編:《香港經濟:非經濟學讀本》,香港:牛津大學出版社〔中國〕有限公司,2004。

Huque, Ahmed Shafiqul, Lee, Grace & Cheung, Anthony. *The Civil Service in Hong Kong.* Hong Kong: Hong Kong University Press, 1998.

Lee Pui-tak ed. *Colonial Hong Kong and Modern China.* Hong Kong: Hong Kong University Press, 2005.

Lo, Shiu-hing. *The Politics of Democratization Hong Kong.* Basingstoke: Macmillan Press Ltd, 1997.

Yahda, Michael. *Hong Kong: China's Challenge.* London: Routledge, 1996.

第 12 章

王英津:《港澳特區政府與政治》,台北:博揚文化事業有限公司,2009。

呂大樂:《四代香港人》,香港:進一步多媒體有限公司,2007。

馬嶽:《香港政治:發展歷程與核心課題》,香港:香港中文大學香港亞太研究所,2010。

張少強、崔志暉:《香港後工業年代的生活故事》,香港:三華書局〔香港〕有限公司,2015。

張宏任:《香港發展前景與政爭困境》,香港:和平圖書有限公司,2011。

張炳良:《管治香港的難題:回歸十年反思》,香港:進一步多媒體有限公司,2007。

陳弘毅、陳文敏等編：《香港法概論》（新版），香港：三聯書店〔香港〕有限公司，2009。

陳廣漢、劉祖雲等主編：《香港回歸後社會經濟發展的回顧與展望》，廣州：中山大學出版社，2009。

曾榮光：《香港特區教育政策分析》，香港：三聯書店〔香港〕有限公司，2011。

黃江天：《香港基本法的法律解釋研究》，香港：三聯書店〔香港〕有限公司，2004。

黃培烽、許煜主編：《80 前後：超越社運、論述與世代的想像》，香港：圓桌精英，2010。

新力量網絡：《青年人網上社會參與研究調查報告》，香港：作者自印，2007。

楊艾文、高禮文：《選舉香港特區行政長官》，香港：香港大學出版社，2011。

萬穎恩主編：《香港商業與經濟 58 詞》，香港：匯智出版有限公司，2011。

劉清泉、賴其之編：《一國兩制知多少》，香港：三聯書店〔香港〕有限公司，1997。

薛鳳旋主編：《香港發展報告》（2012），香港：和平圖書有限公司，2012。

謝均才編：《我們的地方、我們的時間：香港社會新編》，香港：牛津大學出版社〔中國〕有限公司，2002。

關浣非：《一國兩制下的香港經濟增長研究》，香港：三聯書店〔香港〕有限公司。

Chan, Ming K. & Lo, Shiu-hing eds. *Historical Dictionary of the Hong Kong SAR and the Macao SAR*. Lanham, Maryland: The Scarecrow Press, 2006.